당신의 성공 능력을 검증하라

당신의 성공 능력을 검증하라

초판 1쇄 인쇄 | 2006년 6월 1일
초판 1쇄 발행 | 2006년 6월 10일

기획 | 야후코리아
심리검사 · 그림 | 장근영
펴낸이 | 이완재
펴낸곳 | 동인

등록 | 1992년 11월 11일(제10-749호)
주소 | 서울시 서대문구 북아현3동 192-2
전화 | (02) 365-6368/ 393-9814
팩스 | (02) 365-6369
E-mail | dongin1111@empal.com

ISBN 89-8482-119-5(03180)

값 10,000원

YAHOO! KOREA

당신의
성공능력을
검증하라

내가 빠르냐
내가 빠르냐...

넌 재미는
~데 쉬워

얜 재미있는데
힘들어

일
A

일
B

어떻게 할래?
Project
Time

STRESS

기획 **야후코리아** 심리검사/그림 **장근영**

넌 몇등일까? 1등
100등

동인

머리글

　〈야후! 구냥〉은 2005년 8월 9일부터 12월까지 전부 8회에 걸쳐 야후! 코리아를 통해 연재된 웹진이다. '심리테스트가 담긴 웹진'이라는 새로운 개념으로 시작한 이 〈야후! 구냥〉 기획의 의도는 간단했다. 점차 다양해지는 이 시대를 살아가는 네티즌들의 마음속에 자신의 개성과 정체성을 확인하고자 하는 욕구가 커졌을 테니 이를 충족시킬 만한 컨텐츠를 제공하자는 것이었다. 이렇게 시작한 〈야후! 구냥〉은 특별한 광고도 없는 실험적인 서비스였음에도 블로거들을 포함한 웹 유저들 사이에서 열렬한 호응을 얻었다. 매 회마다 10만 명에서 30만 명의 독자가 심리테스트에 참가해 2006년 5월 현재 연인원 200만 명 참여라는 성과를 얻은 것이다. 애초에 이 서비스를 기획하고 진행한 야후코리아의 이종운 대리나, 이 웹진이 아주 재미있을 것 같다며 맞장구를 쳤던 나 자신조차도 이만큼의 성과는 예상하지 못했다.

　이제 〈야후! 구냥〉의 첫 번째 시즌을 정리하면서 성공에 관련된 주제들만을 책으로 묶어 독자 여러분들께 내놓는다. 아시겠지만, 심리 테스트의 목적은 우리들 개개인의 차이를 드러내고 측정하려는 것이다. 우리들은 모두 서로 다르다. 이 세상에서 성공한 사람들도 마찬가지다. 그들은 서로 다른 방식으로 서로 다른 영역에서 성공을 거두었다. 우리에게는 각자에게 맞는 성공방식이 따로 있다. 남의 성공비결을 따라 한다고 해서 나도 성공할 수는 없다. 누군가가 성공한 바로 그 영역에서 똑같은 방식으로 성공을 추구하더라도 오히려 큰 실패나 좌절을 맛볼 수 있다. 타이밍이 안 맞았을 수도 있고, 운이 따르지 않았을지도 모른다. 하지만 더 중요한 이유는 당신의 기질과 성향에 어울리지 않는 방식을 억지로 따르려고 했기 때문일 수도 있다. 가장 좋은 음식은 내 위장에 맞는 음식이듯이, 가장 좋은 성공방식은 바로 내 기질과 성향에 맞는 방식이다. 이 책은 바로 이 내 기질과 성향에 맞는 성공의 방식을 탐색하는 도구가 될 것이다.

이 책은 크게 세 가지 주제로 구성되어 있다. 창의성과 부자, CEO가 그것인데, 각각은 당신의 능력이 가진 특성, 당신을 움직이는 근본적인 동기의 내용, 그리고 당신의 행동방식을 나타낸다.

이 책에서 말하는 창의성은 창의성 자체의 양을 말하기보다는 당신이 가진 창의성의 유형을 말한다. 다시 말해서 당신이 (주로 혼자서) 남들이 안하는 일을 할 때 가장 창의적이고 생산적이 될 것인지, 아니면 조직의 일원으로 협력할 때 가장 창의적 잠재력을 발휘할 것인지를 알려준다. 예를 들어, 자폐성향이 높고 의외성이 높은 사람은 대부분의 조직에서 자신의 진정한 잠재력을 발휘하기 어려우며 개인 단위로 활동할 때 더 많은 능력을 발휘할 수 있다. 반면에 어떤 사람은 조직의 일원으로 동료와 다른 조직과 조화를 이루면서 자기에게 주어진 역할을 하는 것이 가장 바람직하다. 의외성이 낮으면서 자폐성향도 낮은 사람들이 여기에 속한다. 당신의 능력이 조직 생활에 어울리며 조직 속에 있을 때 가장 잠재력을 잘 발휘할 수만 있다면, 굳이 혼자서 자기만의 꿈을 추구할 필요는 없지 않겠는가. 혼자보다는 함께가 더 강하기 마련이고, 어쨌거나 조직은 든든한 방패이자 지원군이 되어 주는데 말이다.

급속도로 변화하는 현대 정보사회에서 창의성이 가장 필요한 능력이라고는 하지만, 창의성만 있다고 성공이 보장되는 것은 아니다. 남들이 생각하지 못한 생각을 해내는 능력뿐만 아니라, 그 생각을 꾸준히 밀고 나가는 추진력이 필요하다. 성공한 사람들은 성공할 때까지 실패를 이겨낸 사람들이기 때문이다. 단번에 성공한 사람은 거의 없다. 대부분은 수십 번, 수백 번의 실패, 그것도 아주 끔찍한 실패를 맛보았다. 하지만 다른 사람들이 그 실패에 굴복하고 포기한 반면, 성공한 사람들은 끝까지 도전을 멈추지 않은 것이다. 그 보답이 1년 후에 찾아올지, 아니면 수십 년 후에야 찾아올지 알지도 못하는 상황에서 말이다.

이런 능력이 부자 주제에서 다루는 것이다. 부자 주제에서 우리는 당신에게 맞는 성공의 내용이 무엇인지, 그리고 당신의 집요함은 어떤 유형인지를 살펴볼 것이다. 모든 사람이 돈을 많이 버는 성공을 바란다. 그러나 그 정도에는 차이가 있다. 돈을 열심히 쫓아다니는 것이 체질에 맞는 사람이 있는 반면에, 돈 욕심을 버리고 그저 자기가 좋아하는 일을 열심히 하는 게 훨씬 나은 사람이 있다. 이런 사람들이 어울리지 않게 돈을 쫓다 보면 스트레스와 좌절만을 겪지만 오히려 욕심 부리지 않고 자기 일에 만족하며 성실하게 지내다 보면 언젠가는 성공의 대가로 돈이 찾아온다. 게다가 남이 시키지 않아도 집요하게 자기 일을 추진하는 사람들이 있는 반면에 누군가 계속 밀어주고 끌어당겨야 동기가 발휘되는 사람이 있다. 집요한 사람은 추진력이 강하긴 하지만 융통성이 낮고, 집요하지 않은 사람은 유연성이 높기 때문에 상황에 맞게 계속 다른 일을 하는 게 더 어울린다.

마지막 주제인 CEO는 당신이 의사결정을 하고 실천에 옮기는 유형을 다룬다. 과감하고 신속하게 결정을 내리고 일단 한 번 내린 결정은 역시 한 치의 후회도 없이 추진해 나가는 사람이 있는 반면에, 끊임없이 고민하고 회의하면서 실수를 피하려고 노력하는 사람이 있다. 각자는 모두 장단점이 있다. 전자는 확실히 성공하거나 확실하게 실패할 수 있는 반면, 후자는 가늘고 긴, 무난한 삶이 주어지기 때문이다.

웹진 구냥이 그랬듯이, 이 책에도 각 주제에 관련된 사람과 사례들이 풍부하게 담겨 있다(긴밀한 협력 작업의 결과인 책의 나머지 부분과는 달리, 사람과 사례 부분은 거의 전적으로 이종운 대리의 작품이다. 그가 아니었다면 구냥은 아주 어설픈 모습이 되고 말았을 것이다).

비록 우리 ID Solution 동료들이 기존의 심리테스트를 21세기 한국인들의 상상과 생활에 더 가깝게 변형하고 조합하면서도 원래의 의미를 놓치지 않기 위해서 최선을 다했지만, 여전히 한 개인 안의 다양한 요소들을 무시하고 단순하게 유형을 나눈다는 검사 자체의 한계에서 벗어나지는 못했다. 따라서 독자 여러분들은 모쪼록 이 책에 담긴 심리검사를 자신의 가능성을 막는 족쇄로 만들기보다는 자신에게 잠재한 가능성이나 능력을 발견하는 계기로 삼아주시길 바란다.

마지막으로 그동안 함께 즐거워하고, 화를 내고, 격려하고, 비평하면서 참여해 주신 200만 〈야후! 구냥〉 독자 여러분에게 감사드린다.

저자 대표 장근영

차례

2

1부
^부

심리테스트

01

🐱 첫 번째 테스트 :
당신의 창의력은 몇 점?

Part 1 "기발함을 즐겨라!"

Part 1은 당신의 의외성을 알아보는 테스트입니다.

Q1~11번까지 질문을 읽고 자신에게 해당되는 답을 고르세요.

그리고 뒤의 채점표에서 고른 답에 해당되는 점수를 합산하세요.

※기초 자료 : Sternberg(1991), Nacht 등의 좌뇌우뇌 성향 척도(1988)

Q1 당신은 지금 여행을 가려고 한다. 당신이 먼저 하는 일은 다음 둘 중 어느 쪽인가?

1) 교통편과 숙소를 확인하고
   일정표를 만든다.

2) 교통편과 숙소를 확인하고
   여행을 상상한다.

Q2 당신의 쇼핑스타일은 어느 쪽에 더 가까운가?

1) 일단 가서 물건을 봐가면서
   뭘 살지 정한다.
2) 살 물건을 미리 목록으로 만들어서
   그 물건부터 산다.

Q3 당신이라면 다음 영화 중
어떤 영화를 고르겠는가?

1) 범죄나 액션을 다룬 드라마.
2) 로맨틱 코미디.
3) SF 영화.
4) 판타지 영화.

Q4 당신이 혼자 사무실에서 일하고 있는데 약간 정신이 나간 것 같은 사람이 들어와서 말도 안 되는 영어로 당신에게 말을 건다. 사정상 당신은 자리를 비울 수 없으니 다른 직원이 올 때까지 기다려야 한다. 다음 중 당신은 어떤 쪽인가?

1) 상대를 자극하지 않게 가만히 앉아서
   기다린다.
2) 같이 말 안 되는 영어로 응대하며 노닥거리며 기다린다.

Q5 다음 중 당신이 책을 읽는 방식은
어느 쪽에 더 가까운가?

1) 목차를 보고 관심이 가는 내용부터
   먼저 읽는다.
2) 처음부터 하나하나 찬찬히 읽는다.

Q6 당신이 길을 가다가 멋진 풍경을 봤다.
그 풍경을 어떻게 남기고 싶은가?

1) 동영상이나 사진으로 남긴다.
2) 그림으로 그리거나 간단한 느낌을
   메모한다.

Q7 당신이 일하는 은행에 최고급 정장을 하고 명품시계와 구두,
보석 팔찌를 한 30대 초반의 남자가 들어왔다. 이 멋쟁이 남자는
당신에게 단돈 천 원을 대출할 수 있는지 묻는다. 당신은?

1) 그가 좀 이상한 사람이거나 내가 무슨
   음모에 휘말리고 있는지 의심한다.
2) 은행 규정에 맞는 서류와 담보만 확실히
   있다면 문제없이 대출해 줄 수 있다고
   답한다.

Q8 택시를 타고 가는데 길이 무척 막힌다.
라디오를 들으니 가까운 도로 한 복판에
코끼리 떼가 나타났다고 한다. 당신은?

 1) 코끼리를 보러 택시에서 내린다.

 2) 욕을 내뱉으며 지하철로 바꿔 탄다.

 3) 대한민국에서 그런 일은 일어날 수도 없다.

Q9 새로운 사업을 시작하면서 철저하게 사업분석을 했다.
당신의 사업계획을 보고 어떤 전문가가 다음과 같은 말을 했다.
어떤 말이 가장 마음에 드는가?

 1) 재미있는 구상이다. 어떻게 될지는 모르지만….

 2) 당신은 매우 논리적이고 사업준비가
    철저한 사람이다. 성공할 것 같다.

 3) 성공하려면 기회를 잘 잡아야 한다.
    조금 더 기다려 봐라.

Q10 교복을 입는 학교에 다닐 때, 난 이렇게 입고 다녔다.

 1) 교복도 개성이다. 교칙에 걸릴 때 걸리더라도
    하고 싶은 대로 입는다.

 2) 양말이나 허리띠 등 교칙에 위반되지 않는
    범위에서 변화를 준다.

Q11 당신이 미학 관련 강의를 듣는다면,
다음 중에서 어떤 강좌를 선택할 것인가?

1) 이러저러한 사실들을 설명하고
   판단은 각자 하게 하는 강의.
2) 정답을 알려주며 명확하게
   정리하는 강의.

Part 2   "혼자가 즐거워!"

Part 2는 당신의 폐쇄성을 알아보는 테스트입니다.
Q1~11번까지 질문을 읽고 자신에게 해당되는 답을 고르세요.
그리고 뒤의 채점표에서 고른 답에 해당되는 점수를 합산하세요.
※기초 자료 : 사회향성-자율성 척도(Beck, 1983)

Q1 나는 혼자 있을 때,

1) 그냥 이것 저것 하며 지낸다.
2) 심심해서 밖으로 나가 돌아다닌다.

Home Alone

Q2 친구와의 약속시간 1시간 전, 갑자기 친구가
급한 일이 생겼다며 약속을 취소했다.
어떻게 할까?

1) 그냥 혼자서 시간을 보낸다.

2) 다른 친구들을 만난다.

Q3 당신은 방금 어느 누가 쓴 것보다 훌륭한 보고서를 작성해서
뿌듯하다. 그런데 상사에게 보여줬더니 몇 가지 사소한 트집을
잡아 고쳐오라고 한다. 당신은?

1) 뿌듯한 마음이 사라지고 짜증이 밀려온다.

2) 여전히 뿌듯하다. 빨리 수정해서 제출한다

3) 생트집을 잡는 이유가 뭔지 알아본다.

Q4 나는 얼굴이 자주 빨개진다. 어느 날 잘 모르는 친구들과
파티에 가게 되었는데 내 얼굴이 화제가 되었다. 어떻게 할까?

1) 어쨌든 주인공이 되는 건 좋은 일이다.
   즐긴다.

2) 일단 화제를 돌려보고, 그래도 계속
   그 얘길 하면 역공을 가한다.

3) 마음이 불편해서 조용히 파티장을
   나간다.

Q5 점심시간, 식사를 하려는데 하필이면
오늘 따라 같이 먹을 사람이 없다. 당신은
어떻게 할 것인가?

　1) 시켜먹거나 도시락을 사와서
　　사무실에서 간단히 때운다.

　2) 혼자 식당에 가서 먹고 싶은 걸
　　사 먹는다.

Q6 이번 주말에는 할 일도 없고 주머니도 두둑하다.
당신은 다음 중에서 뭘 하겠는가?

　1) 밖에 나가 친구들을 만난다.

　2) 혼자 쇼핑을 하거나 영화를 본다.

　3) 집에서 그냥 시간을 보낸다.

Q7 당신은 대학생, 발표만 하면 학점이 잘 나오는 강좌가 있다.
그런데 교수가 성질이 더러워서 발표마다 트집을 잡고 무안을 준다.
어떤 학생은 울며 나가기도 했다. 당신이라면 어떻게 할 것인가?

　1) 그런 수업은 부담스러워서 수강하지 않는다.

　2) 어쨌든 발표만 하면 A학점이라는데 당연히
　　수강한다.

　3) 학점 잘 받을 수 있는 다른 강의도 많을
　　거다. 더러워서 안 듣는다.

Q8 삐에로 연기로 사람들을 즐겁게 하는 재주가 많은 당신. 요즘 들어 무대장치를 만드는 일에 관심이 간다. 그런데 오늘 하루 동안 둘 중 하나를 해달라는 요청이 들어왔다. 물론 사람들은 삐에로 공연을 더 기대한다. 당신은 뭘 하겠는가?

 1) 무대 뒤에서 무대장치를 만드는 일.
 2) 사람들을 즐겁게 하는 삐에로 공연.

Q9 당신과 같은 팀에 있는 사람이 당신에 대해 별로 탐탁하게 여기지 않는 것 같다. 당신은 어떻게 하겠는가?

 1) 일하는 데 문제만 없다면 별로 상관하지
    않는다.
 2) 일단 왜 나를 싫어하는지 이유를 알아
    내어 원만한 관계로 만들려 한다.

Q10 당신에게 다음 두 직장의 제안이 들어왔다. 기간은 1년, 연봉이나 대우는 둘 다 매우 좋고 안정성도 있다. 어떤 일을 선택하겠는가?

 1) 인사팀장, 직원들과 매일 대화하고 불만을
    해결해 준다.
 2) 등대지기, 근무기간 내내 혼자서 지낸다.

Q11당신의 아주 친한 친구가 오랫동안 전화 한 통도 하지 않는다. 당신은 어떻게 할 것인가?

1) 무슨 안 좋은 일이 있는지 전화해서 확인한다.

2) 친구가 바쁜 모양이라고 생각하고 내 할 일을 한다.

3) 사실, 나에겐 아주 친한 친구가 없다.

✳점수 계산하기

아래의 표에서 선택한 답에 해당하는 점수를 더해 보세요.

Part 1	1)	2)	3)	4)
Q1	0	1		
Q2	1	0		
Q3	0	0	1	1
Q4	0	1		
Q5	1	0		
Q6	0	1		
Q7	0	1		
Q8	1	0	0	
Q9	1	0	0	
Q10	1	0		
Q11	1	0		

Part 2	1)	2)	3)
Q1	1	0	
Q2	1	0	
Q3	0	1	0
Q4	0	0	1
Q5	0	1	
Q6	0	1	1
Q7	0	1	0
Q8	1	0	
Q9	1	0	
Q10	0	1	
Q11	0	1	1

Part 1의 점수가 6점 이상, Part 2의 점수도 6점 이상이면
········· A 유형 ⇨ p.23

Part 1의 점수가 6점 이상, Part 2의 점수가 5점 이하이면
········· B 유형 ⇨ p.25

Part 1의 점수가 5점 이하, Part 2의 점수가 6점 이상이면
········· C 유형 ⇨ p.27

Part 1의 점수가 5점 이하, Part 2의 점수도 5점 이하이면
········· D 유형 ⇨ p.29

A 신비로운 괴짜형 천재
— 특이하고 고독한 미친 과학자형

>>> 특징

당신은 선천적으로 기발하고 창의
적이다. 굳이 창의적인 사고를 하려고
노력할 필요도 없다. 왜냐하면 당신은
남들과 같은 것을 봐도 전혀 다르게 받
아들이고 다르게 기억하기 때문이다.
사실 당신이 보기에 이해하기 힘든 것
은 보통 사람들이다. 당신에겐 분명한
원칙이 있고 그 원칙을 반드시 지키려
고 노력하지만 사람들에게선 그런 게

도무지 보이지 않기 때문이다. 사람들에겐 규칙이 없으니 예측도
안 되고 따라서 안심하고 만날 수가 없다. 하지만 어쩔 수 없다. 이
런 간격은 당신의 숙명이다. 뭐 어차피 당신은 남들이 뭐라 하든
별로 신경 안 쓰는 사람 아니던가?

>>> 장점

당신이 가진 독특한 관점과 집요한 고집은 당신에겐 장점이 될
수 있다. 성공한 사람들은 결국 남들이 가지 않는 길을 가서 성공
할 때까지 실패를 반복한 사람들이다. 당신은 그걸 할 수 있다. 포
기하지 않고 계속할 수 있는 능력이 당신의 장점이다.

>>> 단점

당신은 표준을 따르지 못한다. 자신은 남들 하는 대로 한답시고 따라해 봐도 사람들은 당신을 황당한 눈으로 쳐다볼 뿐이다. 그러다 보니 남들과 대화하거나 소통하기를 두려워한다. 아니 당신은 애초부터 다른 사람들이 나를 이해해 주리라는 기대를 포기했다.

>>> 조언

보통 당신 같은 괴짜는 사람들의 경계심을 불러일으키거나 미친놈 취급당하기 십상이다. 어떤 경우에 당신의 생각은 남들을 화나게 만들기 때문이다. 그러므로 당신은 혼자서, 남들의 눈이 닿지 않는 곳에 틀어박혀서 일에 몰두할 때 가장 좋은 결과를 얻는다. 이제 남은 것은 당신의 그 창조성을 발휘해서 사람들을 놀래키는 것이다. 당신의 창조성을 이용해서 사람들이 궁금해하고 필요로 하지만 미처 생각하지 못했던 것들을 찾아주는 데에 사용한다면, 남들이 당신을 이해하든 못하든 그게 무슨 상관이란 말인가. 당신은 성공할 것이다.

>>> 당신과 비슷한 인물들
...... 박생광
　　　윤이상
　　　이응노
　　　호르헤 보르헤스

24

B 교만한 천재
― 호기심 많은 만능 엔터테이너형

>>> 특징

당신은 선천적으로 기발하고 창의적이다. 그러면서 융통성도 있고 사람도 잘 사귄다. 비록 오래 가는 친구는 별로 없겠지만, 외로워서 힘들어하는 일은 별로 없다. 당신이 친구를 사귀는 이유는 그들이 필요하기 때문이다. 마음속에서는 내가 친구들을 이용하는 것은 아닌가 싶고, 그러면 안 될 것

같은 죄책감도 느낄지 모른다. 당신이 친구를 이용하는 건 사실이다. 하지만 죄책감을 느낄 것까진 없다. 어차피 당신은 누군가에게 완전히 이해받기는 힘든 존재이니까.

>>> 장점

보통 기발한 사람들은 너무 기발해서 남들과 소통을 못한다. 하지만 당신에겐 융통성도 있다. 남들에게 당신의 생각을 보여주고 소통하기를 좋아한다. 물론 늘 기대한 결과를 얻지는 못하지만, 언젠가, 누군가는 당신의 생각을 알아줄 것이라는 기대를 포기하지 않는다. 다행히도 당신에겐 남들의 몰이해를 받아넘길 만한 배짱이 있다. 그 적극성과 융통성은 언제든 당신에게 도움을 준다.

≫ 단점

남들에게 거만하다는 소리를 듣기 쉽다. 기발한 생각을 해낼 수 있다는 것은 축복이지만, 때와 장소를 가리지 못하면 재앙이 된다. 사람들을 만나느라 당신이 하는 일을 게을리할 가능성도 있다.

≫ 조언

당신은 언제나 남들에게 자신의 독특함을 드러내고 싶어 한다. 하지만 그러다 보면 미움을 받기도 쉽다. 잊지 말라. 당신은 기본적으로 비정상이다. 물론 당신이 이해받지 못하는 것은 당신의 문제가 아니라 다른 사람들의 문제다. 그렇다. 당신은 아주 독특한 존재인 반면에 남들은 그렇지 못한 것이다. 당신이 보기에 다른 사람들은 어찌 그리도 평범함에서 벗어나지 못하는지 불쌍하기까지 하다. 하지만 당신의 그런 생각이 드러날 때, 사람들은 당신을 단순히 이해하지 못하는 게 아니라 적극적으로 싫어하기 시작한다. 당신은 결국 주변 사람들 없이는 살 수 없는 존재라는 사실을 잊지 말라. 당신의 독특함은 당신 주변 사람들에게 도움을 줄 수 있을 때에야 가치가 있는 것이다. 그렇지 않다면 그저 흉기에 불과하다. 이를 위해 당신에게 필요한 것은 끈기이다. 포기하지 말고 계속하라. 지금 당신이 하고 있는 일, 당신밖에는 그 일을 할 사람이 없다.

≫ 당신과 비슷한 인물들

…… 백남준

이상

피카소

로드 바이런

C 천재적인 규칙의 재단사
— 우울, 소심, 집요한
수도승형

>>> 특징

당신은 규칙적인 사람이다. 그런
데 남들보다 조금 심하게 규칙적이다.

그것이 당신의 창의력의 원천이
다. 남들은 쉽게 넘어가는 사실들을
당신은 쉽게 넘기지 않는다. 남들이
저질러 놓고서 자기가 저지른 줄 모르
는 사소한 실수들도 당신은 하나하나

기억한다. 사람들이 언제 규칙에서 벗어나는지, 언제 다시 돌아오
는지 당신 눈에는 보인다. 왜냐하면 당신은 규칙의 제왕이기 때문
이다.

>>> 장점

남들이 발견하지 못한 빈틈을 발견하는 데에는 당신만한 사람
이 없다. 그게 당신의 창의력이다. 당신의 사고방식은 상식적이지
만 너무나도 대단하게 상식적이어서 사람들의 상상을 뛰어넘는다.
당신은 하나를 보고 열을 안다. 그 능력을 잘 개발하라. 그리고 당
신은 꾸준함, 지구력이 강하다. 창조적 인재들이 성공하기 위해 필
수적으로 가져야 하는 특성이다. 꾸준함을 잘 키워라.

>>> 단점

당신의 규칙은 남들과는 좀 다르다. 그래서 갈등을 많이 겪는다. 주변으로부터 융통성이 없다는 얘기도 많이 듣는다. 당신의 고집은 장점이지만 너무 고집만 부리다간 친구도 별로 없고, 의지할 사람도 없이 외롭게 살 수도 있다.

>>> 조언

당신은 한 가지 주제를 잡아서 꾸준히 파고들어가는 삶이 적성에 맞는다. 당신이 마음만 먹는다면, 아마 넘지 못할 벽은 없을 것이다. 단지 시간이 문제일 뿐이다. 당신은 규칙적인 생활을 하면서 건강을 관리하고, 창의적 에너지를 유지하면서 시간을 통제할 수 있다. 단지 당신에게 필요한 것은 약간의 융통성이다. 귀찮더라도 사람들을 사귀고 동료를 만들어야 한다. 그들이 당신에게 도움을 줄 수 있다.

>>> 당신과 비슷한 인물들

······ 박경리

베토벤

두보(杜甫)

카미유 생상

D 비범한 평범성
― 평범하고 연한 회색인

>>> 특징

당신은 얼핏 보기엔 평범하다. 하지만 그 평범함 속에 비범함이 감추어져 있다. 당신이 좋아하는 것은 대한민국 사람 대다수가 좋아한다. 당신이 이 물건 뜬다 싶으면 실제로 조만간 뜬다. 당신은 표준 한국인이다. 여기에 속하는 사람은 의외로 드물다.

>>> 장점

당신에겐 기발한 창의력은 없을지도 모른다. 하지만 이 사회에서 요구하는 게 뭔지 가장 잘 알아차릴 수 있다. 그렇다. 당신의 그 표준시각은 이 잡다한 정보의 쓰레기장에서 보석을 발견하게 해주는 감지기인 것이다. 보석이 따로 있나? 많은 사람들이 원하고 필요로 하는 것이 바로 보석이 아닌가?

>>> 단점

당신은 틀에 박히지 않고 뭐든 할 수 있는 사람이다. 하지만 뭐든 할 수 있다는 건 아무것도 할 수 없다는 말도 된다. 둘의 차이를 가르는 것은 노력과 집중력이다. 당신이 노력하지 않는다면, 당신이 하는 일에 집중하지 못한다면 결국 아주아주 평범하고 지루한 인생을 살다가 사라질 것이다.

>>> 조언

조심할 것은 당신이 조금씩 잘 나가게 될 때이다. 평소에 당신은 남들과 다름없는 자신의 모습에 불만이 있었을지도 모르겠다. 하지만 겉보기에 평범하기 때문에 얻는 이점은 만만치 않다. 당신은 남들 눈에 잘 띄지 않는다. 그래서 웬만큼 실수를 해도 별로 나쁜 인상을 남기지 않는다. 하지만 당신이 점점 성공할수록 당신은 사람들의 주목을 받게 된다. 그러면 예전에는 그냥 넘어가 주던 당신의 어설픈 행동들이 당신을 시기하는 사람들에게 좋은 소재를 제공해 준다. 잘못하면 당신의 성취가 당신을 불행하게 만들어 버리는 것이다. 이런 사태를 피하려면 당신의 장점이 평범함이라는 사실을 늘 잊지 말라. 아무리 당신 주변의 상황이 달라지더라도 당신은 언제나 평범한 사람들의 일원으로서 상식적으로 행동하라. 당신의 평범함은 바로 비범함이다.

>>> 당신과 비슷한 인물
······ 정약용

🐱 두 번째 테스트 :
당신이 부자가 될 확률은?

Part 1 "돈이 좋아!"

Part 1은 당신의 사욕추구성을 알아보는 테스트입니다.

Q1~11번까지 질문을 읽고 자신에게 해당되는 답을 고르세요.

그리고 뒤의 채점표에서 고른 답에 해당되는 점수를 합산하세요.

※기초 자료 : Inglehart(1981), 물질주의 척도 등

Q1 불우이웃돕기 성금을 낼 때 더 많이 드는 생각은?

1) 이 돈이 제대로 사용되는 걸까 하는 의심.

2) 남에게 도움을 주고 있다는 뿌듯함.

Q2 성공한 사람인지 아닌지를 판단하는 첫 번째 기준은?

1) 연봉이 얼만지.

2) 사회에 어떤 기여를 하는지.

Q3 값비싼 명품을 갖고 다니는 사람들을 보면 드는 생각은?

1) 나도 정말 갖고 싶다.

2) 돈 쓸 데가 없는 모양이다.

3) 별 관심이 없다.

Q4 오랜만에 만난 친구가 저녁을 산다며 허름한 음식점으로 안내한다면 어떤 생각이 들겠는가?

1) 여기 음식 맛이 정말 좋은가 보구나.

2) 이 친구가 별로 사정이 안 좋구나.

Q5 배우자를 선택하는 기준 중에서 당신에게 제일 중요한 것은?

1) 사랑이라는 감정.

2) 능력, 성격, 직업 같은 조건.

Q6 램프의 요정이 당신에게 다음 중 하나를 준다고 한다면 뭘 고르겠는가?

1) 40평 대의 강남 아파트.

2) 세상 모든 사람들의 인정과 존경, 사랑.

Q7 다음 두 가지 인생 중 하나를 선택한다면?

1) 평생 부자로 떵떵거리며 살다 가는 인생.

2) 고생 좀 하더라도 사람에게 칭송 받으며 기억되는 인생.

Q8 혜성의 충돌로 지구가 멸망하기 직전,
지구탈출 우주선에 태울 사람을 골라야 한
다. 첫 번째 기준은?

　1) 인품과 자질.

　2) 사회적인 명성.

Q9 당신의 회사 사장이 불법으로 이익
을 취하려고 한다. 이 사실을 아는 당신
은 어떻게 할 건가?

　1) 방관할 수 없다. 현재 상황의 부당함을
　　외부에 알린다.

　2) 일을 묵인하는 대신 연봉을 높여
　　달라고 요구한다.

　3) 회사가 돈을 벌면 결국 내게도 이익이니 그냥 모른 척한다.

Q10 두 사람과 맞선을 봤다. 한 사람
은 현명하고 정직하지만 가난하고, 다른
사람은 별로 마음에 들지 않지만 엄청
부자다. 누구에게 연락할 것인가?

　1) 현명하고 정직한 사람.

　2) 부자.

Q11 친구들과 밥을 먹었다. 음식을 계속 추가해 시켰는데, 계산할 때 보니 추가한 음식 값이 빠져 있다. 어떻게 할까?

1) 그냥 모른 척 카드를 긁는다.

2) 정직하게 얘기하고 계산서 다시 달라고 한다.

Part 2 *"원하는 것을 위해서라면……"*

Part 2는 당신의 집요함(성취동기)을 알아보는 테스트입니다.

Q1~11번까지 질문을 읽고 자신에게 해당되는 답을 고르세요. 그리고 뒤의 채점표에서 고른 답에 해당되는 점수를 합산하세요.

※기초 자료 : Rotter(1966)의 내외통제감 척도 등

Q1 마음에 드는 직장에 다니던 당신, 로또에 당첨되어서 평생 먹고 살 걱정이 사라졌다면, 직장은 어떻게?

1) 그래도 직장을 계속 다닌다.

2) 미쳤다고 직장을 다니냐.

Q2 당신은 지금 400시간을 투입하면 완성되는 프로젝트를 하고 있다. 기한은 정해져 있지 않다. 어떻게 할 것인가?

1) 주 5일 8시간씩 정해진 근무시간 대로 진행한다.

2) 매일 13시간 이상씩 써서 30일 안에 끝낸다.

3) 기한이 정해져 있지 않다면 미룰 수 있을 때까지 미룬다.

Q3 자기 일에서 성공은 했는데 가정불화를 겪는 인생과, 집안은 화목한데 일에서 별로 인정받지는 못하는 인생이 있다면 당신은 어느 쪽을 택하겠는가?

1) 가화만사성이다. 집안이 화목한 쪽이 낫다.

2) 성공하는 것이 우선이다. 가정은 다시 만들면 된다.

3) 나는 일에서의 성공과 화목한 가정 둘 다 성취할 자신 있다.

Q4 학교 다닐 때 당신은 어느 쪽이었나?

1) 마음만 먹으면 시험에서 좋은 성적을 받을 수 있었다.

2) 마음 먹는 것과 성적은 별개였다.

3) 기억 안난다.

Q 5 학기말 성적표를 받고 나면 주로 어떤 생각이 들었나?

1) 이럴 리 없다.

2) 학기가 끝났다는 것만으로도

　　만족스럽다.

3) 받을 만한 성적을 받았다.

Q 6 힘든데 재미있는 일과 재미는 없는데 쉬운 일 중에서 하나를
해야 한다면 당신은?

1) 일단 쉬운 일.

2) 힘들어도 재미있는 일.

Q 7 목숨을 걸고 히말라야 등반을
하는 사람들을 보면 드는 생각은?

1) 왜 그러는지 도대체 이해가 안 된다.

2) 존경스럽다.

3) 왜 그러는지 알 것 같다.

Q8 정신 없이 바쁘고 스트레스가 심할 때 드는 생각은?

1) 쉬고 싶다.

2) 사는 것 같다.

3) 바빠 본 적이 없다.

4) 바쁜데 무슨 생각? 일이나 열심히 한다.

Q9 모르는 사람들 100명이 같이 성공능력 테스트를 했다.
당신은 그 중 상위 몇 %에 속할 것
같은가?

1) 상위 30% 이내.

2) 30~70% 사이.

3) 하위 30% 이내.

Q10 맘에 드는 이성이 있으면 당신은?

1) 어떻게 해서든 계속 대쉬해 본다.

2) 한두 번 시도해 보고 아니면 포기한다.

3) 신중하게 접근하려고 한다.

Q11 당신이 투입된 이후 당신 팀이 승승장구 하면서 잘 나간다면 당신은 어떤 생각이 들까?

1) 월급 안 올려준다면 배신이다.

2) 뿌듯하고 자신감이 생긴다.

3) 이젠 좀 쉬어야지.

✳ 점수 계산하기

아래의 표에서 선택한 답에 해당하는 점수를 더해 보세요.

Part 1	1)	2)	3)
Q1	1	0	
Q2	1	0	
Q3	1	0	0
Q4	0	1	
Q5	0	1	
Q6	1	0	
Q7	1	0	
Q8	0	1	
Q9	0	1	1
Q10	0	1	
Q11	1	0	

Part 2	1)	2)	3)	4)
Q1	1	0		
Q2	0	1	0	
Q3	0	1	1	
Q4	1	0	0	
Q5	0	0	1	
Q6	0	1		
Q7	0	1	1	
Q8	0	1	0	1
Q9	1	0	0	
Q10	1	0	0	
Q11	0	1	0	

Part 1의 점수가 6점 이상, Part 2의 점수도 6점 이상이면
········ A 유형 ⇨ p.40

Part 1의 점수가 6점 이상, Part 2의 점수가 5점 이하이면
········ B 유형 ⇨ p.43

Part 1의 점수가 5점 이하, Part 2의 점수가 6점 이상이면
········ C 유형 ⇨ p.45

Part 1의 점수가 5점 이하, Part 2의 점수도 5점 이하이면
········ D 유형 ⇨ p.47

A 냉정하고 악착같은 스크루지형 부자
— 부자될 가능성 68%

>>> 특징

당신은 가장 돈과 친한 사람이다. 어디에서 무슨 일을 하든지 당신 눈에는 돈이 보인다. 당신 머리 속에는 돈이 어떻게 흘러가는지 그게 어디에서 모이는지 그리고 그 흐름을 어떻게 하면

바꿀 수 있을지에 대한 생각이 떠나지 않는다. 당신은 집요하다. 한번 마음 먹은 일을 해내지 못하면 당신은 속이 상해서 참질 못한다. 따라서 당신은 돈의 흐름을 끈질기게 쫓아다니며 그 흐름을 당신을 향해서 바꾸어 놓고자 노력한다. 돈과 친한 당신의 사고방식과 그 끈질긴 근성이 결합된 당신은 부자가 될 가능성이 높다. 하지만 돈만 쫓다 보면 주변 사람들에게 상처를 입힐 수도 있고 적을 만들 가능성도 높다. 약간의 여유와 융통성이 필요하다.

>>> 장점

당신의 장점은 불굴의 정신이다. 당신은 남들이 다 포기하고 나가떨어지는 순간까지도 포기하지 않고 남아있는 마지막 사람이다. 성공한 사람은 성공할 때까지 실패한 사람이다. 실패 몇 번에

굴하고 포기했다면 성공하지 못했을 것이다. 그런 면에서 집요한 당신은 성공할 가능성이 높다.

>>> 단점

당신은 돈을 너무 밝힌다는 비난을 들을 가능성이 있다. 당신에겐 모든 것이 돈으로 계산된다. 문제는 보통 사람들이 돈으로 계산하는 것을 혐오하는 특수한 영역들이 있다는 사실이다. 예를 들어, 사람과 사람의 관계도 당신이 보기엔 충분히 비용대비 효과를 계산할 수 있는 영역이다. 하지만 사람들은 그런 계산을 싫어한다. 그러니 대인관계에서도 원가계산을 하다 보면 당신에겐 친구들이 남아있지 않거나, 당신처럼 당신의 원가계산을 하려는 장사꾼들만 당신 주변으로 모여들 것이다. 또한 당신은 융통성이 부족할 수 있다. 결과에는 상관없이 당신의 목표를 수정하지 않고 노력을 계속하다 보면 많은 사람들이 당신을 미친 사람으로 여기고 두려워하게 된다. 스토커도 그렇게 생기는 것이다.

>>> 조언

끈질긴 도전과 무의미한 집착의 차이는 목표의 타당성이다. 추구할 만한 가치가 있고, 타당성이 확보되어 있는 목표라면 당신의 끈기는 언젠가 당신에게 보답을 해줄 것이다. 상황의 변화와 노력의 결과에 맞춰서 유연하게 대응하는 것은 결코 포기하는 것과는 다르다. 장기적인 목표는 계속 마음에 담아두되 그 방법은 다양하게 시도하라.

돈으로 계산하는 것은 좋지만 대인관계에 대해서는 그런 모습을 보이지 않도록 조심하라. 특히 남들에 대해서 원가계산을 하는 대신 당신 자신의 비용대비효과 비율을 향상시키도록 노력하라. 그렇게 한다면 사람들은 당신을 환영하고 앞다투어 동료로 삼으려 할 것이다. 사실 우리 모두는 언제나 실속 있는 친구를 사귀길 바란다. 단지 그런 생각을 겉으로 드러내는 것을 혐오할 뿐이다.

>>> 당신과 비슷한 인물들
…… 워런 버핏
　　하워드 슐츠
　　마사 스튜어트
　　앤드류 카네기
　　루퍼트 머독
　　에르네스트 오펜하이머
　　배절 자하로프

B 쿨하고 세련된 욕심쟁이형 부자
― 부자될 가능성 32%

>>> 특징

로또 1등에 당첨된다면 뭘 하겠느냐는 질문에 대해서 당신만큼 자세한 대답을 할 수 있는 사람은 드물다. 당신은 언제나 돈을 쓸 준비가 되어 있다. 문제는 그만큼 돈이 없다는 것이다. 당신은 세상에

서 가장 중요한 것이 돈이라는 사실을 안다. 그리고 돈이 어떻게 흘러가는지도 보인다. 하지만 그 흐름을 붙잡기 위해서는 많은 인내와 노력이 필요한데 그것을 감당하기 어려워한다. 약간의 실패만으로도 쉽게 포기하거나 귀가 얇아서 남들의 부추김에 쉽게 흔들리기 때문에 부자가 되려는 문턱까지 왔다가 말곤 한다.

>>> 장점

당신의 장점은 유연성이다. 당신은 무리하지 않으며, 여의치 않을 것 같으면 금방 발을 뺀다. 하지만 본인이 그런 모습에 만족하는지는 의문이다. 또한 당신은 돈이 어디에 모이고 어디로 흘러가는지에 대해서 남들보다 관심이 많으므로 경제적인 안목을 틔울 가능성이 높다. 뭐든 흥미를 많이 가지고 계속 살펴보는 사람이 더 잘 알기 마련이다. 당신의 세련된 안목은 향후 투자를 하거나 고급

스러운 취향을 필요로 하는 상황에서 빛을 발할 것이다.

》》》 단점

당신은 돈을 볼 줄도 알고 돈을 갖고 싶은 마음도 있지만 그 돈을 잡으려는 노력이 부족한 유형이다. 마음을 비웠다면 차라리 편하기라도 하겠지만, 늘 남들보다 더 돈을 많이 벌고 싶은 욕심을 떨치지 못하기 때문에 문제가 생긴다. 가장 큰 약점은 바로 끈기가 부족하다는 것이다. 당신은 남들보다 한발 먼저 포기한다. 더구나 당신은 돈 밝힌다는 비난까지 듣는 경우가 많다. 돈을 많이 벌면서 그런 소리를 들으면 억울하지나 않지, 이건 별로 돈도 벌지 못하는데 그저 돈 밝히는 티만 내는 것 같아서 본인도 기분이 좋지 않다.

》》》 조언

당신에게 부족한 것은 상상력이나 야망이 아니라 그것을 실천으로 옮기는 힘이다. 불리한 조건을 탓하지 말고 지금 현재 주어진 조건에서 당신이 선택할 수 있는 최선의 방법을 찾아서 시도하라. 더 이상 못하겠다고 느껴질 때, 한번만 더 시도해 보라. 당신은 스스로 최선의 노력을 다했다고 생각하겠지만 남들은 당신이 한 것보다 한참을 더 하고서야 포기한다. 당신이 포기한 바로 그 지점만 지나면 성공의 문이 열렸을지도 모른다. 당신의 인생경험 중에서 일단 정한 목표를 달성하는 비율을 높여가라. 당신 마음속 계산의 절반만 완성했더라도 당신은 지금 완전히 팔자를 고쳤을 것이다.

》》》 당신과 비슷한 인물
…… 폴 게티

C 묵묵히 산을 갈아 밭을 만드는 농부형 부자
— 부자될 가능성 50%

>>> 특징

당신에겐 별다른 돈 욕심은 없다. 하지만 다른 욕심이 있다. 당신은 그저 자신이 하는 일이 좋아서 열심히 하는 사람이다. 그러다 보면 주변 사람들은 돈 안 되는 일만 골라서 하는 당신 때문에

등골이 휘기도 한다. 하지만 당신은 그들보다 더 많은 희생을 하더라도 지금 하는 일을 포기할 의사가 없다. 단기간에 성과가 나타나지는 않겠지만, 모든 성공이 결국 부와 명예를 가져다 준다는 점을 생각해 보면 당신이 부자가 될 가능성이 없는 것은 아니다. 당신은 어느 누구도 기대하지 못했던 뜻밖의 부자가 될 수 있다.

>>> 장점

당신의 장점은 돈에 초연하다는 점이다. 의외로 돈은 자기를 쫓아다니는 사람들보다 별로 관심이 없는 사람에게 찾아오는 경향이 있다. 당신은 사소한 이익이나 손해에 일희일비하지 않으니 냉정함과 일관성이 유지되고, 장기적인 목표를 달성할 수 있다. 장기적인 목표는 아무나 달성할 수 없는 희소성을 지니므로 그 희소한 가치가 당신을 부자로 만들어줄 것이다.

≫≫ 단점

당신의 문제점 역시 돈에 초연하다는 점이다. 게다가 당신은 웬만한 주변의 압박에도 굴하지 않고 계속 돈과는 상관없이 하고 싶은 일을 한다. 그 때문에 주변 사람들이 어떤 고생을 하는지는 사실 당신에겐 중요하지 않다. 일을 위해서라면 뭐든 할 사람이 주변 사람들을 배려하는 데에는 인색한 것이다.

≫≫ 조언

물론 당신은 여전히 돈에는 별로 관심을 두지 않을 것이다. 당신의 장점을 최대한 발휘하기 위해서는 그게 좋다. 욕심이 없을수록 냉정하게 판단할 수 있고 마음을 비운 사람은 유혹에도 흔들리지 않는다. 단지 약간의 융통성을 발휘할 필요는 있다. 모로 가도 서울만 가면 된다. 어떤 목표를 달성하는 방법은 여러 가지가 있을 수 있다. 될 수 있으면 많은 사람들이 만족할 수 있는 방법을 선택하는 게 당신에게도 좋고, 당신 주변 사람들에게도 좋다. 그리고 만약에라도 성공한다면, 관대함을 보여 주라. 당신에겐 중요하지 않은 돈, 많은 사람들에게 베풀어 주라. 당신 때문에 고생하는 주변 사람들에게 보답할 수 있는 길은 그것뿐이다.

≫≫ 당신과 비슷한 인물들
…… 리자청
　　정문술
　　잉그바르 캄프라드
　　오프라 윈프리
　　린 아이롄

D 따뜻하고 우유부단한
안분지족 양치기형 부자
— 부자될 가능성 25%

>>> 특징

당신은 돈에 관심도 없을 뿐만 아니라 특별히 무리해서 돈을 벌 생각도 없다. "잡기 힘든 공은 잡지 않고 치기 힘든 공은 치지 않는다"는 박민규 소설 속 '삼미슈퍼스타즈'의 모토가 당신에게 어울린다. 마음을 비우면 세상이 더 잘 보이는 법, 남들이 헛된 목표를 향해 부질없는 노력을 다할 때, 당신은 뒷짐을 지고 관조하며 대나무처럼 유연하게 산다. 물론 혹자는 당신을 보고 무능할 뿐만 아니라 노력도 하지 않는다고 비난할지도 모른다. 하지만 그건 당신의 삶을 몰라서 하는 소리다. 당신은 돈에 대한 집착과 욕심을 버리는 대신, 따스한 인간적인 삶을 누릴 테니 말이다.

>>> 장점

당신의 여유로움 자체가 장점이다. 여유가 있는 사람은 주변 사람들을 편안하게 한다. 게다가 당신에게도 여유는 도움이 된다. 욕심이 없으니 갈등이 적고 갈등이 없으면 마음이 편하며 편한 마음은 몸도 건강하게 만든다. 모든 병은 무리하는 데서 시작하는데 당신과 가장 거리가 먼 이야기다. 주어진 삶에 만족할 줄 알고 사람들을 배려할 줄 아는 당신은 진정 안분지족하는 현인의 전형이다.

>>> 단점

뭐 하나 끈질기게 해내는 것이 없고, 그렇다고 특별한 야망도 없으니 무시당하기 쉽다. 실력을 쌓기 위해서도, 성공을 하기 위해서도 반드시 필요한 것이 집요함이다. 그런데 당신에겐 그게 부족하다. 뭐든 끝까지 밀어 부쳐야 성과물을 만들 수 있을 텐데 그러지 못하면 시간이 흐를수록 쪼들리고 불편해질 가능성이 있다. 편안한 사람이긴 하지만 왠지 믿기는 어렵고 듬직하지도 못한 사람으로 간주될 수도 있다.

>>> 조언

당신에겐 조직생활이 어울린다. 지나친 욕심을 부리지 않는 당신은 훌륭한 직원으로서 주어진 업무에 충실하며 지내는 것이 가장 좋다. 부지런한 친구들을 많이 만나는 것도 좋다. 어쨌든 당신이 스스로 뭔가를 하기보다는 조직이나 친구들에 이끌려 일을 하게 되는 경우가 많을 것이다. 그리고 일단 일을 한다면 최소한 한두가지 면에서는 남들 하는 만큼은 하도록 노력하라.

당신의 여유와 너그러움을 발전시키는 것도 좋다. 여유에 약간의 사교성, 약간의 성실성이 받쳐준다면 당신 주변에는 휴식을 취하려는 사람들이 모여들 것이다. 당신은 현명한 바텐더처럼 그들의 고민을 들어주고 현자의 지혜를 나눠줄지도 모른다. 그들 중에는 돈은 많은데 쓸 곳이 없는 사람도 있고 아이디어와 열의는 있는데 돈이 없는 사람도 있을 것이다. 만약 당신이 이들을 연결지어 주기 시작한다면 당신은 뜻하지 않게 중요한 성공의 배후세력이자 막후실력자로 자리잡을지도 모른다. 아마 이런 이야기도 당신에겐 별로 흥미 없을지 모른다. 그저 집착을 버리고 유유히 살아가는 것이 당신이 바라는 인생일 테니…….

>>> 당신과 비슷한 인물
…… 이해진

03

🐱 세 번째 테스트 :
당신은 CEO형 인간?

Part 1 *"당신은 특별한 존재?"*

Part 1은 당신의 자기애 성향을 알아보는 테스트입니다.

Q1~11번까지 질문을 읽고 자신에게 해당되는 답을 고르세요.

그리고 뒤의 채점표에서 고른 답에 해당되는 점수를 합산하세요.

※기초 자료 : Emmons R. A.(1981) Relationship between narassism and sensation seeking

Q1 친한 친구들과 함께 길을 가다가
방송국에서 길거리 인터뷰 팀에
걸렸다. 기자가 일행 중 누구에게
가장 먼저 질문할 것 같은가?

1) 친구.

2) 나.

50

Q2 당신이 인간관계에서 스트레스를
받는다면 주로 어떤 경우인가?

 1) 나에 대한 시기나 질투로 인한 스트레스.

 2) 지나친 기대나 요구로 인한 스트레스.

 3) 내 실수로 인한 스트레스.

Q3 당신은 중간계에서 어떤 종족에 해당하는가?

 1) 호빗족.

 2) 엘프족.

 3) 휴먼족.

Q4 친구들과 파티에 갔다. 당신은 주로 어떻게 행동하는가?

 1) 별로 할 말이 없어서 가만히 있는다.

 2) 분위기를 띄우기 위해서 재미있는

     이야기를 해준다.

 3) 사람들에게 오해받기 싫어서 조용히 있는다.

 4) 인간관계를 넓히기 위해서 사람들과 이야기를 한다.

Q5 할 일이 없이 혼자 있을 때 당신은 주로 무엇을 하는가?

1) 그냥 이것저것 상상을 한다.

2) TV를 보거나 인터넷 서핑을 한다.

3) 이것저것 공부를 한다.

Q6 당신이 방송에서 하는 퀴즈 경연대회에 출전한다면?

1) 평소보다 훨씬 잘해서 좋은 성적을 거둔다.

2) 남들 보는 앞에서는 실력발휘를 못한다.

3) 성적은 어떨지 몰라도 사람들에게 가장
　　 깊은 인상을 남긴다.

Q7 길을 가는데 연예기획사 스카우트 담당이 다가와 명함을
주며 회사로 꼭 찾아오라고 한다. 당신 생각은?

1) 뭔가 미심쩍다. 진짜인지 확인해보고 결정한다.

2) 드디어 나한테 기회가 왔다. 당연히 가본다.

3) 지나치게 유명해질까봐 걱정되어서 안 간다.

Q8 팀이 짜여진 지 1주일이 지났는데 잘 생긴 이성 팀원이 당신에게만 잘 해준다. 당신은?

1) 상대방이 자길 좋아한다고 오해하지 않게 조심하며 자연스레 지낸다.

2) 주변사람들에게 무슨 질투를 받을지 모른다. 모른 척 한다.

3) 무슨 딴 의도가 있는 것은 아닌지 의심스럽다.

Q9 혜성이 지구에 충돌하기까지 6개월 남아 국가에서 지하대피소에 들어갈 10%를 선정했다면, 당신은?

1) 평가기준이 정확하다면 10%에 포함될 것이다.

2) 내가 선발될 가능성은 별로 없다.

3) 나는 선발될 자격은 있지만, 연줄이 없어서 결국 선발되지 못한다.

Q10 밤에 한적한 공원을 산책하는데 UFO가 당신에게 날아왔다. 외계인이 나와서 당신을 오랫동안 지켜봤는데 지구 대표로 초청하고 싶다고 한다. 당신은?

1) 보나마나 생체실험이나 당할 것이다. 도망간다.

2) 아마 정말로 나를 대표로 대우할 것이다. UFO에 탄다.

3) 어차피 꿀꿀한 인생, 이렇게 끝내자. UFO에 탄다.

Q11 오페라 극장이다. 최고층의 로열석과
1층의 일등석, 그리고 2층의 일반석이 있다.
당신은 어디에 앉아있을 것 같은가?

1) 최고층의 로열석.

2) 1층의 일등석.

3) 2층의 일반석.

Part 2 "도전 없는 인생은 무의미해!"

Part 2는 당신의 자극추구성향을 알아보는 테스트입니다.

Q1~11번까지 질문을 읽고 자신에게 해당되는 답을 고르세요.

그리고 뒤의 채점표에서 고른 답에 해당되는 점수를 합산하세요.

※기초 자료 : Zuckerman(1978) Emmons(1981)

Q1 당신은 심심할 때 주로 어떤 일을 하는가?

1) 독서, 음악감상, 뜨개질, 십자수, 클릭질…

　　이도 저도 아니면 시체놀이.

2) 노는 애들을 부른다.

3) 숟가락으로 땅굴을 판다.

Q2 당신이 주로 하는 후회는 다음 중에서 어느 쪽인가?

1) 해야 할 말을 못해서 열 받는 후회.

2) 난 내가 태어난 게 후회된다.

3) 해선 안 될 말을 해서 괴로운 후회.

Q3 비싼 최고급 중화요리를 먹을 거다. 당신은 메뉴를 어떻게 고르는가?

1) 완전 새로운 음식, 맛있어 보이는 음식, 남이 추천한 음식.

2) 전에 먹어본 거, 혹은 먹어본 거 비슷한 거라도 시킨다.

3) 난 중국집에 안 간다.

Q4 당신이 돈 쓰는 방식은 다음 중 어디에 속하나?

1) 은행 잔고부터 생각하고 쓴다.

2) 일단 쓰고 나서 생각하는 편이다.

3) 돈은 아예 쓰지 않는다.

Q5 두 가지 삶 중 하나를 택하라고 한다. 당신의 선택은?

1) 평범하지만 향후 70년간 건강하게 사는 삶.

2) 5년 밖에 못 사는 삶. 그러나 5년간 유명인
에 억만장자로 산다.

3) 유명인에 억만장자로 70년간 살면 안 되나?

Q6 주사위를 던져서 6 이외의 숫자가 나오면 10억을 갖고,
6이 나오면 다리를 잘라야 하는 내기 제안이 들어왔다.
당신이라면?

1) 이런 내기는 하지 않는다.

2) 10억 벌 확률은 5/6이다. 내기한다.

3) 경찰에 신고한다.

Q7 동점인 상태에서 9회말 2아웃 주자
없는 상황에 마지막 공격이다. 당신이라면
다음 타자 중에서 누구를 내보낼 것인가?

1) 타율은 낮지만 홈런 개수가 많은 타자.

2) 타율은 높지만 내야안타만 내는 타자.

3) 되는 대로 아무나.

Q8 당신이 집을 산다면 다음 중 어떤 집을 살 것인가? 시세는 같으며, 앞으로 500년간 집 값 변동이 없다고 가정한다.

1) 나무와 풀이 무성한 조용하고 아늑한 주택.

2) 번화가에 자리한 초현대식 주상복합 아파트.

3) 이글루.

Q9 슈퍼나 마트에서 장을 볼 때 당신은 어느 쪽인가?

1) 뭘 고를지 한참 생각한다.

2) 미리 정해 놓은 것만 산다.

3) 그냥 가서 적당히 골라온다.

Q10 당신은 다음 중 어떤 말을 더 많이 듣는가?

1) 좀 빨리빨리 해라.

2) 너무 성급하게 굴지 말아라.

Q11 다음 두 가지 시험이 있다면 당신은 어떤 쪽에 더 자신이 있나?

1) 빨리 풀수록 가산점이 붙는 시험.

2) 시간이 충분하게 주어지고 틀린 숫자대로 감점하는 시험.

어떤 시험?

✳점수 계산하기

아래의 표에서 선택한 답에 해당하는 점수를 더해 보세요.

Part 1	1)	2)	3)	4)
Q1	0	1		
Q2	1	0	0	
Q3	0	1	0	
Q4	0	1	1	0
Q5	1	0	0	
Q6	1	0	1	
Q7	0	1	1	
Q8	1	1	0	
Q9	1	0	1	
Q10	0	1	0	
Q11	1	0	0	

Part 2	1)	2)	3)
Q1	0	1	0
Q2	0	0	1
Q3	1	0	0
Q4	0	1	0
Q5	0	1	0
Q6	0	1	0
Q7	1	0	1
Q8	0	1	0
Q9	0	0	1
Q10	0	1	
Q11	1	0	

Part 1의 점수가 6점 이상, Part 2의 점수도 6점 이상이면
········ A 유형 ⇨ p.59

Part 1의 점수가 6점 이상, Part 2의 점수가 5점 이하이면
········ B 유형 ⇨ p.61

Part 1의 점수가 5점 이하, Part 2의 점수가 6점 이상이면
········ C 유형 ⇨ p.63

Part 1의 점수가 5점 이하, Part 2의 점수도 5점 이하이면
········ D 유형 ⇨ p.65

A 못 말리게 진취적인 돈키호테형 CEO
— 대범한 실천가

종합평가
V형

>>> 특징

당신이 일을 하는 이유는 오로지 당신 자신 때문이다. 당신이 세운 기준은 너무나 심오하고 원대해서 보통 사람들은 도저히 이해할 수 없다. 그러니 당신이 손수 이끌어갈 수밖에 없다. 당신에겐 실패에 대한 두려움이 없다. 당신에게 제일 끔찍한

일은 가만히 앉아서 기다리는 것이다. 당신은 변화 없이 지루한 삶을 사느니 차라리 죽는 게 낫다고 믿는 사람이고 그렇게 행동한다.

>>> 장점

당신이 성공한다면 그것은 당신의 비전과 과감성 때문이다. 당신은 인습이나 사회적인 규범에 얽매이지 않고 자유롭게 상상하고 실천할 수 있는 사람이다. 기존의 틀을 과감하게 깨고 새로운 지평을 열어 보일 수 있는 사람이기도 하다. 또한 당신의 실천력은 어느 누구도 따라오지 못한다. 남들이 주저할 때 당신은 행동한다. 그 기민함과 과단성은 당신의 가장 큰 장점이다. 용기 있는 자가 미인을 차지하고, 과감한 자가 성공을 거머쥔다. 당신이 바로 그 사람이다.

>>> 단점

당신이 실패한다면 그것은 독선과 무모함 때문이다. 당신은 독

선적이라는 평을 많이 받는다. 물론 그 이유는 주변 사람들이 당신의 비전과 가능성을 알아보지 못하기 때문이지만, 이런 비난은 종종 당신을 지치게 만들고 당신 주변의 여건에도 나쁜 영향을 미친다. 그리고 당신은 위험한 일을 즐기다 종종 치명적인 상처를 입는다. 엄청난 실패, 심각한 사고, 크나큰 위기가 찾아온다. 물론 당신은 그것을 즐기겠지만, 그 위험이 당신을 집어삼킬 수도 있다.

>>> 조언

반 발짝만 늦춰라. 당신이 실패하는 이유는 바로 그 반 발짝 차이 때문이다. 너무 앞서 나가면 세상은 당신을 받아들이지 못한다. 동료들보다 너무 앞서 나가면 동료들은 당신을 독선적이라 비난할 것이다. 비록 그들이 당신에 비해서 한없이 아둔할지라도, 당신은 그들 동료 없이는 원대한 꿈을 이룰 수 없다. 고로 앞서 나가되 당신의 동료들이 따라올 때까지 기다리고 그들이 기여한 바를 인정할 줄 아는 여유를 가져라. 또한 어떤 일을 시작했으면 최소한 그 끝마무리가 보일 때까지 매달리도록 하라. 당신이 실패하는 두 번째 이유는 시작은 원대한데 마무리가 부실하기 때문이다. 당신의 시작은 사람들을 혹하게 만들지만 그 결과가 부실하면 당신은 졸지에 거품으로 인식된다. 사실 당신은 CEO를 하기엔 좀 위험한 사람이다. 그보다는 창의적인 컨설턴트로서 새로운 가능성과 실천 방안을 제시하고 실천은 다른 사람에게 맡기는 쪽이 더 어울린다.

>> 당신과 비슷한 인물들
…… 래리 앨리슨
　　윌리엄 쇼클리

B 수수께끼처럼 심오한 폼생폼사형 CEO
— 실패하지 않는 신중파

>>> 특징

당신이 추구하는 것이 뭔지 아마 아무도 모를 것이다. 당신은 남들이 생각하지 못하는 것을 생각하고 남들이 보지 못하는 것들을 찾아낸다. 당신은 남들과 다른 가치관을 가지고 있고 남들과는 다른 것에 만족감

을 느낀다. 그래서 남들과 상관없이 지낼 수 있다. 문제는 당신은 상당히 조심스러운 사람이라는 점이다. 그래서 당신이 발견한 가능성을 정작 실현하는 사람은 다른 사람이 될 가능성이 많다. 당신의 꿈은 크지만, 그 꿈을 위해서 모험을 할 만한 용기는 많지 않다.

>>> 장점

당신이 경영하는 회사가 성공한다면 그것은 당신의 신중함 덕분일 것이다. 당신은 모험을 하지 않는다. 하지만 당신이 궁극적으로 추구하는 바는 모험이다. 성공적인 경우, 당신은 남들이 다 하는 방법으로 남들이 생각지 못했던 목표를 달성한다. 즉, 이전에 검증된 방법을 이용해서 검증되지 않았던 가능성을 실현하는 것이다. 또한 당신은 실패할 일은 시작도 하지 않는다. 당신이 가능하다고 말한 것은 정말로 가능한 것이다. 비록 그것이 남들은 한 번도 생각지 못했던 일일지라도 말이다.

>>> 단점

당신이 경영하는 회사가 망한다면 그것 역시 당신의 지나친 신중함 때문이다. 급변하는 경영환경에서는 빠른 결정과 신속한 행동이 성패를 가르는 경우가 많다. 하지만 당신의 조직과 당신이 이끄는 이사회는 여러 가지 실패 가능성을 피해 보려고 노력하다가 결국 어쩔 수 없는 선택의 기로에 몰려 버릴 가능성이 있다. 다시 말해 장고 끝에 악수를 두는 것이다. 이것이 축적되면 회사는 망한다. 게다가 당신은 한 번 결정한 것을 포기하지 못한다. 당신의 취미와 회사의 이익을 구분하지 못하며, 당신이 옳고 중요하다고 여기는 것을 남들도 똑같이 여겨 주길 기대한다. 그 결과 당신 회사는 당신의 취미활동에 돈을 대느라 파산한다.

>>> 조언

당신은 변화가 빠르게 일어나는 시장보다는 안정된 시장에서 강점을 발휘한다. 환경이 변할 것 같은가? 카르텔을 만들고 담합을 하라. 현상을 유지하는 것, 그것이 당신 성공의 비결이다. 경쟁자는 싹수부터 밟아 없애거나 아예 매수해 버려라. 물론 이런 것들은 당신이 이미 그 분야에서 1인자의 위치를 확고히 유지했을 때나 가능한 얘기지만. 가능한 차선책은 CEO로 사는 것보다는 그 뒤에서 CEO를 보좌하는 역할을 맡는 것이다.

>> 당신과 비슷한 인물
…… 스티브 잡스

C 기회마다 저지르고 보는 승부사형 CEO
— 과감한 실천가

>>> 특징

당신은 무척이나 과감한 사람이다. 당신은 자기가 만족하고 싶은 일보다는 세상이 원하는 것이 뭔지, 세상이 만족스러워하려면 무엇이 필요한지에 더 관심이 많다. 당신은 시장주의자이다. 시장이 필요로 하

는 것, 그것이 바로 진리이다. 또한 이런 시장에 맞추기 위해서 당신은 과감하게 변신할 준비가 되어 있다. 당신은 늘 새로운 일을 시작하고, 하던 사업을 과감히 포기한다. 그런데 가끔은 그게 너무 심하다.

>>> 장점

당신 회사가 성공한다면 그것은 당신의 규범적 성향과 무모하다 싶을 정도의 실천력 때문일 것이다. 상식과 인습은 당신의 자원이다. 당신이 중시하는 것은 바로 세상이 중시하는 것이다. 비록 당신이 과감하게 일을 추진하긴 하지만, 그 목표는 환경에 적응하기 위한 것이므로 당신의 그 과감한 행동도 좋은 결과를 얻곤 한다. 당신은 시장이 원하는 것이라면 뭐든지 할 준비가 되어 있는 사람이고 실제로 그 준비대로 행동할 때 당신의 강점이 발휘된다.

>>> 단점

당신 회사가 실패한다면 그것은 당신의 지나친 추진력 때문일 것이다. 당신은 유행을 많이 탄다. 언제나 세상은 갈대와 같아서 지나치게 믿을 만한 존재는 아니다. 그런데 당신은 종종 그 갈대 같은 세상에 기대는 실수를 범한다. 당신의 의사결정이 바로 유행을 반영하기 때문에, 당신은 언제나 새로운 사건이 벌어질 때마다 다시 새로운 결정을 내리려 한다. 그런 방식이 운이 좋을 땐 융통성이나 순발력으로 작용하지만, 재수가 없으면 그것은 중구난방 사업확장과 부실경영으로 연결된다.

>>> 조언

당신이 잘 하는 일을 하라. 당신은 단기전에 강하고 장기전에 약하다. 당신은 상식과 유행의 전문가이다. 게다가 과감하게 실천할 줄 안다. 그래서 남들보다 미리 미래를 내다보고 준비하지는 못해도 남들보다 빨리 행동을 할 수는 있다. 늦게 뛰기 시작했어도 먼저 결승선에 도달하는 자가 승리한다. 당신의 순발력에, 그 과감한 실천력에 승부를 걸어라. 하지만 10년 앞을 내다본다거나 하는 일은 다른 사람에게 맡겨라. 당신의 전문 영역은 바로 지금 현재이지 미래가 아니다.

>> 당신과 비슷한 인물들
…… 정주영
　　리처드 브랜슨

D 우직하고 끈덕진 거북이형 CEO
— 변화에 적응하는 순응자

종합평가 S형

>>> 특징

당신은 현실적이다. 당신이 원하는 것보다는 시장이 원하는 것을 추구한다. 또한 당신은 변화를 위한 변화가 아닌, 성장을 위한 변화를 추구한다. 무모함은 당신과 가장 거리가 먼 형용사이고, 주도면밀이 당신을 가장 잘 묘사하

는 단어이다. 당신은 확실하지 않은 미래에 모험을 걸기보다는 지금 당장 눈에 보이는 것들에 집중한다. 고집을 부리기보다는 세상에 순응하고 거기에 맞춰서 변화하려고 한다. 이런 당신에게 어울리는 브랜드 이미지는 조용히 자기 할 일을 하면서 실속은 다 챙기고, 게다가 오래 살기까지 하는 거북이라고 할 수 있다.

>>> 장점

당신의 가장 큰 장점은 마음을 비웠다는 것이다. 당신은 자신만의 가치를 위해서 기업을 운영하지도 않고 혈기를 못 이겨서 무모한 도전을 하지도 않는다. 당신이 원하는 것은 오로지 시장에서 당신의 기업이 살아남고 이윤을 실현하고 지속적으로 확장되는 것이다. 이를 위해서는 시장을 거스르면 안 된다는 사실도 잘 안다. 당신은 세상이 무서운 줄 안다. 게다가 당신은 안정을 추구하지만 시장이 원할 때면 남들보다 반 발짝 늦게 변화를 추구할 줄도 안

다. 급변하는 시장 앞에서 변하지 않으려는 것도 교만이라는 사실을 알기 때문이다. 산 앞에서 겸손해지는 전문 산악인처럼, 시장 앞에서 마음을 비울 줄 아는 당신은 전문경영인이다.

>>> 단점

당신에게 가장 부족한 것은 당신만의 가치와 비전, 그리고 개성이다. 보통 사람들은 당신에게 별로 매력을 느끼지 못한다. 어떤 경우에는 당신과 당신 기업의 잠재력을 무시하기도 한다. 왜냐하면 당신이 내세우는 가치는 너무 평범하고 지나치게 현실적이기 때문이다. 평범함이야말로 이 세상을 살아가는 데 가장 필요한 가치이지만, 그것만 가지고는 사람을 끌어 모으고 그들의 야망에 불을 붙이기는 부족하다. 그 결과 당신이 이루어낸 것들, 당신 기업의 가치는 뒤늦게야 인정받기 쉽고 인정받기 전에 좌초할 가능성도 높다.

>>> 조언

당신은 대세를 파악하고 싶어하는데, 대세는 따로 있는 것이 아니라 사람들이 만들어내는 것이며 어떤 경우에는 당신이 만들 수도 있다. 당신에겐 당신이 추구하는 일을 그럴듯하게 포장하고 팔 수 있는 홍보력이 필요하다. 당신의 강점은 지금 현재에 충실하다는 것이지만 그렇다고 미래를 무시해서도 안 된다. 알 수 없는 미래에 대비하는 가장 좋은 방법은 여기저기 찔러보는 것이다. 변화도 아무나 하는 게 아니다. 변화할 준비가 된 자만이 변화할 수 있다. 당장 유용한 투자만 하는 것이 아니라 겉보기엔 전혀 쓸데없을 것 같은 투자도 해둬야 나중에 그것이 자산이 된다.

>>> 당신과 비슷한 인물들

...... 이병철

　　빌 게이츠

　　유일한

　　문국현

04

🐱 테스트 종합평가 :
당신은 어떤 능력으로 성공할까?

　창의력, 부자가 될 확률, CEO로서의 성공가능성을 테스트해 본 결과, 당신은 어떤 유형에 해당하는 사람인가요? 이제 이 각각의 테스트 결과를 종합해서 당신만의 기질과 성향에 맞는 성공 방식을 찾아보세요.

　세 번의 테스트 결과 나온 당신의 성향 옆에 씌여 있는 종합평가의 알파벳을 더한 것이 당신의 종합유형이 됩니다.

　가령, 첫 번째 창의력 테스트에서 "A.신비로운 괴짜형 천재 유형"이 나왔다면 I형, 두 번째 부자가 될 확률 테스트에서 "B.쿨하고 세련된 욕심쟁이형 부자 유형"이 나왔다면 M형, 세 번째 CEO로서의 가능성 테스트에서 "C.기회마다 저지르고 보는 승부사형 CEO"가 나왔다면 V형이 됩니다. 그럴 경우 이 세 가지 결과를 종합한 당신의 성공 유형은 IMV형이 됩니다.

❊창의력… 테스트 결과

A.신비로운 괴짜형 천재 : I

B.교만한 천재 : G

C.천재적인 규칙의 재단사 : I

D.비범한 평범성 : G

❊부자… 테스트 결과

A.냉정하고 악착같은 스크루지형 부자 : M

B.쿨하고 세련된 욕심쟁이형 부자 : M

C.묵묵히 산을 갈아 밭을 만드는 농부형 부자 : W

D.따뜻하고 우유부단한 안분지족 양치기형 부자 : W

❊CEO… 테스트 결과

A.못 말리게 진취적인 돈키호테형 CEO : V

B.수수께끼처럼 심오한 폼생폼사형 CEO : S

C.기회마다 저지르고 보는 승부사형 CEO : V

D.우직하고 끈덕진 거북이형 CEO : S

········ GMV 형 ⇨ p.70

········ GMS 형 ⇨ p.71

········ GWV 형 ⇨ p.72

········ GWS 형 ⇨ p.73

········ IMV 형 ⇨ p.74

········ IWV 형 ⇨ p.75

········ IMS 형 ⇨ p.76

········ IWS 형 ⇨ p.77

나는 어떤 유형?

GMV 금전신을 숭배하는 발 넓은 모험가

>>> 당신은 급성장하는 회사에서 고수익 고위험의 업무가 체질에 맞는다. 일상적인 업무만 맡기엔 너무 따분하고 몸이 근질거린다. 고생을 하고 위험이 있더라도 크게 한방 터트릴 수 있는 일을 만나면 의욕 충전 200%가 된다. 물론 당신이 지금 당장 그런 직장을 얻는 데 충분한 자격요건을 갖추지 못했을 수도 있다. 회사가 당신에게 그만큼 위험부담이 큰일을 맡기기엔 아직 경력이 부족할지도 모른다. 그러나 만약 당신에게 안정된 일 vs 위험성이 있지만 그만큼 수익도 높은 일이라는 두 가지 선택의 길이 있다면, 후자를 선택하기 바란다. 대박이든 쪽박이든, 그게 당신의 운명이다.

GMS 금전신을 숭배하는 은행가

>>> 당신은 돈을 바라지만, 위험은 바라지 않는다. 따라서 안정적인 위치를 점유한 조직에 합류해서 위험을 피하는 데 중점을 두는 업무를 꾸준히 유지하는 것이 바람직하다. 빠르게 성공하지 못할지는 몰라도, 스트레스를 줄이고 꾸준히 만족하면서 지내다 보면 언젠가는 당신보다 앞선 사람이 별로 없음을 깨닫게 될 것이다. 물론 가끔 가다가 모험을 해야 하는 경우가 있다. 그렇다고 하더라도, 당신이 스스로 평정을 유지할 수 있는 한도 내에서만 모험을 하기 바란다. 만약 자기 자신이 흔들린다고 느끼면, 즉시 대행자를 찾으라. 당신보다는 그가 잘할 것이다.

GWV 일과 성공을 즐기는 회사원

>>> 당신은 밑져야 본전이라는 생각에 충실하다. 돈은 언제든 벌 수 있다고 믿으며 일단 마음껏 당신의 에너지를 발산하고 싶은 쪽이다. 또한 친화력이 있는 당신은 많은 사람과 함께 일하는 것을 즐기며, 조직생활이 시너지효과를 낸다. 이런 면에서 당장의 이익을 추구하는 회사보다는 장기적인 포석으로 남들이 하지 않는 분야를 개척하려는 회사에 어울린다. 당장 눈에 보이는 성공은 없겠지만, 당신의 열정과 에너지를 마음껏 발휘할 수 있다는 것만으로도 당신은 충분히 만족할 수 있다. 당신은 기획가이기보다는 실천가이다. 과감하게 몸으로 움직이는 일을 찾으라.

GWS 조용하고 안정적인 인도주의자

>>> 돈을 많이 벌지 않더라도, 의미 있는 일을 꾸준히 계속할 수 있다면 당신은 일단 만족할 것이다. NGO나 공공의 이익에 봉사하는 공공기관이 당신의 체질에 맞을 것이다. 혹은 대기업에서도 개발보다는 현상유지를 담당하는 부서에서 최고의 효율성을 발휘할 것이다. 당신에게 가장 만족스러운 성공은 비록 평균 수준의 삶이라고 할지라도 그 삶을 오래 유지하는 것이다. 남들보다 더 꾸준할 수 있다는 것이 당신의 장점이다. 성공한 자가 오래 살아남는 것이 아니라, 오래 살아남은 자가 성공한 거라는 말은 당신에게 가장 어울리는 금언이다.

IMV 금전신을 숭배하는 프리랜서 모험가

>>> 당신은 돈을 많이 버는 것도 좋지만, 그만큼이나 남들보다 더 위험한 도전을 즐기는 편이다. 즉, 고수익 고위험의 삶이 당신이 만족할 수 있는, 성공적인 삶이다. 돈을 벌 수 있다면 뭐든 하지만, 단 하나 조직생활만은 좀 생리에 맞지 않는다. 인간관계로 인해 스트레스를 많이 받는 당신은 조직의 보호에 안주할 수 없더라도 프리랜서가 더 편하다. 이런 삶이 어울리고 이를 원하는 사람은 별로 많지 않기 때문에, 당신이 선택을 할 때 참고할 만한 사례를 찾기 어렵다는 문제와, 원하는 삶을 스스로 만들어내기 위해서는 꾸준한 에너지가 늘 필요하다는 점을 잊지 말라.

IWV 일 자체를 즐기는 프리랜서 모험가

>>> 당신은 모험 그 자체를 즐긴다. 돈을 버는 이유도 마음 놓고 도전을 할 수 있는 기회를 얻기 위해서다. 조직이 당신에게 개인만의 공간과 자유를 보장하지 않는 한, 일반적인 조직생활에서는 별 재미를 느끼지 못한다. 인간관계로 인한 스트레스를 많이 겪으며 관계를 위한 만남보다는 일을 위한 만남이 편하다. 따라서 조직생활이 성공적이지 못하더라도 낙담하지 말라. 당신의 체질은 프리랜서 쪽이다. 물론 조직에 의지하지 않고 혼자 실력으로 살아가는 인생은 그만큼 힘들겠지만, 운명으로 생각하고 최선을 다하라. 당신이 스스로 능력을 개발해서 인정받은 다음, 조직과 손을 잡으라. 그때는 조직도 당신을 존중할 것이다.

IMS 금전신을 숭배하는 프리랜서 창조자

>>> 당신이 만족하기는 참으로 어렵다. 보통 양립하기 어려운 두 가지 조건인 독립적인 생활과 위험 회피를 바라기 때문이다. 따라서 당신의 성공은 적절한 타협에 달려 있다. 여건이 허락한다면 안정적인 개인 사업체를 변함없이 운영하는 것이 아마 최선일 것이다. 하지만 그럴 만한 자본이 없다면, 당신이 살아남고 만족하는 길은 남들에게 없는 아이디어와 심오한 전문영역을 개발하는 것이다. 이를 인정받으려면 그에 어울리는 자격증이나 경력을 취득해야 할 것이다. 처음엔 힘들고 답답하더라도 공부를 많이 해서 당신의 주장이나 아이디어에 무게를 실어줄 필요가 있다.

IWS 일과 성공을 즐기는 프리랜서 창조자

>>> 당신은 조용히 주어진 일이나 역할에 만족하면서 자기만의 삶을 살고 싶어 하는 유형이다. 먹고사는 데 지장만 없다면, 굳이 위험을 무릅써 가면서 돈을 많이 벌고 싶지도 않다. 이런 당신을 우습게 보거나 이해 못하는 사람들도 많을 것이다. 하지만 시간이 지나고 나면 당신처럼 강한 인간도 없다는 사실을 알게 될 것이다. 당신은 웬만한 유혹에는 흔들리지 않고, 당신 자신의 삶과 욕구에 충실하며, 무슨 일이든지 실수를 적게 한다. 그러다 보면 언젠가는 한때 당신을 비웃으며 자신 있게 대박의 환상을 쫓던 친구들이 굴곡 많은 인생 앞에서 스트레스를 받으며 늙어갈 때, 당신은 신선처럼 고고한 모습으로 나설 수 있게 된다. 안분지족. 당신과 가장 어울리는 말이다. 조금 답답하고 힘들더라도 장기전으로 나가라. 인생은 마라톤이고, 당신은 마라톤에 강하다.

2부

당신의 능력을

실현하라

01

🐱 당신의 첫 번째 능력 :
창의력

1. 창의력, 그 신비한 수수께끼

영국의 스티븐 월트셔(Stephen Wiltshire). 그는 한 번 본 장면을 머리 속에 그대로 '복사' 하는 능력이 있습니다. 예를 들어, 런던 시를 돌아다닌 후, 몇 시간 후 집에 돌아와 자신이 본 런던 시 구석구석을 그림으로 옮겨 그리는데 실제와 완벽할 정도로 똑같습니다. 건물과 도로, 가로수, 신호등, 건널목의 위치와 모습은 물론이고, 심지어 시계의 분침 위치, 각 건물의 창문 수까지 정확히 기억해 그려냅니다. 이 정도면 영화에서나 볼 만한 초능력입니다.

월트셔는 인간 사진기인 셈입니다. 자신의 눈과 머리로 풍경의 '사진' 을 찍은 뒤 그것을 그대로 종이 위에 그려내는.

남들이 이 정도 똑같이 그리려면 수백만 번 연습을 해야 하지만 윌트셔는 별다른 연습이나 훈련 없이 어릴 때부터 똑같이 그릴 수 있었습니다. 왜 그럴까요? 천재라서?

윌트셔는 분명 남이 갖지 못한 천재적 재능을 갖고 있습니다. 하지만 그와 함께 심각한 장애를 안고 있습니다.

바로 창의력이 없다는 장애입니다. 그가 할 수 있는 건 오직 '그대로 베껴 그리기' 뿐입니다. 윌트셔의 그림에는 자신만의 독창적인 해석이나 스타일이 존재하지 않습니다. 기계처럼 머릿속에 복사된 장면을 그대로 따라 그릴 뿐입니다. 똑같이 그리고 싶어서 똑같이 그린다기보다, 똑같이 그릴 수밖에 없기 때문에 그렇게 그리는 거죠.

윌트셔는 그림에 대한 자의식이 없기 때문입니다. 우리가 본 것과 똑같이 그림을 그리지 못하는 건, 그림 실력의 부족보다는 자의식 때문입니다.

일반인들은 눈으로 사물을 인식하면, 자의식으로(머리로) 이해하고, 그 이해한 것을 손으로 그리도록 머릿속에서 명령합니다. 이렇게 중간에 자의식이 끼어들기 때문에 선이 어긋나고 제멋대로의 모양이 나오고, 대신 개개인의 독특함이 묻어나게 됩니다.

윌트셔의 경우, 이 중간에 작용하는 자의식의 역할이 거의 생략됩니다. 본 것을, 자의식의 훼방 없이 고스란히 그대로 그릴 수 있는 것이죠.

창의력이란 색다름을 의미합니다. 남들과 다르다는 것은 그만큼 희소성을 갖는다는 의미이며, 희소성을 갖기 때문에 가치가 생기는 겁니다. 고흐의 그림이 수천 억 원에 팔리는 것도, 아인슈타인의 상대성 이론이 각광을 받은 이유도, 기업에서 자꾸 창의적인 인재를 찾는 것도 바로 희소성 때문입니다.

본대로 똑같이 그리는 건 기계도 할 수 있습니다. 기계로 찍어 낼 수 있다면 희소성도 창의성도 없는 거죠. 월트셔의 예는 우리에게 창의력은 '기술'이 아니라, '개개인의 독특함'이라는 점을 말해 줍니다.

역사에 이름을 남긴 화가들의 그림은 기계가 대신 그릴 수 없습니다. 그림 하나하나마다 창의성과 독특함이 새겨져 있기 때문입니다.

② 두 종류의 창의적 인간들

역사에 이름을 남긴 창의적 인물들은 '걸작을 남겼다'는 것 이외에는 공통점을 찾기 어렵습니다. 오히려 차이점만 발견되곤 하죠. 어떤 사람은 기인으로 손가락질 받기도 했고, 어떤 사람은 자폐증 환자만큼이나 폐쇄적이고 우울한 모습을 보이기도 했으며, 어떤 사람은 일반인과 다름없이 아주 평범하게 살았습니다. 도무지 '어떤 형의 인간이 창의적이다'라고 단언하기가 어렵다는 것이죠.

그러나 창의적인 인물들 간에는 어느 정도 뚜렷한 구분이 가능합니다. 마치 빛과 그림자, 불과 얼음, 풍요와 가난처럼 말이죠.

그리스 신화에는 이 구분을 대변해 주는 두 명의 신이 있습니다. 바로 디오니소스와 아폴론입니다.

> ▶ 디오니소스 : 후대 로마에서 바쿠스라고 불리는 우리에게 잘 알려진 술의 신. 원래 단어는 '불완전한 신'이라는 뜻임. 디오니

소스는 제우스의 넓적다리에서 태어난 사생아로 여신 헤라의 저주를 받아 미치광이로 수년을 살다가, 세계 각지를 떠도는 부랑자가 됐다가, '사이비 종교' 교주가 됐다가, 포도주 양조장 주인도 됐다가…… 엄청나게 파란 많은 생을 살았던 신임.

▶ 아폴론 : 태양의 신이자, 궁술, 음악과 시를 관장하는 신. '잘생긴 청년'이라는 뜻의 이름에 걸맞게 아폴론은 (역시 제우스의 사생아로 태어나긴 했지만) 타고난 미모에 지적인 말과 행동으로 모든 신들의 애정을 독차지했으며, 언제나 고상하고, 지적이고, 도덕적인 품격을 잃지 않았음.

말하자면, 디오니소스는 없는 집 자식으로 태어나 산전수전 다 겪으며 성장한 '재야의 실력자'라면, 아폴론은 부유한 집안 도련님으로 곱게 부족함 없이 자란, 못하는 것 하나 없는 엘리트라 하겠습니다.

디오니소스는 다음과 같은 단어들을 대변합니다. 열정, 혼돈, 파괴, 환희, 격정, 해방, 본능, 자연, 개방.

아폴론은 다음과 같은 단어들을 대변합니다. 통일, 이성, 조화, 질서, 권위, 합리, 제어, 이념, 폐쇄.

현실적으로 각색해 본다면, 디오니소스는 제멋대로이지만 잘 놀고 기발하며 유쾌한 예술가 유형을, 아폴론은 세심하고 이성적이지만 폐쇄적인 골방 작가의 유형을 대변한다고 할 수 있습니다.

예를 들어보죠.

▶ 이백 : 중국 한나라 대의 시인. 천민 집안에서 태어나 남다르게 호방한 기질로 출세함. 술과 여자를 좋아했던 인물로 아무 고민

없이 술기운에 거침없이 시를 지었음.

▶ 두보 : 이백과 동시대의 시인. 뼈대 있는 양반 집안에서 태어나 평생 모범적인 삶을 살았던 공부벌레 스타일. 세상에 대한 한과 설움을 시 창작으로 풀어낸 전형적인 골방형 작가.

▶ 모짜르트 : 마음만 먹으면 언제든 새로운 멜로디와 작곡법을 조합·창조하는 전대미문의 창의력을 갖춘 슈퍼 작곡가. 항상 즐겁고 유쾌한 기질에, 제자리에서 공중제비를 3번 돌 수 있을 정도로 발달된 신체까지 갖고 있었음.

▶ 베토벤 : 불행한 가족사로 인해 극도로 고통스러운 생애를 보냈으며 말년엔 귀까지 먹어 작곡가로서의 생명까지 잃을 뻔했음. 음표 하나를 그리는 데 평균 20분이 걸릴 정도로 고통스러운 창작을 했음.

▶ 피카소 : 세계 미술사에 손꼽힐 정도의 다작을 한 화가로 지칠 줄 모르는 창작열과 스테미너를 자랑했음. 사람들(특히 여성들)로부터 사랑과 존경을 한 몸에 받은 축복받은 예술인.

▶ 고흐 : 머리 속에 온갖 도덕관념과 의무감을 갖고 그림을 그렸던 화가. 성격 장애로 사람 한번 사귀지 못한 채 미친 듯이 그림만 그리다가 자살로 생을 마친 비운의 천재 화가.

▶ 바이런 : 영국 낭만주의 시대 가장 급진적이고 진일보한 문학 작품을 지은 작가. 평생 절름발이로 지냈음에도 수영, 복싱, 펜싱, 승마 등 모든 종류의 스포츠를 섭렵했으며, 보기 드물게 잘 생긴 외모로 여자와의 추문이 끊이지 않았음.

▶ 도스토예프스키 : 모든 평론가들이 인정하는 러시아 출신의 20세기 가장 위대한 문학가. 상상하기 어려운 정도로 강렬하고 장엄한 색채의 문학 작품을 썼으면서도 평생 주눅 들고 소심한 모습에서 벗어나지 못했음.

▶ 이상 : 전대미문의 강렬한 창의력으로 수많은 독창적 작품을 생산한 요절 작가. '놀기 좋아하는' 성격으로 다방과 술집을 차려 많은 사람들과 어울렸으나, 부족한 생활력과 처세술로 경제적으로 어려운 삶을 살았음.

▶ 박경리 : 한국 역사상 가장 거대한 대작, 『토지』의 작가. 한 작품을 쓸 동안 수년간 칩거하며 무서울 정도로 집중을 하는 것으로 알려져 있음. 낯가림이 무척 심해 인터뷰 요청이나 사람을 만나는 것을 극도로 꺼림.

이런 예는 무수할 정도로 많습니다. 창의적인 작품을 많이 남긴 사람일수록 이런 구분이 더 뚜렷해집니다.

그러나 이런 차이점은 다시 단 하나의 공통점에 의해 희미해져 버립니다. 기질적, 재능적, 환경적으로 완전히 다른 삶을 살았던 위 인물들은 모두 자기가 하는 일을 미친 듯이 사랑했다는 공통점이 있습니다.

'열심히 하는 놈, 머리 좋은 놈 못 쫓아간다' 는 말이 있습니다만, 역사는 완전히 반대로 말하고 있습니다. 역사에 남은 창의력은 IQ나 창의력 지수나 아버지 재산에 관계 없이, 오직 그 사람이 자기 일에 얼마나 끈기와 열정, 애정을 가지고 매진했는가에 의해 결정됐습니다.

창의력의 비밀은 다른 곳에 있는 것이 아닙니다. 좋아하는 일을 하는 것. 자신이 하는 일에 애정을 갖는 것. 이 단순 명료한 사실이 모든 창의력의 출발점일지도 모릅니다.

3. 창의력을 키우는 사회, 창의력을 죽이는 사회

인류 역사상 인간의 창의력이 가장 빛을 발했던 시기는 기원전 5세기 그리스 아테네의 소피스트(Sophist)들이 활동했던 시기였을 것입니다.

당시 그리스 아테네는 페르시아와의 전쟁(B.C.500~449년)을 승리로 끝내고 국력이 정점에 달했던 시기였습니다. 그 시기 서구 세계의 문화 정치의 중심지로 도약한 아테네는 학문과 예술에 대한 자신감이 팽배해 있었습니다.

그런 까닭에 주변 다른 국가의 문화와 인재를 적극적으로 받아들이는 등, 말 그대로 극도로 자유롭고 극도로 다양한 사회를 추구했습니다. 게다가 아테네엔 사회적 차별과 불평등이 존재하지 않았습니다. 그래서 가문의 배경이 없는 다양한 출신의 시민들이 사회에 진출해 활약할 수 있었죠(물론 심각한 예외가 있었습니다. 노예와 여자에겐 이런 혜택이 주어지지 않았거든요).

이런 환경에서 탄생한 철학가들이 소피스트들이었습니다. 아테네가 제공하는 정치적, 사상적, 문화적 너그러움 속에서 이들은 아테네의 젊은이들에게 사회, 예술, 역사, 시, 음악, 과학, 그리고 다양성과 생각의 자유로움을 가르쳤습니다. 전통을 거부하고 스스로의 생각에 의해 진리를 깨닫도록 한 것이죠.

이들은 자신의 가치를 보호하기 위해선 전통이나 신앙이 아니라 이성에 의한 논증이 필요하다고 가르쳤습니다. 이런 소피스트의 교육은 아테네 민주주의 발전에 지대한 공헌을 했습니다.

거의 100년 가까이 이어져 온 아테네의 정치 문화적 관용, 소피스트의 다양성의 철학은 이후 인류사에 다시 탄생하기 어려울 문예부흥을 이끌어 냈습니다.

「오이디푸스」, 「히폴리투스」(우리에겐 '페드라' 라는 제목으로 더 잘 알려짐), 「아가멤논」 등의 수많은 희곡 고전들이 모두 이 시기에 탄생했으며, 도기 장식과 회화 기법, 조각품에서 혁신적인 변화가 일어나 미술적 기법이 놀라울 정도로 발전했습니다.

또한 이때는 변증법의 창시자인 제논, 원주율을 계산한 수학자 아낙시메네스 등 위대한 학자들이 활약하던 시기였습니다.

이 당시와 같은 높은 수준의 학문과 미술, 문학은 15세기 르네상스가 도래할 때까지 다시는 인류사에 등장하지 못합니다. 르네상스 시기가 도래할 때까지 천 년이 넘는 세월 동안 유럽의 예술가들은 그리스의 작품들을 답습하는 데 급급할 정도로 당시 그리스의 문화 수준은 '신의 경지' 에 달해 있었습니다.

소피스트 시대의 위대함은 다양성으로 요약됩니다. 당시엔 국가, 인종, 계급, 정치적 위치에 따른 차별이 없었고, 개개인의 아이디어는 (아무리 급진적인 것이라 하더라도) 모두 옹호됐습니다. 심지어 자신들의 체제를 파괴하려는 사상까지 포용할 정도로 이들의 정치·문화적 너그러움은 끝이 없었습니다(이런 사회적 분위기와 제도는 15세기 유럽의 르네상스 시기에도 비슷하게 나타납니다).

소피스트가 오늘날 '궤변가'로 탈바꿈한 것은 소크라테스와 플라톤 때문이었음.

I. F. 스톤의 저서, 『The Trial of Socrates』에 따르면, 소크라테스는 골수 엘리트주의자로 자신과 같은 우수한 지능의 철학가가 어리석은 대중을 지배해야 한다고 생각했음. 당시 모두가 주인이고 모두가 발언권을 얻고 모두의 생각을 존중해 주는 소피스트의 다양성의 민주주의는 그에게 참기 힘든 모욕이었음.

아테네는 처음엔 자신들의 체제를 부정하는 소크라테스와 같은 사람들조차도 '다양성의 일부'라고 생각했음. 그러나 귀족주의자들이 일으킨 두 차례의 민주정 전복과 공포정치를 겪은 뒤, 아테네는 다양성의 체제를 붕괴하려는 소크라테스를 그냥 둘 수 없었음. 그래서 소크라테스에게 독약을 마시게 한 것임.

소크라테스의 제자 플라톤은 소크라테스의 죽음의 원인을 자신들의 엘리트주의 입장에서 기록했고, 오늘날 이것이 '정사'로 남아 소피스트의 정체가 왜곡된 채 전해지고 있음.

— 『소크라테스의 비밀』, I. F. 스톤 지음, 자작아카데미.

정치 문화적 관용이 거부되는 사회는 이와 매우 상반된 결과를 낳습니다. 다양성이 말살됐던 시대의 예를 들어보죠.

▶ 중세시대 유럽 (400~1300년)

경직된 종교이념과 권위, 계급이 모든 것을 지배하던 사회. 모든 발언과 저술, 토론 활동이 통제됐으며, 심지어 회화와 공예, 조각술도 종교적 권위에 도전한다는 이유로 퇴화시켜 버렸음(소피스트들이 올림푸스 신들을 과학적 철학적으로 비판하고 조롱했던 것과 비교됨). 특히 수학, 물리, 의학 등의 기초 학문들이 수천 년 전으로 퇴보해 버려 각종 질병과 전염병에 취약한 사회가 됨. 이는 페스트의 창궐을 불러 유럽 인구의 1/3이 사망하는 결과를 가져옴. 이 시기는 종교 전쟁, 제후 간의 세력 다툼, 종교적 처벌, 전염병 등으로 창의력은커녕 인간의 기본적 생존도 보장받지 못했음.

▶ 독일의 나치정권 (1933~1945년)

극우 민족주의 정당 나치당은 1차 세계 대전의 패배로 신음하던 독일의 재건을 주도했음. 살인적인 인플레와 실업자 문제가 해결된 것도, 전 국민에게 라디오와 국민차 폭스바겐이 보급된 것도, 1936년 베를린 올림픽이 개최된 것도 나치정권 치하였음.

그러나 나치당은 이때 쌓은 국부를 폭력적 국력 확대의 목적으로 활용하게 됨. 이들은 게르만 민족의 중흥과 통일화를 부르짖으며 '인종청소'를 단행함. 게르만 민족의 순수성을 유지한다는 명분 아래 자국의 장애자와 정신박약아를 집단 학살했으며, 유대인과 슬라브 민족을 격리 수용, 전쟁 기간 차례로 학살하기 시작했음. 그리고 게르만 민족 정신에 위배되는 출판, 예술, 문화 활동을 철저히 탄압해, 수천수만 권의 책을 광장에서 불태우는 분서갱유 사건을 일으키고, 퇴폐 예술이란 딱지를 붙여 세계적 현대 미술가들을 감금하고 작품을 소각하기도 했음.

당시 독일의 수많은 지식인과 예술가들은 박해를 피해 타국으로 도망가거나 자살을 택하기도 함. 특히 이때 수많은 창의적인 예술가와 그들의 작품들이 미국으로 넘어가 오늘날 독일 국민들은 자국의 예술가가 만든 작품을 미국의 전시관에서 관람해야 하는 처지가 됨.

▶ 중국의 문화대혁명 (1966~1976년)

2차 대전 당시 중국 공산당은 부패한 장개석의 국민당에 맞선 지리멸렬한 소수 정치 세력이었음. 그러나 중국 공산당은 모택동의 지휘 아래, 오직 인민의 지지를 기반으로, 규모 면에서 압도적인 국민당을 제압하고 중국 대륙을 석권하는 기적을 이뤄냈음.

중국 대륙 통일 후 공산당은 "10년 내 서구 자본주의 사회를 따라 잡는다"는 명분 아래 이른바 대약진 운동을 펼쳤으나, 과도한 산업화, 집단화에 의해 국가경제를 파탄으로 몰아가 버렸음.

거듭된 실정으로 정치적 위기를 맞은 모택동은 "중국의 정치, 경제, 문화 전반에서 반사회주의적인 세력을 제거한다"는 명분으로 프롤레타리아 문화대혁명을 일으킴.

문화대혁명은 원래 보수화되어 가는 사회를 다시 급진화(radicalization)한다는 의도로 시작됐으나, "모택동만 옳고 나머지 모두 그르다"라는 경직되고 폭력적인 배타성을 띠면서 중국 사회에 엄청난 타격을 입힘. 모택동을 절대 선으로 여기고 그에 반하는 모든 것을 탄압하는 홍위병과 모택동 주위의 정치세력들은 수많은 현실주의 지식인들, 수정주의자들, 작가, 예술인들을 불순하다는 명목으로 숙청했음.

문화대혁명에 의해 실종되거나 살해된 사람들의 수가 백만 명이 넘었고, 나중엔 살아남기 위해 서로를 반 모택동 세력으로 고발하는 병적인 현상까지 벌어졌음.

문화대혁명의 결과 중국의 정치, 경제, 문화는 10년 이상 퇴보했으며, 그 뒤로 중국은 사회적 후진성을 벗어나기 위해 엄청난 세월과 노력을 쏟아야 했음.

▶ 정조 사후 조선말 (1800~1900년)

18~19세기 조선은 서인-노론 정당이 정권을 잡은 채 전횡을 휘둘렀던 시기. 당시 노론 세력은 국가의 이익이 아닌 오직 정당의 이익을 위해 존재했음.

이들은 주자학을 정권 보호를 위한 이론적 명분으로 삼아 다양한 학문을 탄압했으며, 계급과 정당에 따른 차별 시스템을 공고히 해 다양한 인재의 등용을 차단했음.

정조의 집권 당시 노론 세력이 억제되고 정약용, 이가환, 채제공 등 남인 출신의 다양한 인재가 등용됐으나 정조 승하 후 노론에 의해 전멸당하고 맘. 정조 이후 노론은 다시는 다른 정당 세력에 정권을 빼앗기지 않기 위해 전보다 더 악랄한 폭력정치를 감행했으며, 재야의 지식인들에게까지 박해를 가하고 저술 활동을 통제했음. 이들은 똑똑한 사람은 모두 자신들에게 위협이 된다고 여길 정도로 다른 출신의 인재들에게 병적인 적대감을 갖고 있었음.

노론의 일당 체제가 굳어진 후로, 백성들은 사대부에게 끝없이 착취당했고, 식자층은 학문이나 예술 활동은커녕 오직 살아남기 위해 숨을 죽여야 했음.

이렇게 조선의 국력은 끝없이 쇠해 갔고, 결국 주변 열강들의 침략으로 1910년 멸망하고 맘.

▶ 한국의 군사정권 (1961~1987년)

5·16 군사 쿠데타로 집권한 박정희의 군사정권은 국가 주도의 경제개발 계획을 통해 국민의 생활 수준을 크게 향상시키는 데 기여했음. 이 시기 박 정권은 반공산주의를 정권 보호를 위한 명분으로 삼고, 세력 유지에 악용해 수많은 지식인과 예술인을 탄압했음.

박정희는 정권을 비판하는 목소리가 있을 때마다 빨갱이로 몰아 처단했으며, 1958년엔 외국에서 활약 중인 세계적인 한국 예술가들까지 납치해 고문하고 투옥한 뒤 사형선고까지 내리는 이른바 동백림 사건을 일으키기도 함.

이런 경직된 정치적 환경 아래 미술 국전은 비리와 권력 남용으로 얼룩지고, 사회 문학계의 출판 활동은 검열의 영향으로 크게 저하됐음. 또한 박 정권은 국내 영화산업 보호를 위해 1963년 스크린 쿼터제를 실시했으나, 영화의 대본까지 미리 검열 받아야 하는 살벌한 창작 환경 하에서 한국영화의 국내 영화시장 점유율은 집권 기간 내내 하락했음.

관념적이고 권위적인 사회에서 창의력이 말살된다는 사실은 너무나 자명합니다. 우리나라의 문화적 암흑기였던 조선 말과 군사정권 시절 동안 얼마나 많은 창조적 천재들이 시들어 버렸을지 가늠하기조차 불가능합니다.

모짜르트 같은 천재는 유럽에만 태어나는 것이 아닙니다. 인류 통계학적으로 천재는 시대, 지역, 신분, 계급과 상관없이 무작위로 태어날 수밖에 없습니다. 모짜르트 같은 인재는 과거 중국에도, 조선에도, 동남아에도 태어났을 겁니다. 그러나 이들 중 상당수는 신분의 한계, 가정이나 경제적 문제, 그리고 특히 사회적 억압에 의해 수없이 좌절을 겪고 재능을 썩히거나 죽음을 당했을 겁니다. 국가적 자랑이 될, 인류의 영원한 유산이 될 작품 하나 남기지 못한 채 말이죠.

4. 사반트, 이상한 천재들

▶ **미국의 래리 워든(가명)** : 40대의 자폐증 환자. 세계에서 가장 뛰어난 계산력과 기억력의 소유자 중 한 명. 1800년 5월 11일이 무슨 요일이었는지 2, 3초 만에 알아낼 뿐만 아니라, 도저히 계산기 없이는 풀 수 없는 복잡한 산수 문제도 그 자리에서 암산으로 척척 해결함. 그는 평생 수천 권의 책을 읽었는데 어느 책의 몇 페이지 몇 번째 줄에 무슨 내용이 나오는지 모두 기억함. 그러나 자신이 읽은 책이 전체적으로 무슨 내용인지 전혀 설명하지 못하며 글을 쓰는 능력이 없음.

▶ **미국에 사는 나디아** : 11세까지 말을 하지 못하는 자폐아였음. 그러나 정상 아동의 경우 사춘기가 돼야 구사할 수 있는 원근법을 이미 3살 때 표현할 정도로 미술에 탁월한 재능을 보였음. 이후 수년간 말을 그리기 시작했는데, 단 한 번도 말을 직접 보거나 연구하지 않았음에도, 다양한 각도와 포즈의 실제와 똑같이 생긴 말을 한 폭의 그림 속에 수백 마리나 그렸음(나디아의 말에 대한 기억은 그림책과 사진 도감에서 본 것이 전부였음).

▶ **미국의 자폐증 환자 글로리아 렌호프** : IQ가 60 정도로 5+4도 계산하지 못함. 그러나 그의 머릿속에는 수천 곡의 음표가 고스란히 담겨 있음. 마치 인간 주크박스처럼, 언제라도 음표를 외워 노래를 부름. 국내 곡뿐만 아니라, 마케도니아와 이스라엘의 민요는 물론, 한국의 민요까지 처음부터 끝까지 완벽하게 부름.

▶ 한국의 지체 2급 장애자 정연덕 : 5세까지 말 한마디도 하지 못해 청각 장애인 취급을 받았음. 그러나 5세 이후 경이적인 언어 능력을 발휘, 영어, 일어, 불어, 한문, 한글 5개 국어를 읽고 말하는 신동이 됨. 10세가 되기 전에 국내 한학 전문가들과 한자풀이 대결을 벌일 정도로 어마어마한 언어 암기 능력을 보였음(그가 문제로 냈던 한자는 한학자들이 초대형 옥편을 2시간 동안이나 뒤져서 찾아낼 정도로 어려웠다고).

▶ 이란 출신의 크리스토프 필로트 : 극심한 자폐 및 신체장애로 스스로 말하거나 걷거나 음식을 먹지 못함. 그러나 11세 때 그림을 그리기 시작한 뒤로 놀라운 예술적 능력을 발휘, 오늘날 프랑스, 이탈리아, 일본, 미국 등지에서 전시회를 여는 유명 화가가 됐음. 그는 손가락도 제대로 움직이질 못해 붓 대신 손과 팔을 이용해 그림을 그리는 것으로 알려져 있음.

▶ 영국의 리차드 와우로 : 어린 시절 치명적인 눈 수술을 받아 장님이 된 유명 화가. 시각 장애에 심각한 자폐증을 앓고 있어 다른 이들과 대화가 거의 불가능함. 3살 때부터 그림을 그리기 시작해 일찍부터 천부적인 미술적 재능을 보였음. 눈이 멀어버린 뒤에도 초인적인 능력을 발휘, 실물과 똑같은 그림들을 그려내고 있음. 이후 눈에 구멍을 뚫는 수술을 통해 빛을 볼 수 있게 됐으며, 쌍안경을 통해 물체에 어느 정도 초점을 맞출 수 있다고 함.

위의 예시에 등장한 인물들은 모두 "자폐적 천재(autistic savant)"라고 불리는 사람들입니다.

이들이 보이는 탁월한 능력들은 대개 극히 부분적이고 극단적으로 좁은 범위 내에서 발달하는 것이 특징입니다. 그간의 관찰 연구를 통해 자폐적 천재들은 대개 다음의 7가지 능력 중 한 가지(혹은 2, 3가지까지)를 보이는 것으로 알려져 있습니다.

1. 달력 계산하기 : 특정한 날짜의 요일, 간지 맞추기
2. 기억 : 우편번호, 전화번호, 교통수단의 노선과 배차 시간, 운동경기 결과, 국가의 수도 명, 거리 명, 지리 관련 통계자료 등
3. 음악적 재능
4. 미술적 능력
5. 수학적 기술
6. 기계조작 기술
7. 세밀한 감각적 변별력

그 밖에 언어나 운동기술에서 탁월한 재능을 보이는 경우도 있습니다. 뜻을 모르는 외국어 연설문을 한 번 듣고 그대로 암송하는 경우도 있고.

이런 신비한 능력은 어디서 비롯되는 걸까요? 이에 대한 해답은 연세대 장근영 박사의 「사반트 신드롬의 원인은?」에서 찾을 수 있습니다.

뇌의 일부를 제거하는 수술이 겁 없이 시도되던 1970년대에 발견된 특이한 현상 중 하나는 뇌의 일부를 잘라낸 환자들의 지능이 증가했다는 사실이었다. 물론 모든 환자가 그런 것은 아니었고, 일부는 죽거나 완전히 뇌의 기능을 상실해 버린 경우도 있었지만, 운 좋게 치료하

고자 했던 간질이나 우울증이나 강박증 같은 정신질환이 치료되면서 동시에 지능도 높아진 경우가 일반적이다.

수술이 아니더라도 뇌에 전자기적 압력을 가해서 일시적으로 언어능력이나 계산능력, 공간능력 등을 담당하는 부분의 기능을 저하시키면, 다른 기능이 갑자기 향상된다는 실험결과도 보고된 바 있다.

이러한 연구결과가 의미하는 것은, 자폐적 천재들은 어떤 능력이 뛰어나서라기보다는 다른 능력이 지나치게 약하기 때문에 그런 능력을 발휘한다는 것이다. 뇌의 기능이 균형을 잃은 셈이다. 그래서 이들의 특정 능력은 대단하지만, 그 능력을 적절히 사용할 수가 없다. 결국 이들은 천재이면서 동시에 바보인, 한 가지 능력은 너무나도 뛰어나지만 다른 능력이 턱없이 뒤떨어지는 바보로 남을 수밖에 없는 것이다.

이들 자폐적 천재들과는 완전히 반대의 경우도 있습니다. 어마어마한 기억력 대신 기억력 장애에 난독증까지 앓고 있는 존 호너(John R. Honor) 박사입니다.

존 호너 박사. 미국에서 가장 권위 있는 고생물학자이자, 『주라기 공원』 주인공의 실제 모델이기도 했던 인물. 그는 학창 시절 난독증, 학습장애, 기억력 장애에 시달리던 장애인으로 줄곧 낙제를 했었음. 그러나 어린 시절부터 공룡의 뼈와 화석에 집착을 보이며, 독자적인 연구에 몰두, 결국 프린스턴 대학의 고생물학 조교로 들어가게 됨. 이후에도 어릴 때와 다름없는 난독증과 기억력 장애에 시달렸지만 불굴의 의지로 고생물 연구를 지속해 박사학위까지 따냄. 그는 심각한 학습장애로 다른 이들이 써놓은 정보를 거의 받아들이지 못했지만, 스스로 탐구하고 문제를 파고드는 탁월한 능력으로 고생물학계의 권위자로 우뚝 설 수 있었음.

어찌 보면 천재적 능력은 인간의 비정상적인 형태, 즉 지적 능력이 지나친 일종의 기형적 속성일 뿐입니다. 중요한 것은 이런 능력보다도 자신이 갖고 있는 지적 자원을 생산적으로 활용하게 해주는 본인의 의지와 주변의 환경이 아닐까요.

5. 나는 좌뇌형 인간인가, 우뇌형 인간인가?

왼손잡이가 오른손잡이에 비해 특별한 창의력을 갖고 있다는 인식은 일명 '레오나르도 다 빈치 신드롬'으로 설명됩니다.

레오나르도 다 빈치(1890~1519)는 르네상스 시대의 영웅으로, 자신이 왼손잡이임을 당당히 드러내며 미술, 과학, 문학 등 인간이 사유할 수 있는 모든 분야에서 경이적인 창의력을 발휘했습니다. 이러한 다 빈치의 영향이 어찌나 거셌던지, 후세들은 다 빈치와 같은 왼손잡이만 보면 '뭔가 특별한 창의력이 있다'고 여기게 됐다는 것입니다.

동시대에 살았던 미켈란젤로(1475~1564)도 역시 왼손잡이였다는 사실, 피카소를 비롯한 많은 유명 화가가 왼손잡이였다는 사실 역시 왼손잡이의 창의력을 과신하는 결과를 가져왔습니다.

그러나 이런 과신은 줄리어스 시이저, 나폴레옹, 벤자민 프랭클린, 아인슈타인 같은 오른손잡이들을 왼손잡이로 왜곡하는 코미디를 연출하기도 했습니다. 특히 나폴레옹과 아인슈타인은 유명 언론에서조차 왼손잡이로 보도되고 있는데, 이는 명백한 사실 왜곡입니다(『왼손잡이의 역사』, 삐에르 미셸 베르뜨랑 지음, 박수현

옮김, 푸른미디어 2002년).

왼손잡이가 더 머리가 좋다, 혹은 창의력이 뛰어나다는 것은 과학적으로 증명된 사실이 아닙니다. 단지 왼손잡이의 경우 조금 다른 종류의 창의력을 발휘할 가능성이 높다고 얘기할 수 있을 뿐이죠.

1960년대 미국의 신경 생물학자 로저 스페리(Roger Wolcott Sperry)는 인간의 좌뇌와 우뇌는 서로 다른 역할을 한다는 것을 실험으로 증명해 1981년 노벨 의학상을 수상했습니다. 즉, 좌뇌는 우리 몸의 오른편을 담당하고(오른손잡이), 우뇌는 우리 몸의 왼편을 담당하는데(왼손잡이), 서로의 기능이 많이 다르다는 것이죠.

좌뇌와 우뇌의 특징을 간단하게 정리하면 다음과 같습니다.

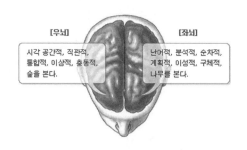

사람들에게 오른손잡이와 왼손잡이가 있는 것처럼 두뇌에도 '좌뇌잡이'가 있고, '우뇌잡이'가 있습니다. 어떤 사람은 좌뇌가 발달하고 어떤 사람은 우뇌가 발달했으며, 혹은 어떤 사람은 좌뇌 우뇌 모두 발달한 사람도 있을 겁니다(왼손잡이가 반드시 우뇌가 발달했다고 보기는 어렵습니다. 오른손잡이 중에서도 우뇌가 월등히 발달한 사람이 많습니다).

여러분의 두뇌는 어느 쪽이 더 발달했는지, 아래에서 테스트해 보시기 바랍니다.

다음은 14개의 우뇌 활동입니다. 몇 개가 자신에게 해당되는지 세어보시기 바랍니다.

> ▶ 나는 수영을 즐긴다.
> ▶ 나는 스키를 즐긴다.
> ▶ 나는 사이클을 즐긴다.
> ▶ 나는 새로운 아이디어를 생각해 내는 데 뛰어나다.
> ▶ 나는 도식과 도표를 쉽게 이해할 수 있다.
> ▶ 나는 때때로 아무 일도 하지 않고 편하게 있는 것을 좋아한다.
> ▶ 나는 춤을 즐긴다.
> ▶ 나는 그림을 그리거나 스케치하는 것을 좋아한다.
> ▶ 나는 책을 읽고 난 후, 책 속의 등장인물이나, 장면 그리고 줄거리나 구상을 머릿속에 생생하게 떠올릴 수 있다.
> ▶ 나는 제때 전화를 하지 않고 미루는 편이다.
> ▶ 나는 낚시를 좋아한다.
> ▶ 나는 달리기를 좋아한다.
> ▶ 나도 모르게 새로운 아이디어들이 종종 떠오른다.
> ▶ 나는 종종 가구를 재배열하고 집안을 장식하는 것을 즐긴다.

다음은 14개의 좌뇌 활동입니다. 몇 개가 자신에게 해당되는지 세어보시기 바랍니다.

- 나는 바둑을 즐긴다.
- 나는 사진 찍는 것을 즐긴다.
- 나는 계약서, 설명서, 그리고 법적 서류의 의미를 꼼꼼히 읽고 잘 이해하는 편이다.
- 나는 여행할 때, 세부사항들을 계획하고 미리 준비하는 것에 만족한다.
- 나는 무엇인가 수집하는 것을 좋아한다.
- 집안을 수리하고 개선하는 것을 즐긴다.
- 나는 사전에서 단어를, 그리고 전화번호부에서 사람 이름을 쉽게 찾을 수 있다.
- 나는 모임이나 강의시간에 노트를 한다.
- 나는 글 쓰는 것을 즐긴다.
- 나는 결과 지향적이다.
- 나는 독서를 좋아한다.
- 나는 악기를 연주한다.
- 나는 낱말퍼즐(crossword puzzle)을 즐긴다.
- 내가 하는 일은 조직화되어 있고, 효율적이고, 질서가 있다.

여러분은 대개 어느 한쪽 뇌의 활동에 더 많은 점수를 받았을 것입니다. 보통 오른쪽 두뇌 사고자들은 창조적이고 예술적이며, 문제해결에 있어서 감정이나 직관에 의존합니다. 반면 왼쪽 두뇌 사고자들은 논리적 · 분석적이며, 신중하고, 계획적이고 일 처리에 세심한 주의를 기울입니다. 전체점수가 명확히 어느 한쪽 뇌로 기울지 않았다면, 여러분은 양쪽 두뇌의 문제해결 능력을 모두 가지고 있으며, 문제해결 접근에 있어서 매우 유연하다고 할 수 있습니다.

6. 창의적인 사람들의 5가지 특징

　유대인은 노벨상 수상자를 비롯, 세계적인 명성을 얻은 과학자, 철학자, 작가, 미술가, 음악가 등 창의적 인재를 다른 나라·민족보다 압도적으로 더 많이 보유하고 있습니다. 이에 대한 심리학적인 해설은 다음과 같습니다.

　자기가 자신에 대하여 어떻게 생각하느냐는 그 사람의 능력에 매우 큰 영향을 준다고 나는 생각한다. 유대인은 노벨상을 가장 많이 받은 민족이고, 미국의 상류사회를 주름잡고 있다. 어떤 보고자료에 의하면 유대인은 다른 민족보다 IQ가 10%가량 더 높은 것으로 보도되기도 한다. 그들은 그들이 말하는 대로 정말로 '선민'일까? 신이 그들을 선택하여 그들에게 특별한 능력을 부여하였기에 그들은 특별할까?

　나는 개인적으로 유대인이 보이는 특별한 능력은 그들이 갖고 있는 '선민사상'에서 나온다고 본다. 할 수 있다고 생각하는 사람과 할 수 없다고 생각하는 사람은 분명 다르다. "이크! 어려운 문제구나. 이렇게 어려운 문제를 어떻게 푸나?"라는 생각을 하는 사람과 "내가 이 문제를 꼭 풀어서 다른 사람에게 나의 능력을 보여야겠다"고 생각하는 사람은 분명 다른 결과를 낳을 것이다. (『박종하의 창의력 에세이』 중에서, 코리아인터넷닷컴)

　박종하 컨설턴트가 지적하는 창의적인 사람들의 특징은 다음과 같습니다.

1) 긍정적인 사고를 함 : 나도 어려운 문제를 해결할 수 있다는 자신감은 문제 해결을 위한 가장 강력한 힘이 됨.

2) 내가 잘할 수 있는 일을 찾음 : 초등학생이 조직 폭력배를 이기는 방법은 조직 폭력배가 유리한 게임을 하는 것이 아니라, 자신이 유리한 게임을 먼저 선택하는 것임. 자신이 잘 할 수 있는 상위 3%의 일을 선택하는 사람이 창의적인 사람임.

3) 불확실한 상황을 즐김 : 운이 좋은 사람들을 연구하는 어떤 심리학자의 연구결과에 따르면 운 좋은 사람의 가장 큰 특징은 불확실성을 즐긴다는 것임. 한편으로 보면 불확실성을 즐기는 것은 운 좋은 사람들의 특징이며, 동시에 창의적인 사람의 특징일 수도 있음.

4) 단순하게 생각함 : 너무 많은 것을 고려하기보다는 핵심에 집중하며, 중요한 것을 보는 사람이 창의적임.

5) 열정을 갖고 집중함 : 공부한 시간에 비례해 성적이 나오는 것은 아님. 공부를 잘하기 위해서는 집중이 필요하고, 주어진 과제에 집중을 잘 하기 위해서는 관심(동기)과 열정이 필요함. 무엇인가 자신이 갖고 싶은 것이 있다면, 그리고 그것에 열정이 생긴다면, 누구나 최선을 다할 것임. 게으름은 관심의 문제이지 자제력의 문제가 아님.

다중지능 이론의 창시자이기도 한 하버드 대학의 심리학자 하워드 가드너(Howard Gardner)는 프로이트, 아인슈타인, 스트라빈스키, 피카소, T.S. 엘리엇, 마사 그레이엄, 간디와 같은 창조적 인물 7명을 조사한 결과 다음과 같은 공통점을 발견했습니다.

1) 자신감이 높고 실제로 유능함

이들은 선조와는 다른 삶을 선택할 수 있을 만큼 재능과 솜씨가 뛰어났음. 그와 함께, 자기가 존경하는 위대한 선조들의 힘을 믿음. 그것이 자신감의 원천이었음.

2) 자기중심적임

자신감의 반대쪽 면은 바로 자기중심성. 이들은 이기주의 혹은 자기도취라 할 만큼 지나치게 자기 일에만 몰두하는 편이어서 자신뿐만 아니라 남을 희생하고라도 자기 일을 완수하려는 성향이 있음.

3) 아이 같은 천진성과 유치함, 그리고 어른스런 원숙함이 혼재함

이들은 무엇이든 당연시하지 않았으며, 가장 기초적인 질문부터 시작함. 퍼즐 풀기를 좋아하고, 안 해본 걸 해보고 싶어 하는 개방성과, 지기 싫어하고 남을 질투하는 유치함도 갖고 있었음. 하지만 이런 감정을 생산적으로 표현할 줄 아는 원숙성도 갖추고 있음.

4) 어린 시절에는 주로 외따로 놀았으나 한 명 이상의 멘토가 있었음

어린 시절의 고립은 보편적인 특성. 이들은 혼자 지내는 시간이 많았으며 그동안 자기 내면을 성찰하고 자기 세계를 구성했음. 하지만 이들 곁에는 모델이 될 만한 멘토가 반드시 있었고, 세상에 나설 때도 다른 멘토가 곁에 있었음. 멘토는 무조건적인 지지를 해주는 정서적인 조언자 역할, 혁신적인 도약의 성격을 이해하고 그 본질에 관해 유용한 조언을 해주는 인지적인 조언자 역할을 했음. 물론 어떤 쪽을 더 필요로 하는지는 사람마다 다름.

5) 어디에도 속하지 않은 채 경계인으로 남았음

이들은 남이 안 하는 것을 했고, 기존 체제에 편입될 가능성을 피해 다녔음. 프로이트는 자기 저작이 너무 쉽게 받아들여질 때면 의심을 했고, 아인슈타인은 30년간 양자역학에서도 인기 없는 주제만을 탐구했음. 피카소와 스트라빈스키는 예술적 주류가 되기를 거부했고, 어느새 자신들이 그렇게 되어있음을 발견한 순간 다시 변신을 시도했음. 또한 이들은 영속적인 조직도, 사회적 관계도 원치 않았음. 이들은 동료로 인정할 만한 친구를 필요로 하지 않았음. 그저 자신의 일에 필요해서 이용했을 뿐이고 소용이 다했다고 생각되면 관계를 끊었음.

6) 대략 10년을 두고 창조적인 도약을 이루었음

대부분 10년을 주기로 도약을 이루었는데, 아마도 처음 10년은 자기 분야를 통달하는 데 걸리는 시간으로 보임. 이들은 일단 통달한 다음에는 급격한 도약을 이루면서 과거의 전통과 단절을 이룸. 그리고 10년이 지나면 두 번째 도약을 이루는데 이때는 자기가 이룬 세계를 세상과 연결시켜 의미를 확장시키는 모습을 보임.

7. 창의적인 사람이 되기 위한 훈련법

창조성 연구의 권위자인 시카고 대학의 미하이 칙센미하이 (Mihaly Csikszentmihalyi)는 창의성을 개발하는 3가지 방법을 다음과 같이 제시했습니다.

1. 호기심과 관심을 키우기

▶ 매일 뭔가에 놀라움을 느껴 보기

오늘은 어제와 다릅니다. 내일과도 다릅니다. 오늘은 단 한번 밖에 없는 특이한 시간입니다. 오늘 당신이 경험한 것이(그것이 자동차이건, 음식이건, 동료들과의 수다이건 간에) 이전 것들과 어떻게 다른지 느껴 보세요.

▶ 매일 적어도 한 사람을 놀라게 해 보기

그 사람이 알고 있는 내가 아닌, 다른 내 모습을 보여주세요. 예전에 안 하던 것을 해 보는 것도 한 가지 방법입니다. 예전에 먹어본 적이 없던 음식을 주문해 보고, 한 번도 갈 생각을 하지 않았던 곳에 가 보고, 한 번도 읽어 본 적이 없는 분야의 (쉬운) 책을 읽어 보세요. 하지 않던 일을 하고, 하지 않던 말을 하고, 평소에 묻지 않던 질문을 해보세요.

▶ 매일 자신이 경험한 것을 기록해 보기

매일 저녁에 그날 당신이 경험했던 가장 놀라운 일과 당신이 남들에게 보여주었던 가장 놀라운 행동을 기록하세요. 주말에는 그 주에 자신이 쓴 것을 다시 읽어보면서 낯설어진 그 경험들을 다시 돌이켜 보세요. 이를 반복하다 보면 당신이 어떤 사람인지, 뭘 좋아하고 뭘 하고 싶어 하는지 그 패턴이 드러납니다.

▶ 무언가에 흥미가 당길 때 그것을 따라가 보기

책이든, 노래든, 꽃이든, 옷이든 혹은 어떤 아이디어이든 간에 뭔가가 우리의 관심을 끌 때가 있습니다. 하지만 우리는 너무 바빠서 그것에 시간을 쓰지 못하고 지나쳐 버립니다. 그리고는 그런 건 어떤 전문가가 대신 생각해 주고 연구해 줄 것이라고 변명합니다. 하지만 어쩌면 당신이 바로 그 전문가가 될지도 모릅니다.

2. 집중력 연습하기

▶ 하루를 시작할 때 오늘의 목표를 정하기

창의적인 인물들은 잠자리에서 꾸물대지 않습니다. 천성이 명랑하고 정열적이어서도 아니고 뭔가 신나는 일이 기다리고 있기 때문도 아닙니다. 매일 매일에 의미가 있다고 믿고 오늘의 의미는 뭘지 궁금해하기 때문입니다. 하루를 마칠 때 내일 할 일 하나쯤을 정하세요. 그리고 그것을 하기 위해서 오늘을 시작하세요.

▶ 무엇을 하든지 집중해서 해 보기

무슨 일을 하든지 간에, 그 일을 하면서 얻는 경험의 질은 그 일에 투자한 노력에 비례해서 높아집니다. 청소를 하든, 달리기를 하든, 시를 쓰든 그것은 상관없습니다. 무슨 일을 하건 분명한 목표와 기대를 갖고 행동의 결과에 주목하고 열정적으로 일하고, 흐트러짐 없이 일에 집중하는 것이 집중의 원칙입니다.

▶ 모두가 하는 가장 일상적인 활동으로부터 시작하기

이를 닦으면서, 샤워를 하면서, 옷을 입으면서, 가장 쉬운 일부터 몰입하세요. 치아에 닿는 칫솔의 감촉에 집중하고 즐기는 식으로 사소한 경험에 집중하세요.

3. 에너지를 분배하기

▶ 시간표를 지키기

창조도 결국 시간을 필요로 한다는 사실을 잊지 마세요. 세상의 리듬이 아닌 당신의 리듬을 찾아야 합니다. 즉, 당신의 효율이 최고가 되는 시간대를 찾아냅니다. 가장 적합한 시간에 가장 적합한 일을 하도록 시간표를 짜고 그것을 지키도록 합니다.

▶ 성찰과 휴식 시간을 가지기

끊임없이 일한다고 계속 효율이 유지되지는 않습니다. 단지 자신의 삶을 돌이켜 보고 지금까지 한 일이 뭔지, 무슨 일이 남아있는지를 정리하기 위한 시간을 따로 잡아놓으세요. 그걸 반드시 명상실에 들어가서 할 필요는 없습니다. 책상 앞에서 일하는 사람이라면 등산이나 달리기같이 혼자 하는 운동을 하면서 가질 수도 있습니다. 평소와는 다른 경험을 하는 시간에 당신은 지금까지의 삶을 돌이켜 볼 수 있는 거리감을 얻게 됩니다.

▶ 수면습관을 조절하기

잠을 줄일 생각은 하지 마세요. 창의적인 사람들은 보통 남들보다 더 많이 자며, 만일 잠자는 시간이 줄어들면 창의적인 생각에 방해를 받는다고 말합니다.

▶ 자신만의 공간을 꾸미기

주변 환경은 창조과정에 큰 영향을 줍니다. 환경과 사람이 얼마나 잘 어울리는지가 가장 중요합니다. 당신이 가장 편안하게 느끼는 환경이 뭔지 알아내세요. 그리고 당신이 현실적으로 선택할 수 있는 조건 중에서 그 환경에 가장 가까운 것을 선택하세요. 그 환경의 조건은 당신이 딴 데 신경 쓰지 않고 일을 할 수 있는 곳이어야 하고, 그 안에서 어디에 뭐가 있는지 당신만은 쉽게 찾을 수 있는 곳이어야 합니다. 그곳을 당신이 좋아하는 물건들, 당신에게 힘을 주는 것들, 당신의 미래 목표들로 장식하세요.

▶ 당신이 좋아하는 것, 싫어하는 것을 가려내기

의외로 많은 사람들이 자기가 뭘 좋아하고 뭘 싫어하는지 모릅니다. 하지만 창의적인 사람들은 매우 예민하게 감정을 느낍니다. 그들은 항상 자신이 왜 그 일을 하는지 잘 알고 있으며, 고통, 지루함, 기쁨, 흥미 같은 감정에 아주 민감합니다.

▶ 좋아하는 일은 늘리고, 싫어하는 일은 줄이기

물론 좋은 일만 하면서 살 수는 없습니다. 하지만 우리는 싫어하는 일을 할 때 에너지를 낭비합니다. 창의성을 유지하는 유일한 방법은 시간, 공간, 활동을 우리에게 유리하게 조절하여 존재의 소모를 방지하는 것입니다. 이를 위해서 당신이 일주일 동안 뭘 하고 지내는지를 한번 메모장에 써보세요. 어떤 일에 몇 시간을 사용하는지, 그 일을 당신이 좋아하는지 싫어하는지, 아니면 그냥 습관적으로 하는지, 싫어하는데 시간을 많이 쓰는 일이 있다면 정말 그렇게 많은 시간을 써야 하는지, 좋아하는데 시간을 적게 쓰는 일이 있다면 정말 그렇게 적은 시간밖에는 사용할 수 없는지를 판단하세요. 의외로 많은 조정이 가능합니다. 싫어하는 일에 낭비하는 시간은 줄이고, 좋아하는 일에 투자하는 시간을 늘려보세요.

4. 부모들을 위한 창의적인 교육법

마지막으로 아이들의 창의력을 키워주기 위해서 부모가 어떻게 해야 하는지에 대해 칙센미하이는 다음과 같이 조언합니다.

▶ 첫째, 자유롭게 생각하고 행동할 수 있는 여지를 만들어 주어야 한다

이를 위해서는 먼저 부모부터 늘 새로운 것을 받아들이고 변화

를 시도하는 모습을 보여줘야 합니다. 또한 아이가 무슨 말이나 행동을 하더라도 일단은 호기심을 가지고 왜 그랬는지를 물어보는 자세가 필요합니다. 그 다음에야 옳고 그름에 대한 판단과 설명이 따라야 합니다.

▶ 둘째, 부모가 문제를 해결해 주는 것이 아니라 스스로 해결하도록 해야 한다

창의력은 문제를 해결하는 과정에서 가장 분명하게 드러나는 특성인데 부모가 답을 제시하면 아이는 스스로 자기만의 생각을 통해서 문제를 해결할 기회를 놓치게 됩니다. 아이가 스스로 문제를 해결하다 보면 실수도 하고 엉뚱한 짓도 하겠지만 그 과정을 인내심을 갖고 지켜봐야 합니다.

▶ 셋째, 문제를 해결했을 때 아이가 스스로 만족감을 얻을 수 있도록 보상을 자제해야 한다

명확한 보상이 주어지면 아이들은 문제 해결 자체의 재미 때문이 아니라 그 보상을 받기 위해서 문제를 해결하게 되고, 나중에는 보상이 없으면 문제를 해결하려는 동기도 줄어들게 되기 때문입니다.

▶ 넷째, 농담이나 웃음을 많이 보여줘야 한다

우리가 문제 속에 함몰되는 순간 창의력도 익사해 버립니다. 창의적인 태도는 기본적으로 상황을 지나치게 심각하게 받아들이지 않고 어느 정도는 관조적인 관점에서 거리를 두고 바라보는 여유에서 나옵니다. 그런데 유머감각은 바로 이런 여유를 갖추는 데 도움이 됩니다. 아이가 엉뚱한 말이나 행동을 했을 때 단순히 또한 번 사고를 쳤다고 받아들이기보다는, 아이의 독특함을 발견하는 재미있는 경험으로 받아들일 수 있는 여유가 필요합니다.

대표적인 인물들

1. 한국이 낳은 천재 지식인, 정약용

>>> 요약

　1762~1836. 호는 다산(茶山). 조선 정조 시기 활약했던 천재 학자. 기발한 창의력을 지닌 작가나 발명가는 아니었지만 전통 학문뿐 아니라 실학 및 서양 학문에도 뛰어난 재능을 보인 실용학문의 대가이자 청렴 강직한 관료였음. 자신이 익힌 학문을 부국강병 및 민생 증진에 적극 활용하려는 의지가 강했던 인물로, 동양에 알려지지 않았던 건축법을 응용, 수원성을 축조했으며, 여전제를 주창, 경제 시스템 개혁의 방향을 제시하기도 했다. 그는 천주교를 믿고 개혁적 학문을 지지하는 등 급진적인 면모를 보였으나, 온화하고 합리적 인품의 소유자로 대인 관계가 개방적이며 원만했음. 지나치게 급진적인 정책보다는 현실에 순응하며 현실적인 개혁을 추구하는 이성과 합리주의의 대변인이었음.

>>> 사실들

　남인의 가문에서 태어나 어린 시절부터 천재적인 지적 능력을 발휘함. 4살 때 천자문을 깨쳤고, 7살 때 원근법을 소재로 한 시를 지었으며 그림에도 소질을 보였을 정도로 다재다능했음.

　조선 실학의 대부인 이익으로부터 많은 영향을 받음. 이익은 남인을 비롯한 조선 모든 실학자의 정신적 지주로 평생 벼슬을 하지 않으며 후학을 양성하는 데 힘썼음.

사도세자의 변이 일어나고 정조가 즉위한 어수선한 정국에 중앙 관직에 진출. 정조는 정약용의 천재성을 일찍이 간파해 남인이었던 그를 학문적인 오른팔로 삼았음. 이때부터 정약용에 대한 노론 정권의 경계가 극에 달하기 시작.

임기응변 및 처세술이 남달랐음. 조정에서 자신의 소신에 어긋나지 않는 말을 하면서도 다른 사람의 비위를 상하게 하지 않았고, 완벽한 논리와 변론으로 음해 받을 가능성을 최소화했음. 이런 처세술은 그가 남인이라는 정치 태생적 '한계'와 천주교를 믿었다는 치명적인 약점에 불구하고 끝까지 목숨을 부지할 수 있게 해줌.

1789년 화성(현재의 수원성)을 정조의 명을 받아 설계하기 시작. 현재 유네스코 지정 세계 문화유산으로 등재된 화성은 조선의 전통적인 축성법을 바탕으로 중국의 성제와 서양의 과학기술을 집대성해 지은 18세기 건축문화의 정수였음(성 축조를 위해 거중기와 활차(도르래) 등을 발명하기도 함). 뿐만 아니라 정약용은 성을 건조하는 데 드는 인력에 일정한 품삯을 제공해 현대적인 성과급 방식의 노동시장을 만들었으며, 계획적으로 개간된 농업시설 및 최초의 현대적인 상업지구를 기획, 성안에 기거하는 백성들이 풍족하게 살 수 있는 이상 도시를 건설하였다.

1799년 『전론』을 집필, 농업의 개혁안을 제시하였다. 극소수의 지주들이 땅을 소유하고 그곳에서 농사짓는 소작농들을 착취하는 시스템에서 벗어나, 국가가 농민들에게 직접 땅을 배분하고 능력에 따라 소득분배에 차등을 두는 자본주의적 요소를 도입한 것이 골자. 정약용은 이후에도 능력에 따라 이윤을 분배하는 자본주의적 시스템 도입을 여러 차례 주장함.

1794년 경기도 지역 암행어사로 임명돼 탐관오리의 패악을 남김없이 고발함. 그러나 이런 강직한 관직 활동은 노론 집권층의 원한을 사, 후에 보복을 당하는 원인이 됨.

곡산의 목민관으로 부임했을 때, 세금 소요 사태를 일으킨 피폐한 농민들을 너그러이 돌려보내는 등 가난하고 힘없는 백성들이 차별 받지 않도록 혁신적인 법 집행을 했을 뿐만 아니라, 후대의 목민관이 이런 관행을 이어갈 수 있도록 제도적 장치까지 마련함. 정약용은 이후에도 정종의 신임을 받아 관리들의 부정을 감찰하고 백성들의 억울한 일을 해결해 주는 역할을 수행함.

정종이 승하한 후, 조선은 다시 학문, 문화, 경제, 정치적 암흑기로 빠져 듦. 정약용은 이때 자신의 호를 여유당(與猶堂)이라 지었음. 노자의 "망설이면서 겨울에 냇물을 건너는 것 같이 주저하면서 사방의 이웃을 두려워한다"는 구절에서 따온 것으로 자신을 지켜줄 주군이 없는 세상에 대한 극도의 불안감을 표현함.

정조의 사후 노론 세력은 조정에서 남인 관료들을 뿌리 뽑기 위해 천주교를 악용함. 당시 재능 있는 남인들은 대부분 천주교 신자거나 천주교와 어느 정도 관련이 있는 사람들이었음. 노론의 잔혹한 탄압으로 조정의 남인들은 거의 전멸했고 정약용과 그의 주변인들도 차례로 제거됨. 정약용은 작은 형 정약종과 조카사위 황사영이 천주교를 버리지 않은 죄로 모진 국문을 당하고 18년간 귀양을 가게 됨(정약종과 황사영은 사형을 당했으나, 정약용은 과거 곡산 목민관 당시의 선행으로 죽음을 면하게 됨).

귀양지인 전라도 강진에서 정약용은 실학문을 집대성하고 부국과 민생안정을 위한 책을 냄. 귀양지에서 극도의 가난과 외로움, 마을 사람들의 천대를 불굴의 의지로 이겨내며 학문과 저술에 몰두, 『아방강역고』, 『경세유표』, 『목민심서』 등 수많은 저서를 집필

함. 귀양살이에서 풀려난 뒤 『흠흠신서』를 저술.

귀양지에서 아들들에게 편지를 보내 학문적 조언과 세상 사는 이치를 가르쳤고, 이는 두 아들이 훌륭한 학자로 자라나는 데 큰 도움이 됨. 자신에게 남은 유일한 희망은 자식뿐이라는 생각에 편지에는 지나칠 정도로 엄하고 강압적인 내용이 많았음. 이들 편지에 드러난 정약용의 조급증과 아집, 몇몇 비상식적인 주장들은 정약용의 인간적인 면을 돌아보게 해줌.

정조시대 등용됐던 개혁 성향 관료 중 마지막까지 살아남은 유일한 인물이었음. 노론 세력은 정약용을 끝내 처단하지 못한 것을 안타까워했음. 귀양에서 풀린 뒤에도 정약용을 제거하려는 노론 세력의 모함과 모략이 여러 차례 있었으나 모두 무위에 그침.

1836년 노환으로 별세.

>>> 어록

"우리나라 사람들은 걸핏하면 중국의 사실을 인용하는데 이 역시 비루한 일이다. 아무쪼록 『삼국사기』, 『고려사』, 『연려실기술』과 동방의 다른 문자와 사실을 수집하고 그 지방을 고찰한 뒤에 시에 인용해야 후세에 전할 수 있는 좋은 시가 나올 것이며 세상에 명성을 떨칠 수 있다."

"임금의 정치가 퇴폐하면 백성이 곤궁하게 되는데, 그러면 나라가 가난하게 된다. 나라가 가난하면 부세의 징수가 가혹하게 되는데, 그러면 인심이 떠나가고 그러면 천명이 가버리게 되니 그런 까닭으로 시급한 것은 정치에 있다."

"너는 어째서 아비의 말을 귀담아 듣지 않느냐. 하물며 네가 아비의 책을 베끼고 읽지 않는데 누가 나의 책을 베끼고 읽겠느냐. 네가 기록을 남기지 않으면 폐족인 우리 가문을 누가 기억하겠느냐? 내 책이 후세에 전해지지 않는다면 후세 사람들이 단지 사헌부의 계문과 옥안만 믿고 나를 평가하지 않겠느냐? 그렇게 되면 내가 어떤 사람으로 취급 받겠느냐?"

— 귀양지에서 아들에게 보낸 편지 중

2. 예술의 극한에 선 한국미술의 거장, 박생광

>>> 요약

1904~1985. 호는 내고(乃古).

한국 역사상 가장 한국적인 그림을 창조한 위대한 거장. 평생을 가난과 천대 속에 살면서도 가장 독창적인 작품을 남김. 그의 대표작들은 대부분 죽기 전 5년간 창작된 것으로, 그의 마지막 5년은 한국 미술계를 뒤흔들어 놓은 '전설'이 됨. 평생 골방에서 그림을 그리며 자신만의 스타일에 몰두했음에도, 놀랄 정도로 개방적이며 긍정적인 사고를 지닌 예술가였음.

>>> 사실들

박생광은 '한국의 고흐'라 할 만큼 고흐와 비슷한 삶을 보여주었으나 고흐와 달리 정신적으로 매우 안정되고 성숙한 사람이었음.

평생을 빈곤 속에서 무시와 천대를 받으며 살았으면서도 단 한 순간도 자신의 그림에 자신감을 잃거나 나태해지지 않았음(자신의 그림이 피카소를 비롯한 세계적 화가의 그림에 뒤지지 않는다고 공언할 정도로 자부심이 대단했음).

독창성, 민족성에 대한 자각이 강했음. 조선 시대의 산수화가 중국의 전통을 이어받았다는 점을 비판하며, 100% 순수한 한국화를 그리기 위해 그간 배웠던 모든 미술 기법과 관념을 버렸음(100% 독창적인 그림을 그리겠다는 결심으로 속세와 인연을 끊은 세잔과 비슷한 경우였음).

평생을 가난하게 살아 그림 그릴 장소와 물감을 넉넉히 갖지 못함. 4평 정도의 방에서 400호가 넘는 그림을 말았다 폈다 하며 입으로 붓을 빨아 그림을 그리고, 잠이 오면 남아있는 좁은 공간에서 그림을 베고 잤음.

1920년(17세)에 일본유학을 떠나 그림을 시작함. 해방될 때까지 일본에서 거주하면서 작품 활동.

귀국 후 부인 강숙희 여사에게 생계를 의존. 강숙희 여사는 생계를 위해 다방을 경영하기도 했으나 형편은 거의 나아지지 않았고, 이후 거의 50년간 박생광의 가족은 빚에 시달리며 살았음.

1977년 사업가인 김이환을 만남. 당시 김이환은 「흑모」란 그림이 필요해서 박생광을 찾았으나, 박생광의 그림에 반해 평생의 후원자가 됨(김이환은 원래 그림에 문외한에 가까운 사람이었으나 박생광을 만난 뒤 미술 애호가로 변신한다. 그는 와세다 대학교 대학원에 입학, 미술 공부에 전념했으며 2001년엔 박생광이 남긴 그림을 영구 전시하기 위해 자신의 땅에 이영 미술관을 건립함).

김이환을 만난 뒤 경제적인 안정을 얻어 이후 8년간 대한민국 미술사에 길이 남을 명작들을 창작하게 됨(이전까지 박생광은 왜색에 물든 그저 그런 일본 유학파 화가 중 하나로 인식되고 있었음. 사실 당시 대부분의 한국 화단은 서양과 일본의 그림 풍에 경도돼 한국 고유의 작품을 찾기 어려운 상황이었음).

마지막 5년 동안 박생광은 불같은 열정을 뿜어내며 '미치도록 한국적인' 그림을 그려내기 시작, 「명성황후」, 「전봉준」, 「무당」(연작) 등을 남김. 이들 작품의 극적 예술성에 국내 미술 평론가와 화가들은 경악을 금치 못했으며, 박생광은 한국 화단의 '전설'이 됨.

1984년 파리에서의 한국 미술 특별전 준비차 내한한 프랑스 미술가협회 오트리브(Aranud d' Hauterives) 회장은 박생광의 작품에 깊은 감명을 받고 1985년의 특별초대작가로 선정. 동시에 샤갈과의 만남을 주선하겠다는 약속을 함(하지만 1985년 샤갈의 사망으로 만남은 성사되지 않음).

1984년 후두암 선고를 받고 자신의 살날이 얼마 남지 않았음을 알게 됨. 자신의 마지막 생명력을 모두 화폭에 쏟아 내려는 듯 더욱 열정적으로 창작에 매진함. 「전봉준」의 뒤를 이어 「윤봉길」, 「안중근」 등의 역사적 인물들을 그림에 옮길 계획을 세웠으며, 서울 문예진흥원 미술회관에서 마지막으로 대규모의 개인전을 가짐.

1985년 7월, 후두암으로 세상을 떠남. 2001년 1월, 『월간 아트』의 "한국 현대미술: 베스트 작가 10인" 중 1위로 선정됨. 2003년 6월, 스페인 바르셀로나 시립 Sant Agustin 문화센터에 작품 출품. 2004년 8월, 박생광 기념 사업회 발족.

>>> 어록

"김선생, 내가 이제부터 그리고 싶은 그림이 있소. 후학들이 그 그림을 좀 봐야 해. 그러려면 전시회도 해야 하고. 날 좀 도와주겠나?"

(사업가 김이환에게 후원을 부탁할 때. 김이환은 박생광의 부탁대로

그가 숨을 거두는 날까지 극진한 후원자 역할을 함.)

"부처의 이마를 밟을 정도의 자존심과 어린 아이의 발밑에 머리를 조아릴 정도의 겸손함으로 나는 계속 전진할 뿐이다."

"역사를 떠난 민족은 없다. 전통을 떠난 민족 예술은 없다. 모든 민족 예술은 그 민족전통 위에 있다."

"모란 뿌리에서는 모란이 나와야 하듯이 박생광이 그림에서는 박생광이 나와야 한다는 고집을 갖고 있다."

"겸재나 단원이 한국미술의 전부냐고 묻고 싶다. 그리고 중국의 일대 유파나 일본의 사조파 정도만을 그리는 것이 우리 회화의 지표는 아니라고 생각한다."
"그림이란 남에게 가르칠 수도 남의 것을 배울 수도 없는 것이다. 박생광에게 배우고 싶거든 나는 나만의 그림을 그리고 있다는 개성적 자각을 배울 것이다."

"나는 아들에게 일렀다. 만일 내가 자다가 생명에 이상이 생긴다면 나에게 어떠한 의학적인 힘도 가하지 말라고. 그것은 내가 그만큼 마음이 충족하고 만족스러운 것이며, 그리고 싶은 것을 그리고 있기 때문인 것 같다."

※ 참고자료 : 박생광 공식 홈페이지, 조선일보 2004년 9월 7일자 : 「박생광 특별전 준비하는 김이환 이영미술관장」, KBS 디지털 미술관 : 「박생광, 그대로」.

>>> 요약

1917~1995. 한국이 낳은 세계적인 작곡가, 민족 운동가. 우리에겐 '동백림 사건'에 연루된 좌익 음악가로 알려져 있지만 외국에서 윤이상은 현대 음악의 거장으로 추앙 받고 있음.

동양 고유의 소재를 서양의 음악에 담아 동서양 음악의 통합을 꾀했다는 평가를 받고 있으며, 특히 남북한을 위한 관현악을 작곡해 남북이 음악으로 하나되기를 염원했음.

음악에만 몰두한 것이 아니라, 일제시대엔 독립 운동에 참여키도 했으며 해방 후 고아들을 보살피며 음악 교육을 하는 등 사회 운동에도 강한 의지를 보였음. 깊이 생각하고 세심하게 작곡하는 이성적 작곡 스타일을 갖고 있었으면서도 진보적, 개혁적 작품을 많이 선보인 인물이었음.

>>> 사실들

창작의 고통이 심한 편이었음. 평소엔 매우 자상하고 사랑이 넘치지만, 작곡을 할 때면 신경질적이고 매우 까다로웠다고 함.

거대한 영향력을 끼친 세계적 작곡가임에도 정작 모국인 남한 음악계에 영향은커녕 아예 소개조차 되지 않음. 반면, 북한에서 윤이상은 세계적 명성에 걸맞는 유명세를 얻음.

통영의 몰락한 선비 집안에서 태어나 완고한 교육을 받으며 자랐다. 20대에 불치병이었던 결핵에 걸려 30대까지 생사를 넘나듦.

젊은 시절부터 민족적 자각이 대단했음. 일제 강점기 시절 무장 독립 투쟁에 참가하기도 했으며, 해방 후엔 고아들을 보살피며 음악 교육을 하는 등 사회 운동에도 강한 의지를 보임.

1957년 독일 베를린에 정착. 이후 여러 현대 교향곡을 작곡하며 작품 발표회를 가졌지만, 대부분의 초기 작품은 평론가와 관객의 혹평을 얻으며 순조롭지 못한 작곡가의 길을 걸었음.

1963년 평양 방문. 북한의 각종 유적지를 돌아보며 민족의 문화를 체험함. 이때 받은 민족 문화에 대한 감명으로 「이마주」라는 명곡을 남김. 이후 「오 연꽃 속의 진주여!」, 「유동」, 「나비의 꿈」 등 동양의 철학과 종교 사상을 소재로 한 동양적 작품들을 지속적으로 내놓으며 국제적 명성을 쌓음. 그는 동양의 전통을 서양 음악에 결합시킨 세계적 작곡가라는 평을 얻었으며, 유럽 지식인들 사이에서 그의 이름은 코리아라는 나라 이름보다 더 유명했음.

1967년 동베를린 사건으로 서울로 납치. 박정희 정권이 보낸 요원들은 대통령의 친서를 전달한다는 명목으로 한국 대사관으로 꾀어 서울로 납치함. 이후 끔찍한 구타와 물고문을 당하며 북한 간첩이었다는 자백을 강요받음. 윤이상은 고문의 고통을 못 이겨 몇 차례 자살을 기도했으나 끝까지 거짓 자백을 하지 않음.

그가 투옥된 뒤 세계 각국의 음악가들의 탄원이 잇달았음. 작곡가 스트라빈스키, 엘리엇 카터, 연주자 하인츠 홀리거, 지휘자 카랴얀 등 당시 세계에서 가장 유명했던 음악인들은 박정희 대통령에게 탄원서를 제출했으며, 스스로 기부금을 모아 윤이상 돕기에 나서기도 했음. 윤이상은 감옥 안의 반인륜적인 대우와 열악한 환경을 견뎌내며 작곡에 몰두함.

1969년 국제적 비난에 못 이겨 윤이상 석방. 한국 정부는 윤이상의 무죄를 끝까지 인정하지 않았고, 오히려 자신들 덕에 윤이상이 세계적 명성을 얻었으며 이번 일을 발설할 경우 죽일 수도 있다는 등 협박을 늘어놓으며 풀어줌.

조국에 대한 극심한 배신감과 충격으로 윤이상 부부는 대한민국 국적을 버리고 독일 국적 취득. 이후 윤이상 부부는 죽을 때까지 남한 땅을 밟지 못함.

1972년 독일 뮌헨 올림픽의 서막을 여는 축전 오페라 「심청전」작곡. 윤이상은 오페라 제작 관계자들을 한국으로 보내 직접 한국 문화를 체험하게 할 정도로 오페라 「심청전」은 악기, 가락, 소품, 분장까지 모든 것이 한국적이었음. 뮌헨 올림픽의 서막을 장식한 「심청전」은 대성공을 거두었고, 사상 처음으로 미디어를 통해 한국의 모습을 세계에 알린 계기가 됨.

1976년 박정희 정권에 의해 납치 구금된 김대중, 김지하 석방을 위한 국제 연대에 참여함.

1980년 전두환 정권이 저지른 광주 학살을 소재로 「광주여 영원히!」라는 표제 음악을 작곡함.

아들 우경은 북한의 무용단 출신 여성과 결혼. 이후 윤이상 가족에게 북한은 제2의 고향이 됨. 윤이상 가족은 김일성 주석과 만찬을 함께 할 정도로 가까운 사이였음. 1990년 김주석의 특별 지시로 북한은 윤이상 음악 연구소를 설립, 세계적 수준의 윤이상 자료실, 박물관, 콘서트홀 등을 건립함.

베를린 음대로부터 수차례 교수직 제의를 받았으나 사양함. 그 뒤 스위스 베른 음대에서도 "원하는 시간에 일주일만 강의를 해주면 일 년 봉급을 주겠다"는 조건을 내걸었지만 그마저도 사양함. 이 때문에 윤이상은 유럽에서 받을 수 있는 어마어마한 연금 혜택을 대부분 받지 못함.

전두환 정권으로부터 입국 제의를 받음. 당시 전두환 정권은 수차례 파격적인 조건을 걸어 윤이상을 모시려 했으나, 윤이상은 광주 학살에 대해 공식적인 사죄를 하기 전에는 귀국할 수 없다고 대답함.

오길남 사건, 신상옥 · 최은희 사건에 연루돼 북한 간첩이라는 누명을 씀.

1990년 10월 19일부터 23일까지 평양에서 통일 음악제 개최. 윤이상이 주도한 통일 음악제엔 남과 북, 해외 동포 음악 예술인들이 6개 조로 나뉘어 민족의 고전음악, 창작 가곡, 민요, 판소리 등을 연주함. 이곳에서 윤이상은 중병을 앓고 있었음에도 행사의 성공을 위해 산소마스크를 끼고 축사를 하는 등 투혼을 발휘. 같은 해 12월에는 서울에서 다시 남북 합동 통일 음악회가 열림.

1988년 독일 대통령으로부터 대공로훈장을 받았으며, 75세의 생일에는 "선생의 예술과 인간성에 대한 끝없는 기여에 나는 높은 존엄과 감사를 가지고 마음 깊이 연대의 정을 표합니다"라는 대통령이 직접 쓴 축전을 받음. 일본에서는 윤이상 75주년 기념 페스티벌을 10일에 걸쳐 전국 각지에서 개최했음.

1994년 남한에서 열릴 예정이던 윤이상 음악제에 참가하기 위해 김영삼 대통령에게 친서를 보냄. 당시 윤이상은 독일인 신분으로 자유롭게 한국의 입출국이 가능했으나 자신에게 씌워진 누명을 벗길 원했음. 그러나 김영삼 정권의 대답은 "먼저 지난날의 과오에 대해 사죄를 하라"는 것이었음. 여기에 1995년 『월간조선』은 날조된 윤이상의 편지로 "윤이상이 김영삼에게 귀국을 애원했다"고 주장함.

1995년 시병인 폐렴으로 사망. 상례를 불교식으로 지름.

"작곡가는 비단 예술가일 뿐 아니라 동시에 세계 속의 한 인간이다. 나는 결코 그 세계를 무관심하게 관찰할 수 없다. 고통이 있고 부당함이 있는 곳에 나는 음악을 통해 더불어 얘기하고자 한다."

"나는 음악가이기 전에 양심과 정의감을 굳게 지키는 인간이고 싶다. 나는 음악가이며 정치하고는 아무 관계가 없다. 그러나 집안에 어떤 변이 일어났을 때는 음악가도 발 벗고 나서서 거들어야 한다. 그러나 그것은 일시적인 것에 지나지 않으며 다시 제자리로 돌아가야 한다."

"나는 나이 39살이 되어서 서양음악을 배우고 작곡하기 위해 유럽에 왔다. 그러나 그것은 전연 잘못된 판단이었다. 나는 내가 그렇게 작곡할 수 없다는 것을 깨닫고 다시 동아시아적인 전통으로 돌아왔다. 본래 예술이란 자기 민족의 전통 속에서 발전하게 마련이다. 자신의 피에 없는 서양의 전통을 머리로 이해하고 표현하는 작품은 어디까지나 모방이지 진정한 창작품이 될 수 없다고 생각했다."

"교육의 힘으로 어느 선까지의 작곡가는 만들 수 있다. 그 선을 넘는 것은 특출한 재능에서 나오는 것이다. 예술은 솔직하고 진실한 데서 생겨난다. 그렇지 않고서는 진정한 예술이 될 수 없다. 듣는 이에게 설득력이 없고 감동을 주지 않는 예술은 죽은 예술이다."

※ 참고자료 : 『내 남편 윤이상』, 이수자 지음, 창작과 비평사, 1998년.

4. 유럽에서 더 유명한 한국화가, 이응노

>>> 요약

1904~1989. 호는 고암(顧菴).

백남준과 함께 해외에서 가장 각광 받는 한국 출신 화가. 1958
년 프랑스에 정착, 유럽 전역에 이름을 알리며 세계적 아티스트로
발돋움함. 1967년 '동백림'사건으로 귀국해 옥고를 치렀으며
1977년 또 한 번의 정치적 사건에 연루되어 한국 내에서의 모든
활동이 중단됨.

어마어마한 열정과 불같은 창의력으로 미술사에 길이 남을 작
품들을 남겼으며, 강인한 개혁 의지로 예술과 관련된 사회 운동에
도 깊이 관여함. 급진적이며 일탈적 성향이 강한 화가였음에도 폐
쇄적이고 고지식한 면도 다분했음.

>>> 사실들

매일 새벽 5시부터 밤 9시까지 그림을 그릴 정도로 매우 근면
했음. 이렇게 일생동안 그린 그림이 1만 점이 넘음.

'지나칠 정도로' 솔직하고 자신의 소신을 굽히지 않는 고지식
한 성격. 모든 감정 상태를 얼굴에 다 드러내는 편.

차분하고 이성적인 면보다는 격정적이고 치열한 작품을 선호
했음. 성격 자체가 소탈, 호방하면서도 불의를 보면 참지 못하는
다혈질이었음. 정부에서 주최하는 국전이 부패했다며 비판을 하고
다닐 때 국전 관계자가 추천 작가 감투를 제의하자, 이응노는 바로
해당 사무국을 찾아가 의자를 집어 던졌다고.

젊은 시절 보수적 성격이 강한 동양화 교육을 받았음에도 전통과는 다른 매우 대담한 그림을 그렸음.

1945년 해방 뒤 단구미술원(檀丘美術院)을 조직, 식민잔재를 벗어난 새로운 한국회화를 개척한다는 기치 하에 활발한 작품활동을 전개. 6 · 25 전쟁 중에도 「피난민」과 같이 시대상을 반영하는 작품들을 발표. 한국 미술계에 뿌리내린 식민잔재를 떨치고 한국회화를 개척하기 위해 노력했으며, 전후에는 국전의 폐단을 비판하며 스스로 주류가 되기를 거부함.

한국전쟁 중 장남 문세가 납북.

1957년 뉴욕 월드하우스갤러리(Worldhouse Gallery) 주최의 현대한국미술전에 출품.

1958년 프랑스 평론가 쟈크 라센느(Jacque Lassaigne)의 초청을 받아 도불(渡佛). 독일에서의 순회전을 마치고 파리에 정착. 전위적 화랑이었던 파케티 화랑(Galerie Facchetti)과 전속계약을 맺음. 1961년 파케티 화랑에서 첫 개인전 주최. 이때부터 고암은 추상 미술에 주력함.

1964년 파리의 동양미술관인 세르누쉬 미술관(Musee Cernuschi) 내 동양미술학교(Academie de Peinture Orientale)를 세워 유럽인들에게 동양미술을 가르침.

10년간이나 프랑스에서 활동하면서도 프랑스 말은 한마디로 하지 못했음. 미술 활동을 위해선 항상 통역자가 필요했고, 집에 프랑스어로 전화가 오면 바로 부인을 바꿔 주었다고 함.

1967년에 '동백림' 사건으로 귀국하여 2년 반 동안 옥고를 치름. 고암 선생은 6 · 25 전쟁 때 행방불명된 아들을 찾게 해준다는 북한 공관원의 말에 속아 동 베를린 북한 대사관에 갔다가 '간첩'

이라는 누명을 썼음. 동백림 사건 당시 박정희 정권은 프랑스에 사는 고암에게 "국위를 선양한 유공자를 시상한다"는 거짓말로 속여 서울로 데려감. 이때 "기왕이면 사모님도 함께 가면 좋지 않느냐"며 부인인 박인경 여사까지 데려가 구속시킴.

동백림 사건 첫 재판 날, 고암 선생이 웃음 띤 얼굴로 호송 차량에서 내리자 언론은 일제히 "반국가 행위자치고는 뻔뻔스럽다"며 비난함. 그 다음 재판 때는 고암 선생이 울먹이며 호송차에서 내리자 언론은 일제히 "이제야 참회의 눈물을 흘린다"며 어용 언론의 진면목을 드러냄.

옥중에서도 작업을 계속하여 많은 옥중화를 남김. 그림 그릴 도구가 없을 때는 밥알을 짓이겨 모아 입체작품을 만들기도 했음.

1969년 파리로 돌아가 창작의 자유를 되찾음. 1970년대부터 서예적 추상으로 진입. 화선지에 먹, 붓만으로 필선미를 살린 문자 추상 작품 등 자유롭고 탐구적인 작업을 함. 독특하고 탁월한 현대 작가로 전 세계적인 인정을 받아 끊임없는 초대전시를 하게 됨.

1977년 또 한 번 정치적 사건에 연루됨. 이른바 '윤정희-백건우 납북 미수사건'에 부인인 박인경 여사가 개입된 것으로 밝혀졌으나, 오늘날까지 사건의 진상은 박 여사와 백건우 측의 상반된 진술로 미스터리로 남아 있음. 이 사건으로 한국에서는 이응노의 모든 작품 활동 및 매매가 금지됐으며, 이응노와 한국 사이의 교류는 완전히 끊김.

1983년 이응노, 박인경 부부 프랑스 국적 취득. 이후 평양을 방문, 실종됐던 장남 문세를 만나게 됨. 이때의 일로 사망 때까지 이응노의 작품은 국내에서 전시되지 못함.

1989년 끝내 고국으로 되돌아오지 못하고 파리에서 심장마비로 생을 마감. 이응노의 사후 그의 그림 가격이 급등, 작품 당 수천에서 억대의 가격으로 팔리기 시작함. 그의 작품은 주로 유럽 미술 시장으로 팔리고 있으며, 국내에 직접 매매된 사례는 아직 없음.

>>> 어록

"나는 파리 한국 대사관의 공사가 찾아와서 내가 해외에서 국위를 선양한 유공자로서 박 대통령 중임 경축식에 초청되었다며 서울에 가자고 하기에 영광으로 알고 따라 갔는데, 이렇게 속임수를 쓸 수가 있느냐? 유럽이나 세계 무대에 나서 보라. 코리아는 몰라도 이응노라면 다 아는데, 그런 나를 서울로 끌어다가 이렇게 할 수가 있느냐?"
　　　　　　　— 동백림 사건으로 서울 구치소에 갇힌 채 변호사에게

"한국에서 온 사람들 대개 말 들어보면 나라야 어떻게 되든 자기 한 몸 잘 살면 그만이라는 생각들을 가졌더군……. 우리 생각은 자기를 희생시켜서라도 나라가 잘 되길 바라네."

"자네는 강자와 약자가 있으면 누굴 편들겠나. 한 사람이 한 사람에게 돌을 맞고 울고 서 있으면 돌을 맞아 울고 서 있는 사람 쪽으로 달려가지 않겠나. 그것이 사람의 인정 아닌가. 강한 사람 편에 붙어 서 있는 걸 지성이라고 할 수 있나."

※ 참고자료 : 『32인이 만나본 고암 이응노』, 고암미술연구소, 1999년; 이응노 미술관; KBS 2004년 12월 10일 방송 : 「예술은 시대를 넘어- 이응노」.

5. 장난꾸러기, 급진주의자, 현대미술의 역사, 백남준

>>> 요약

1932~2006. 세계적으로 가장 영향력 있는 예술가 중 한 명. 스스로 급진적인 '비주류, 반 기득권, 반 서양적' 예술가의 길을 택함. 그의 예술적 시도는 미국과 유럽 미술계에서 엄청난 논란과 찬사를 불러일으키며 세계 미술계의 스포트라이트를 받았음. 국내 손꼽히는 부잣집에서 태어나 전 세계적인 작가가 되었지만 항상 금전적인 곤란을 겪었을 정도로 자신의 모든 것을 예술 활동에 투자함. 지나치게 과격하고 급진적인 예술 활동을 했음에도 다수의 지지를 받았던 행복한 예술가였음.

>>> 사실들

부친 백낙승은 일제 시대부터 국내에서 가장 거대한 섬유 사업 체를 운영한, '한국 섬유산업의 대부'였음.

어린 시절 피아노를 배우고 피아니스트 신재덕과 작곡가 이건 우로부터 교육을 받는 등, 음악에도 조예가 깊었음.

해방 후 마르크스의 공산주의 이론에 탐닉, 6·25사변이 터졌을 때 '마르크스의 군대'를 맞이하고자 피난도 가지 않고 집에서 공산군을 기다림. 그러나 공산군은 백남준 집 세간을 털고 개를 몽땅 잡아먹은 뒤 도망가 버려 큰 실망을 안겨줌.

상경대에 진학하라는 부친을 속여 가며 동경대 미대에 입학.

학창시절 혁명적인 작곡가였던 쇤베르크에 심취, 급진적인 예술가의 길을 가기로 결심함.

1962년 창설된 플럭서스 운동에 가담. 플럭서스는 이후 그의 모든 반항적이고 전위적인 예술 활동의 뿌리가 됨.

백남준의 젊은 시절 미술 '작품'은 대부분 공연(퍼포먼스) 위주 였음. 그는 무대 위에서 바이올린이나 피아노를 때려 부수고, 관객 의 넥타이를 자르고, 머리에 세제를 끼얹고, 객석에 소변을 보고, 구두로 물을 마시고, 막 자른 황소 머리를 걸어 놓는 등 당시 미술 계에서 가장 과격하고 폭력적인 예술가로 명성을 얻음.

1963년 독일에서 「음악의 전시 : 전자 텔레비전」이라는 제목으 로 13대의 TV 수상기를 이용한 전시회를 개최. 이는 (당시 평론가 들의 혹평에도 불구하고) 오늘날 비디오 아트의 효시로 기록되고 있다. 이때부터 '비디오 아티스트'라는 브랜드가 붙기 시작.

백남준의 가장 큰 출세작은 1984년 1월 1일, 미국과 프랑스의 공중파를 통해 방영된 생방송 작품, 「굿모닝 미스터 오웰」. 이 방 송은 미국, 프랑스뿐만 아니라 전 세계 곳곳에 방영됨. 조지 오웰 의 『1984』소설을 풍자한 이 작품은 1984년에도 아직도 지구인들 이 건강히 지내고 있을 뿐 아니라 TV를 통해서 그 어떤 지배나 독 재도 이뤄지지 않고 있다는 점을 강조.

샬로트 무어만이라는 유대인 여성을 소재로 비디오 미술작품 을 만들어 명성을 얻음. 무어만은 백남준의 작품에서 옷을 완전히 벗거나 민망한 분장과 자세를 취하는 등, 당시 굉장한 센세이션을 일으켰음. 무어만은 유부녀였음에도 그녀의 가족은 그런 예술 활 동에 극도로 너그러운 자세를 보여줌.

백남준의 이름이 한국에 알려진 것은 1984년. 이미 1960~70 년대 외국에서 "동양에서 온 문화 테러리스트"라는 명성이 알려지 기 시작했던 것에 비해 상당히 늦은 편.

2000년 뉴욕 구겐하임 특별전으로 그의 예술 인생은 절정에 다다름. 당시 뉴욕 타임즈에서 두 페이지의 지면에 백남준 특집 기사를 실었고, CBS는 30분짜리 특집 프로그램을 방영함.

일본인 전위 예술가 쿠보타 시게코와 결혼. 두 부부는 결혼이라기보다 같은 업종의 직업인끼리 동거하는 수준이라 자평. 시게코는 한국인들의 반일 감정을 의식, 한국에 자신의 존재를 드러내지 않기 위해 노력함.

세계적인 예술가가 됐으면서도, 백남준은 미술가의 길을 택한 뒤 단 한 번도 풍족한 삶을 누리지 못했음. 그는 외국에서 미술 활동을 위해 (때론 생계를 위해) 가족들에게 돈을 꾸어야 했으며, 돈을 빌리기가 어려워 전시회를 열지 못할 위기에 빠지기도 했음.

항상 허름한 노숙자 옷차림을 하고 다니는 바람에 약속 장소에서 쫓겨나거나 길에서 적선을 받은 적도 있다고 함.

백남준은 한국어, 영어, 독일어, 일본어, 프랑스어, 5개 국어를 구사할 수 있음. 그러나 1950년 한국을 떠나 줄곧 해외에서 살아온 백남준은 특이하게도 1900년대 초 양반들이 쓰던 단어와 문체를 구사함. 영어는 일본 발음의 영향을 심하게 받아 때때로 의사소통에 곤란을 겪을 때도 있음.

말년, 심한 당뇨병과 복통, 뇌졸중, 중풍 등의 지병으로 거동이 매우 불편해짐. 2006년 1월 29일 미국 플로리다주 마이애미에 있는 자신의 아파트에서 사망.

>>> 어록
"내 작품은 도매로 한 점에 얼마 정도 하는데 소매값은 항차 가치를 분별하사 알아서들 결정해야 할 거외다."

(아직도 1900년대 초 한국어를 구사하는 백남준의 어투)

"나는 예술가로서도 명성을 얻었고 이만하면 이름 석 자는 날린 셈인데 유독 돈 버는 데는 인연이 없었단 말일세. 주변에 있는 나 정도의 예술가들은 제법 많은 자본도 끌어들여 하고 싶은 일을 하거든. 이제부터는 자본가들이 제 발로 어정어정 걸어 들어와 내 작품을 사가게 만들어야 하겠어."

"구겐하임에 내가 잘 아는 큐레이터는 내 영어를 30년 동안 알아듣는데 아무런 지장이 없다. 나는 30년간 똑같은 영어를 써 왔다. 그런데 왜 당신들은 내 영어를 문제 삼는가."

"일 안 하면 욕 안 먹고 편하게 살 수 있다. 일하면 욕먹지만 그만큼 발전이 있다. 그런데 욕하는 부류의 상당 부분은 일 안 하면서 시기하는 자들이기 때문에 결국 일은 해야 한다."

"예술가에게 실수는 오히려 천재성을 증명하는 계기가 된다."

"나도 이제 쉰에서 다섯이 넘었으니 차차 죽는 연습을 해야겠다. 예전 어른이면은 지관을 데리고 이상적인 묘자리를 찾아다닐 그럴 나이가 됐으나, 나는 돈도 없고 요새는 땅값도 비싸졌으니 그런 국토 낭비 계획은 없애고 대신 오붓하게 죽는 재미를 만드는 것이 상책이다."

※ 참고자료 : 『백남준 그 치열한 삶과 예술』, 이용우 지음, 열음사, 2000년.

>>> 요약

1927년 생. 25년 동안 쓴 한국 역사상 가장 거대한 대작, 『토지』의 작가. 개인사에 치중했던 여성 작가의 틀에서 벗어나, 그 어떤 작가보다 깊고 장엄한 민족적 색채의 작품을 많이 남김. 번득이는 아이디어보다는, 깊고 짙은 스토리 구성력으로 대중성과 작품성을 동시에 인정받음. 개인에 대해, 민족에 대해, 인류에 대해, 자연과 지구에 대해, 이렇게 수십 년간 자신의 창작과 철학의 폭을 넓혀온 박경리는 오늘날 한국 문학을 대표하는 가장 위대한 생존 작가의 반열에 올라서 있음.

>>> 사실들

증오와 절망, 그리고 고독으로 가득한 어린 시절을 살았던 박경리의 유일한 낙은 문학이었음. 책을 '미칠 정도로' 좋아해 남의 책을 빌려 밤새 읽고 돌려주곤 했음. 하루 밤에 책 세 권을 독파하고 다음날 눈이 시뻘겋게 된 적도 많았음.

학창시절의 자신을 평범하고 공부를 못했던 아이로 묘사함. 대신 독서와 시를 쓰는 일에 매달림. 그에게 시는 어려운 시기에 희망을 잃지 않게 해준 버팀목이었음.

부모와의 사이가 좋지 않았음. 아버지는 박경리가 태어나자마자 집을 나가 딴 살림을 차렸음. 진주여고를 다닐 당시 학비를 보내주기로 했던 아버지가 "여자가 뭐 하러 공부를 하나, 시집이나 가지"라며 약속을 어기자 찾아가 이렇게 따졌다고 함. "당신이 공부 시켰어요? 그만두라 마라 할 수 있습니까?" 우여곡절 끝에 1945년 진주여고 졸업.

그런 아버지와 결혼해 굴욕적인 삶을 살았던 어머니도 경멸했음. 그런 어머니의 모습은 어린 박경리에게 불합리한 남성 권위에 대한 저항심을 심어주었음.

학교를 졸업하고 결혼. 그러나 남편이 공산주의자로 몰려 투옥되고, 6·25 때는 실종(월북으로 추정), 전쟁 후에는 아들마저 사망. 이때부터 가족은 어머니와 딸 아이 하나만 남았고, 이들의 생계를 자신이 책임져야 했음.

『평화신문』과 『서울신문』 문화부 기자 역임. 4년 만에 그만두고 다시 글을 쓰기 시작. 1955년 「계산」과 「흑흑백백」으로 등단.

1960년 4·19 의거를 경험. 그간 개인적, 가족적 고통 중심이었던 인생관이 민족 전체로 확대됨.

1962년 「김약국의 딸들」 발표. 그간의 자전적 시점에서 벗어나 민족적, 인류적 보편성을 다룸. 이 소설은 박경리 문학성이 극대화된, 한국 문학사에 길이 남을 명작으로 평가받고 있음.

1969년 「토지」 집필. 원래 「토지」는 현재의 방대한 분량으로 계획되었던 것이 아니었음. 외할머니에게 들은 얘기를 토대로 한 권 분량으로 쓰기로 했던 작품이었으나, 집필 과정에서 이야기가 가지를 치기 시작, 이 작품에 모든 것을 쏟아 넣게 됨. 「토지」를 집필하는 동안 전화도 끊고, 신문도 끊고, 원고 청탁도 일체 받지 않은 채 오직 이 한 작품에만 집중하는 투혼을 보임. 도중에 생계 문제 때문에 『현대문학』에 소설을 연재하기도.

고통스러운 창작은 25년간 계속되어 1994년에야 끝남. 원고지 분량 3만 1,200매. 「토지」는 집필 기간과 양에서 단연 한국 최고의 작품으로 기록됨. 토지를 탈고한 원주시 단구동 집은 1997년 문화계 및 지역인사들의 도움에 힘입어 토지문학공원으로 영구보존됨.

「토지」는 1979년과 1989년 KBS에서 드라마로 제작됨(당시 토지는 아직 완결되지 않은 상태에서 드라마화됐음에도 엄청난 반향을 일으키며 박경리를 스타 작가로 만들어 줌). 2005년 「토지」는 세 번째로 SBS에서 드라마로 제작됨.

낯가림이 무척 심한 편. 인터뷰 요청이나 사람을 만나는 것을 극도로 꺼려 그간 매스컴에 모습을 드러낸 횟수가 손에 꼽을 정도.

딸인 김영주는 시인 김지하와 결혼. 김지하는 박정희 정권 시절 민주화 관련 집필 활동으로 투옥돼, 박경리가 그의 아들(손주)의 뒷바라지까지 도맡음.

말년에 생명 환경 사상에 심취, 계간지 『숨소리』를 발간하기도 했으며, 강의나 인터뷰 때에 환경에 대한 이야기를 주제로 삼음.

>>> 어록

"나는 어머니에 대한 연민과 경멸, 아버지에 대한 증오, 그런 극단적인 감정 속에서 고독을 만들었고 책과 더불어 공상의 세계를 쌓았다."

"작가는 얼굴이 필요 없다. 작품을 내놓으면 그걸로 끝이다. 문학작품에 모든 것이 들어 있고 독자가 읽어주는 것으로 족하다. 사람마다 자기 눈으로 평가하면 된다. 작가가 이러쿵저러쿵 해명하는 것은 작품이 미진하다는 뜻이다. …… 내 작품을 읽고 마음대로 상상하면 된다."

"나는 전쟁미망인이었다. 불행의 상징이었다. 가난하고, 애 데리고, 부모 모시고, 혼자 벌어먹고 살아야 했다. 그러나 소망이 있기에 써온 것이다. 불행에서 탈출하려고."

"우리가 잊어서 안 될 일은 생산고만큼, 부를 축적하는 만큼 지구는 망가져 간다는 것이다. 경제력으로 공기를 살 수 있는가? 경제력으로 오염을 막을 수 있는가? 경제력으로 뚫린 오존층을 꿰맬 수 있는가? 불필요한 것의 생산고를 낮추어야만 인류는 위기에서 벗어날 수 있다."

※ 참고자료 : 신동아 2005년 1월호 「황호택 기자가 만난 사람」 국민문학 '토지' 작가 박경리; MBC 특선 다큐멘터리 『토지』의 작가 박경리 1~3부.

7. 창조의 환희와 죽음의 공포 속에서 살았던 작가, 이상

>>> 요약

1910~1937. 본명 김해경. 겉보기에 서울의 중인 계층 출신에 일제 강점기에 고등공업 교육을 받아 총독부 기사 노릇을 한 평범한 조선 청년. 그러나 사실은 폐병으로 속이 썩어 들어가는, 평생을 죽음의 공포 속에서 살아야 했던 기이한 작가였음. 그는 이런 공포와 대적하며 한국 역사상 가장 독창적인 시와 소설을 창작함. 전대미문의 강렬한 창의력에 '놀기 좋아하는' 성격으로 많은 사람들과 어울렸으나, 부족한 생활력과 처세술로 경제적으로 어려운 삶을 살았음.

>>> 사실들

만 20세부터 끈질긴 자살 충동에 시달렸음. 그는 자신의 이런 무의식적인 자살 충동에 굉장한 두려움을 느꼈다고 함.

영민하고 신경질적이고 예민한 성격의 글을 자주 썼으나, 실제 생활은 나태, 무기력, 난잡했음. 그는 착실히 돈을 모으거나 사업을 할 재주도 없었고 극도로 게을러 빈궁함을 자초했음. "구석지고 천장이 낮고 지하실 같이 밤낮 어둡고 침침하고 습하고 불결하고 해서 성한 사람이라도 그 방에서 사흘만 지내면 병객이 되고 말 지경"의 방에서 살았다고 함.

얼굴이 여기저기 얽은 데다 손가락이 잘려 빈궁하게 살았던 친아버지에 대한 연민과 콤플렉스, 그리고 자신을 '입양'한 백부 김연필에 대한 증오심으로 어린 시절을 보냄.

스스로를 선각자이며, 천재이며, 모더니즘의 기수이자 전위 예술의 선구자라고 자처했음. 이런 오만한 자각 덕에 그는 자신의 결핵이나 자살충동을 (때때로) 희화화하는 용기를 발휘할 수 있었음.

민족적인 자각은 거의 없었으며, 범세계적이고 현대적인 문명과 사상, 예술에 심취해 있었음. 그의 작품에서는 한국 고유의 색채를 거의 찾아볼 수 없으며, 오히려 유럽이나 일본 문학계에 유행하던 모더니즘의 영향을 많이 받음.

어릴 때부터 그림에 재질 보임. 학창 시절, 직장 시절 내내 그림에.열중했으며, 각종 그림, 디자인 공모전에서 입상함.

학업 성적이 매우 우수했으며, 유창한 일본어를 구사했음. 그가 일본말을 하는 것을 듣고 있으면 조선 사람인지 일본 사람인지 분간하기 어려웠다 함.

졸업 후 조선총독부 건축 기사로 일함. 직장 근무 중 시와 소설, 그림 그리기를 계속함. 20살의 나이에 폐결핵으로 피를 토하기 시작. 결핵은 그가 죽을 때까지 그의 모든 것을 지배하게 됨.

1930년 잡지 『조선』에 이상(李箱)이란 필명으로 장편소설 「12월 12일」 연재. 이 장편 연재소설은 그의 처녀작으로, 자신의 자전적 이야기를 담고 있음. 여기서 이상은 자신을 키워준 백부에 대한 증오심, 자살 충동, 결핵에 대한 공포를 표현하고 있었음.

1931년부터 「이상한 가역반응」, 「오감도」, 「지도의 암실」, 「건축무한 6각체」 등의 소설을 잇달아 내놓음. 당시 작품 중엔 일본어로 쓰인 것도 많았음.

1933년 심한 각혈로 총독부의 공무원 직을 사임하고 죽은 백부의 유산으로 '제비'라는 다방을 경영함. 이곳의 마담 금홍과 3년간 동거. 그러나 다방은 2년 만에 폐업하고 동거녀와는 헤어짐. 이후 다방 '69'를 열었으나 이마저도 실패함. 가족과 함께 빈민촌으로 이주하는 등 빈곤한 생활을 하게 됨. 이 시기에 「산촌여정」, 「권태」, 「지비」 등의 산문을 남김.

변동림과 결혼한 1936년 이후부터 「날개」, 「약수」 등 생애 최대 걸작을 쏟아냄. 그와 함께 지병인 폐결핵이 악화됨. 재기를 위해 동경으로 건너감(그에게 동경은 일종의 예술적 이상향이었음). 이곳에서 자신의 최후의 작품인 「종생기」를 씀.

1937년 동경에서 26살의 나이에 지병인 결핵으로 숨을 거둠. 유해는 미아리 공동묘지에 매장됐으나 후일 유실됨.

>>> 어록

"생활, 내가 이미 오래 전부터 생활을 갖지 못한 것을 나는 잘 안다. 단편적으로 나를 찾아오는 생활 비슷한 것도 오직 고통이란 요괴뿐이다. 아무리 찾아도 이것을 알아줄 사람은 한 사람도 없다."

"왜 미쳤다고들 그러는지 대체 우리는 남보다 수십 년씩 떨어져도 마음 놓고 지낼 작정이냐. 모르는 것은 내 재주도 모자랐겠지만 게을러 빠지게 놀고만 지내던 일도 좀 뉘우쳐 보아야 아니 하겠느냐."

— 「오감도」를 연재하다 너무 난해하다는 독자들의 항의로 연재를 중단했을 때

"우리 어머니도 우리 아버지도 다 읽으셨습니다. 그분들은 다 마음이 착하십니다. 우리 아버지는 손톱이 일곱밖에 없습니다. 궁내부 활판소에 다니실 적에 손가락 셋을 두 번에 잘리우셨습니다. 우리 어머니는 생일도 이름도 모르십니다. 맨 처음부터 친정이 없는 까닭입니다. 나는 외가집 있는 사람이 퍽 부럽습니다. 그러나 우리 아버지는 장모 있는 사람을 부러워하지 않습니다."

— 수필 「슬픈 이야기」 중에서

"스물세 살이오 3월이오 각혈이다. 여섯 달 잘 기른 수염을 하루 면도칼로 다듬어 코밑에 다만 나비만큼 남겨 가지고 약 한 제 지어 들고 B라는 신개지 한적한 온천으로 갔다. 게서 나는 죽어도 좋았다."

— 「봉별기」 중에서

"폐 속 펭키칠한 십자가가 날이 날마다 발돋움을 한다. / 폐 속엔 요리사 천사가 있어서 때때로 소변을 본단 말이다. / 나에 대해 달력의 숫자는 차츰차츰 줄어든다."

— 「각혈의 아침」 중에서

※ 참고자료 : 「이상연구」, 김윤식 지음, 문학사상사, 1987년.

8. 20세기 인류가 배출한 가장 창의적인 작가, 보르헤스

>>> 요약

1899~1986. 20세기 인류가 배출한 가장 창의적인 작가 중 하나. 독재 정권에 맞서 진보적인 집필 활동을 했으며, 조국 아르헨티나의 문예 발전을 위해 많은 노력을 기울임. 40대에 중병으로 뇌를 다친 후 창의력이 불을 뿜기 시작, 「셰익스피어의 기억」, 「알렙」 등 20세기 가장 독창적인 단편 소설들을 써냄. 특히, 그가 발표한 「끝없이 이어지는 두 갈래 길이 있는 정원」은 하이퍼텍스트의 출현을 예견한 기념비적인 작품으로 기록됨.

>>> 사실들

1899년 아르헨티나의 부에노스아이레스에서 태어남. 조부와 부모는 이탈리아계 이주민으로, 지적이고 학식 높은 사람들이었으나 아르헨티나에선 주류로부터 동떨어진 삶을 살았음. 아버지는 변호사이자 교사였으며, 어머니는 번역가이자 민중의 자유를 위해 투쟁한 '혁명투사'로, 보르헤스는 이들 부모로부터 엄청난 지적 영향을 받고 자랐음.

보르헤스가 자란 지역은 매춘부와 불한당들의 무법 행위가 자행되던 곳으로, 이 거친 환경은 훗날 보르헤스에게 방대하고도 독창적인 소재가 돼 줌.

사회로부터 다소 단절된 삶을 살았던 보르헤스의 어린 시절 유일한 친구는 여동생 노라. 아르헨티나 변방의 무료한 삶 속에서 그는 노라와 하루 종일 상상의 이야기를 만들어 냈고, 이는 훗날 그의 작가 기질을 계발하는 데 엄청난 자원이 됨.

언어적인 면에서 뛰어난 재능을 보였음. 6살에 소설을 썼으며, 9살에 오스카 와일드의 「행복한 왕자」를 스페인어로 번역했음.

아르헨티나의 시골 학교를 다니다 몇 년 후 유럽의 고등학교에 진학, 대학까지 졸업 후 1921년 다시 아르헨티나로 돌아와 본격적인 작가 활동을 하기 시작. 여러 시와 에세이, 그리고 번역 작품으로 문단의 주목을 받기 시작했으나, 스스로 만족할 만한 작품도 쓰지 못하고 세상에 두각을 나타내지 못함.

나이가 들수록 시력이 약화되는 유전적 증상을 갖고 있었음. 20대부터 시력이 떨어지기 시작해 말년엔 완전히 눈이 멀어 버림.

30대까지 아버지의 병환, 가난, 일자리 문제로 적지 않은 고통을 겪음. 거기에 패혈증까지 앓아 죽음의 문턱을 넘나듦. 중병을 앓고 난 뒤 두뇌에 심한 손상을 입은 것으로 알려졌지만, 오히려 이때를 계기로 보르헤스의 창의력은 불을 뿜기 시작, 「피에르 메나드, 돈키호테의 작가」, 「바벨의 도서관」, 「끝없이 이어지는 두 갈래 길이 있는 정원」 등 인류 역사에 길이 남을 걸작들을 쏟아냄.

특히 「끝없이 이어지는 두 갈래 길이 있는 정원」에서는 하나의 방향, 하나의 줄거리로 진행되는 소설이 아닌, 읽어갈수록 이야기가 계속 가지를 쳐 수백 수천 개의 이야기가 만들어지는 환상적인 소설을 창조해 냄. 이 소설은 오늘날 하이퍼텍스트의 모티브이자 기원으로 추앙 받고 있기도 함.

문학적 명성 덕분에 후안 페론 정권에서 고위 공무원 직을 맡게 되나 곧 사임하고 페론의 독재에 노골적인 비판을 가함. 이런 그의 반독재 투쟁 때문에 그의 어머니와 여동생이 고초를 겪음.

1960년대 그의 작품이 영어로 번역된 뒤 그의 작품은 영미시장에서 하루아침에 유명세를 탐. 보르헤스는 이후 평생 유럽과 미국 대학가를 돌며 강의 및 토론회에 참여하며 엄청난 명성과 수입을 얻게 됨(보르헤스는 미국의 『플레이보이』에 에세이를 기고함으로써 대중적인 인기를 누린 것으로도 유명).

말년에 완전히 눈이 멀게 됨. 페론이 하야한 뒤 국립 도서관장 직을 맡았고, 그의 명성은 정점에 다다르게 됨.

이후 계속된 아르헨티나의 독재 체제에 항의해 도서관장 직을 사임하고 아르헨티나의 정치 개혁을 위한 활동을 계속함.

1986년 간암으로 세상을 떠남.

>>> 어록

"한 권의 책이 무한한 책이 될 수 있는 방법에 대해 생각해 본 적이 있었습니다. …… 마지막 페이지와 첫 번째 페이지가 동일해 무한히 계속될 수 있는 그런 책 말입니다."

— 「끝없이 이어지는 두 갈래 길이 있는 정원」 중에서

"나는 '기억한다' 라는 이 신성한 동사를 입에 올릴 자격이 없다. 지구상에서 단 한 사람만이 그러한 자격을 가지고 있는데 그 사람은 이미 죽었다."

— 「기억의 천재 푸네스」 중에서

"그는 19살이었다. 그는 마치 청동상처럼 기념비적이고, 이집트보다 더 오래되고, 예언과 피라미드들보다 앞서 있는 것처럼 보였다. 나는 내가 했던 한마디 한마디가 내가 했던 몸짓 하나하나가 그의 완고한 기억 속에 영원히 남아 있으리라는 생각을 했다. 나는 괜스레 쓸데없

는 몸짓들을 증식시키고 있는 것은 아닌가 하는 두려움에 까마득한
현기증을 느꼈다."

— 「기억의 천재 푸네스」 중에서

9. 의지 하나로 모든 것을 이룬 음악의 성인, 베토벤

>>> 요약

1770~1827. '음악의 성인' 으로 추앙 받는 오스트리아 출신의
작곡가. 불우한 어린 시절, 고통스러웠던 연애, 힘든 사회생활, 청
각 장애, 가족의 배신 등 감내하기 힘든 역경을 초인적인 의지로
견디며 인류사에 길이 남을 음악을 창조한 위대한 예술가.

사회적 관계에 여러 차례 실패한 뒤 극도로 폐쇄적인 성품으로
발전했으며, 창작을 할 때에도 고통스러울 만큼 디테일에 집착하
는 등 정신적으로 불행한 삶을 살았음.

>>> 사실들

어린 시절 아버지로부터 아동학대 수준의 스파르타식 음악 교
육을 받으며 자람. 이런 혹독한 교육 속에서 그는 모짜르트로부터
"앞으로 세상의 주목을 받을 음악가"라는 평을 들을 정도로 천재
성을 보임.

부모가 죽은 뒤 어린 나이에 가족의 생계를 책임짐. 천재적인
음악성과 함께 시류에 편승하는 능력까지 겸비해 대중과 귀족들
모두에게 인기를 얻음. 특히, 귀족들의 후원으로 넉넉한 환경에서
작곡에 열중할 수 있었으며, 전성기 때는 전 유럽 최고의 인기 '연

예인' 대접을 받았음.

주변 사람들의 혐오감을 살 정도로 괴팍하고 까다롭고 의심 많은 성격이었음. 근거 없이 사람들을 의심했으며 아주 조금만 성질을 건드려도 불같이 화를 냈음. 거기에 덧붙여 습관적으로 거짓말을 하는 버릇 때문에 주변 사람들과의 관계가 오래가지 못했음(이런 성격은 청력을 잃은 후 더욱 심해짐).

수차례 연애에 실패한 후 더욱 우울하고 폐쇄적인 성품으로 발전. 이후 죽을 때까지 외로운 삶을 살아감.

이십대에 급성 중이염에 걸려 점차적으로 청력을 상실하기 시작, 말년엔 나무토막을 피아노에 연결하고 그 끝을 이빨로 물어 느끼는 진동으로 소리를 들었다고 함.

그는 대중성과 예술성을 겸비한 당대 최고의 작곡자였지만, 작곡은 그에게 엄청난 고통이었음. 그는 16분 음표 하나를 그리는 데 20분이 걸릴 정도로 엄청나게 숙고하면서 창작을 했다고 함.

무서울 정도로 자존심이 강한데다 권위에 도전적인 인물이었음. 하루는 절친한 관계였던 괴테와 길을 가다가 왕가의 행렬과 마주쳤으나 고개 한 번 굽히지 않고 그냥 지나침. 도리어 베토벤은 옆에서 허리를 굽혀 절을 한 괴테를 크게 비난함.

말년, 대중과 귀족들의 음악 취향이 바뀌면서 베토벤의 인기는 크게 하락. 게다가 후원자들마저 뿔뿔이 흩어져 말년을 가난 속에서 작곡을 해야 했음.

폐병으로 죽은 동생의 아들 카를을 자신의 친자식처럼 키움. 베토벤의 헌신적인 노력에도 카를은 극도로 비뚤어진 삶을 살았고 삼촌에 대한 반감을 노골적으로 드러냄.

1827년 지병으로 사망. 그는 죽기 직전까지 알코올 중독, 발작, 구토 설사 등에 시달리는 등 정신적 · 육체적으로 완전히 피폐한 상태였음. 친인척과 지인, 어느 누구도 그의 임종을 지켜보지 않은 채 외로운 죽음을 맞음.

>>> 어록

"옳게 또 떳떳하게 행동하는 사람은 오직 그러한 사실만으로 능히 불행을 견디어 나갈 수 있다는 것을 나는 입증하고 싶다."

"할 수 있는 모든 선을 행하고 자유를 무엇보다도 사랑하고 비록 왕좌의 편을 들어서라도 절대로 진리를 배반하지 말아야 할 것이다."

※ 참고자료 : 『베토벤의 생애』, 로맹 롤랑, 문예출판사 1998; Beethoven, The immortal-이장직 기자의 음악일기, 작곡가의 초상1: 베토벤.

10. 고통스럽게 살다 간 천재 시인, 두보

>>> 요약

712~770. 당나라 현종 대의 천재 시인. 전 세계에서 가장 많은 한시를 남긴, 중국 문예사에 가장 중요한 인물. 양적으로나 질적으로나 중국 최고의 시인이었으며, 심오한 은유와 깊은 문학성은 역사상 최고라는 평가를 받기도 함. 개인적으론 사회성이 부족한 폐쇄적 성격으로 평생 불행하고 어려운 삶을 살았으며, 자신의 인생이 실패했다는 절망감 때문에 병적으로 창작에 집착했음.

인정 많고 우유부단하고 생활력 약한 전형적인 선비형 인물. 유서 깊은 선비 집 아들로 출생. 젊은 시절을 과거 공부에 바친 평범한 골방 샌님이었음. 그러나 문학적으로 상당한 재능이 있는 사람이었으며 자신도 그 점에 적지 않은 자부심을 갖고 있었음. 또한 명문가는 아니었지만 뼈대 있는 양반 가문 출신이라는 자존심도 있었음.

사교성도 없고 매사에 서툴며 고지식해 보이는 문학청년이었으나, 두보는 선비 집안에서 자라 선조들과 마찬가지로 관직에 나아가 집안 전통을 살려야 한다는 고지식한 의무감을 갖고 있었음.

과거에는 연이어 낙방, 과거를 통한 정계 진출을 포기함. 자신의 문학적 재능으로 관직을 얻겠다는 생각으로 장안으로 향함. 이곳에서 10년이 넘는 동안 높은 사람들의 처소에 들락거리며 정계에 진출하려 하지만 번번이 뜻을 이루지 못함. 그는 결국 빈궁하고 굴욕적이었던 장안의 삶을 버리고 귀향.

40대에 간신히 지방의 말단 공무원으로 취직함. 그 후 왕궁 사간직을 맡는 등 잠시나마 세속적 전성기를 누리기도 했으나 워낙 체질적으로 처세에 서툰 탓에 왕의 미움을 사 곧 변방으로 쫓겨남.

당대 한시 작가로서 쌍벽을 이루는 이백(701~762)과 절친한 사이였음. 이백과 두보는 서로 완전히 정반대의 인간형이었음. 이백이 미천한 집안 출신에 술과 여자, 쾌락을 즐기는 디오니소스형 예술가였다면, 두보는 양반가 출신에 매우 모범적이고 보수적인 아폴로형 예술가였음. 게다가 이백은 누구와도 쉽게 친해지고 쉽게 헤어져 잊어버리는, 방랑벽이 극심한 인물이었던 반면, 두보는 친한 사람은 극소수였으나 이들과 평생 돈독한 관계를 유지하는 사람이었음.

두 자식이 딸린 가정의 생계를 책임져야 했던 두보는 평생 무직, 말단 공무원 직을 전전하며 어려운 생활을 하게 됨. 나중엔 순전히 굶어죽지 않기 위해 사람들에게 일자리를 '구걸' 해야 하는 처지가 됨.

그는 나이가 들고 자신의 삶이 실패했다는 생각이 강해질수록 자신의 시에 더욱 집착했음. 자신의 인생에 남은 것은 이것밖에 없다는 생각에 평생 수천 개의 시를 썼고 이 중 1,500편이 전해짐.

그의 시는 일반인이 뜻을 헤아리기 어려울 정도로 난해하고 내용이 깊기로 유명함. 재미있게도 이런 시를 쓴 이유는 체질적으로 평이한 문장을 쓰지 못했기 때문이라고 함. 그는 이야기를 할 때나 편지 같은 평문을 쓸 때도 고도로 발달된 은유를 심하게 섞어 썼기 때문에 평소 사람들과 의사소통을 하는 데 애를 먹었다고 함.

중국에 유실되지 않고 전해 내려오는 한시의 수는 1만 수 정도. 이 중 15%인 1,500여 수가 두보의 작품일 정도로 중국 문학사에서 두보의 위치는 어마어마함.

언제 어디서 죽었는지 분명치 않음. 야사에 따르면 오랜만에 얻어먹은 소고기를 과식해 죽었다는 이야기도 있으나, 홍수를 만나 배 위에서 생활하다가 겨울에 배 안에서 죽었을 것으로 추정.

>>> 어록

찬바람은 소슬하니 너를 몰아쳐, / 때를 놓친 너는 도저히 서 있을 수 없겠구나. / 이 집 서생은 덧없이 백발이 되어, / 바람 앞에서 자꾸만 네 향기를 맡으며 우노라.

—「가을비 탄식」 중에서

봉화는 봄 석 달을 끊이지 않고, / 집에서 오는 편지는 만금의 값이 있
네/ 흰 머리를 긁으니 머리카락 더욱 빠져서, / 이제는 비녀조차 꽂을
수 없네.

— 「춘망」 중에서

다시 어디를 향해 가려고 하는가, / 표연히 이 현을 떠나네. / 내 몸은
흙덩이 같은데, / 배는 또 다시 강호에 뜨네.

— 「배로 강릉 남포를 떠나며」 중에서

※ 참고자료 : 『이백, 두보를 만나다』, 다카시마 도시오 지음, 이원규 옮김,
도서출판 심산문화, 2003년.

11. 가장 불행했던 유럽 제일의 지성인, 카미유 생상

>>> 요약

1835~1921. 프랑스 낭만주의 시대를 풍미한 천재 작곡가, 피
아니스트, 지휘자, 평론가, 작가, 천문학자, 철학자, 정치인. 우리
에게 오페라 「삼손과 데릴라」, 소품 「동물의 사육제」 등의 작곡가
로 유명한 생상은 당시 거의 모든 예술, 학문 분야에서 두각을 나
타낸 당시 유럽 제일의 지성인이었음. 유럽 전역에서 부와 명예를
쌓은 상류층 인사였으면서도, 극도로 보수적이고 결벽증적인 생활
로 평생 불행하게 삶.

>>> 사실들

전형적인 낭만주의 예술가로 전 세계 각지를 돌며 세계 각 지역을 소재로 한 음악을 만들어 냄. 특히 우루과이를 방문해 그 나라의 국가를 작곡해 준 것으로 유명. 생상은 최초로 세계를 일주한 작곡가로 알려짐.

베를리오즈, 구노, 롯시니, 차이코프스키, 비제, 빅토르 위고, 앵그르 등 당대 최고의 예술인들과 친분이 깊었음.

강한 소신의 민족주의 음악가였음. 프랑스 고유의 음악과 예술 부흥을 위해 국민음악 협회를 창설했으며, 프랑스 음악의 전통을 자신의 작품에 그대로 살림. 음악 활동 면에선 보수적이라는 비난을 받았으나, 당시 전 유럽을 휩쓴 독일과 이탈리아 음악에 대항할 수 있는 프랑스 음악의 기틀을 다진 장본인. 이후 포레, 라벨 등의 프랑스 음악의 대가들이 성장할 수 있는 발판을 마련해 주었음.

보수적 청교도인에 부르주아 사상으로 무장한 인물로 정치계 활동도 활발했음. 특히, 프랑스 제국주의 확대를 열렬히 지지해 오만과 허영으로 가득한 정치인의 모습을 보이기도 함.

성격이 극도로 까다로운 인물이었음. 변덕이 매우 심했으며, 흥분하면 좀처럼 통제가 되지 않았던 데다, 비정상적인 방랑벽이 있어 일정한 거주지를 정하지 못하고 떠돌아 다녔음.

일생을 고독 속에서 살았음. 40세에 결혼했으나, 어머니의 반대, 두 아들의 이른 죽음 등으로 6년 만에 별거. 그 뒤로 평생 어머니와 함께 살며 다시는 여자와 교제를 하지 않음(동성애자라는 설도 있었음).

금욕에 지나친 강박 증세를 보여, 육욕을 억제하고 부를 쌓는 데 모든 힘을 쏟음. 프랑스와 유럽 전역에서 명성과 부를 누렸으면서도 항상 불행하게 살았음.

1921년 파리에서 사망. 죽을 당시 그의 곁을 지킨 사람은 아랍인 시종 가브리엘밖에 없었음.

12. 여성들의 사랑을 받은 축복 받은 예술가, 피카소

1881~1973. 스페인이 낳은 전 세계 현대 미술의 대명사. 미술 교육자의 아들로 태어난 피카소는 어린 시절 학업 성취도가 뛰어난 수재였으나 선천적으로 천재성을 보인 화가는 아니었음. 피카소는 다른 사람의 창의력을 답습하는 데 뛰어난 재주를 보인 화가로 주변의 모든 미술 테크닉을 자신의 것으로 소화하는 데 능했음. 그는 자신만의 독창성을 개발하기보다는 유행사조를 따르고 발전시키는 데 더 관심이 많았음. 세계 미술사에 손꼽힐 정도의 다작을 한 화가로 지칠 줄 모르는 열정과 스테미너를 자랑했음. 작품에 대해 고민하지 않는 스타일로, 그림 그리는 것이 성행위만큼이나 자연스럽고 열정적이었으며, 사람들(특히 여성들)로부터 사랑과 존경을 한 몸에 받은 축복 받은 예술인.

13. 재능과 열정을 겸비한 스타 시인, 로드 바이런

1788~1824. 18, 19세기 유럽의 낭만주의 사조에 가장 지대한 영향을 끼친 영국 시인. 「돈 주앙」, 「맨프레드」와 같은 걸작을 남긴 바이런은 작품 속에서 우울하지만 열정적이고, 죄책감에 꺾이지 않는 강철 같은 의지의 방랑자를 그림. 초월적인 자의식과 의지

를 소유한 이 '바이런 스타일의 영웅'은 낭만주의 시대의 가장 '모던'한 인물로, 이후 괴테, 발자크, 스탕달, 푸쉬킨, 도스토예프스키, 멜빌, 들라크루아, 베토벤, 베를리오즈 등 수많은 서구 예술가들에게 직접적인 영감을 줌. 바이런은 발이 안으로 굽은 기형으로 태어나 평생을 절름발이로 지내야 했음. 이런 장애에도 불구하고 바이런은 수영, 복싱, 펜싱, 승마 등 모든 종류의 스포츠를 섭렵했으며, 성적으로도 매우 조숙했음. 영국에서 가장 유명한 '스타' 작가였으며 보기 드물게 잘 생긴 외모를 가진 바이런은 주변에 여자가 끊이질 않았으며, 이로 인한 추문 또한 끊이질 않았음.

02

🐱 당신의 두 번째 능력 :
부자가 될 능력

1. 부자는 타고나는가?

"모두 부자 되세요."

이 말만큼 부자에 대해 무지한 말도 없을 겁니다. 부자는 상대적인 개념입니다. 다른 사람보다 돈을 더 많이 버는 사람이죠.

즉, 남들보다 더 욕심 많고, 남들보다 더 열심히 일하고, 남들보다 더 창의적이고, 남들보다 더 상황판단 잘하는 '소수의 사람'이 부자가 된다는 겁니다(집안의 재산을 물려받거나 복권에 당첨돼 저절로 부자가 된 사람들은 제외합니다).

이런 '소수의 능력'은 대개 타고납니다. '남들보다 더' 하면 된다며 방법을 아무리 가르쳐 주고 설득해도 그걸 끝까지 실천하는 사람은 극소수에 불과합니다.

그래서 아래와 같은 분포도가 그려집니다.

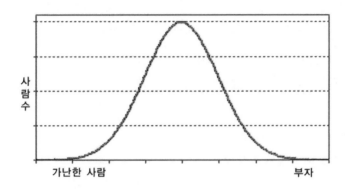

IQ 수치 같은 일종의 능력 수치라 보시면 됩니다. 고득점자일수록 그 수가 적어지는 것처럼, 부자 될 가능성이 높은 사람일수록 (즉 부자 될 능력이 강할수록) 그 수가 적어지는 것이죠.

부자가 타고나는 것은 이런 '남보다 더' 할 수 있는 능력이지 운이 아닙니다. "운칠기삼," "부자들은 운을 타고 난다," "될 사람은 뭘 해도 잘 되고, 안 될 사람은 뭘 해도 안 된다" 등의 흔히 듣는 말들은 모두 새빨간 거짓말입니다.

운은 누구에게나 동일하게 적용됩니다. 세상 누구나 주사위 6이 나올 확률은 1/6입니다. 운을 타고난 인간이라고 주사위 6이 나올 확률이 1/3로 높아지진 않습니다. 주식 시장에 눈과 귀를 가리고 돈을 투자할 때, 수익률 100% 이상의 대박이 터질 확률은 세상 누구나 똑같이 낮습니다. 운을 타고난 인간이라고 수익률 100%의 확률이 더 높아지진 않습니다.

부자들은 운 따위에 자기 인생을 걸지 않습니다. 그들이 부자가 된 가장 큰 이유는 자신의 뜻대로 좌우할 수 없는 운에 기대지 않았기 때문입니다.

운과 같은 불확실성은 부자들의 가장 큰 적입니다. 이들은 끊임없는 노력으로 불확실성을 제거하고, 오직 자신의 실력으로 좌우할 수 있는 게임에만 참여해 돈을 벌었습니다. 이는 한국의 주식시장만 보더라도 자명합니다. 한국의 정치·경제적 불안 요소가 가중될수록 외국 투자자들은 투자를 피해 돈을 빼 버립니다. 불확실성이 늘어났기 때문이죠.

옆 분포도에서 가장 높고 볼록한 부분에 속하는 절대다수의 보통 사람들이 다른 사람 따라 불확실성에 '투기'를 하는 동안, 분포도 가장 오른편에 있는 극소수의 사람들은 자기 스스로의 확실한 판단과 근거를 갖고 '투자'를 합니다. 그래야 불확실성을 줄이고 자신의 실력으로 미래를 좌우할 수 있기 때문입니다.

정주영과 워런 버핏 같은 부자들은 뭐가 달라서 그랬을까요? 타고 나서?

정주영이나 버핏도 젊은 시절 투기성 투자를 하다가 여러 번 손해 본 적이 있습니다. 이들은 이때의 실수를 다시 반복하지 않기 위해 대오각성했던 겁니다.

바로 학습 능력입니다. 과거의 실수를 학습해 성공하는 후천적 능력이죠(물론 그런 학습 능력도 유전적으로 타고나는 요인이라고 주장하면 할 말은 없습니다).

부자들의 4가지 공통점

1. 돈 맛을 안다

세상엔 돈보다 다른 가치(명예, 사랑, 화목, 예술 등)를 더 높이 사는 사람들도 많습니다. 많은 수의 사람들이 돈을 눈앞에 두고도 '체면 때문에', '인정 때문에', '귀찮고 힘들어서' 포기하곤 합니다.

부자들은 대부분 돈에 대한 욕구가 뼈 속 깊이 사무쳐 있습니다. 돈은 반드시 필요한 것이며 돈을 벌기 위해선 다른 모든 가치들을 저버릴 자세가 된 사람들이 많습니다.

극단적인 예이긴 하지만, 게티 석유 회사로 세계에서 가장 먼저 개인 재산 10억 달러를 넘어선 폴 게티는 돈 때문에 가족들과 결별하고, 갱단에 잡혀간 손자의 몸값마저 내주지 않을 정도였음.

당연한 말이지만 부자가 되기 위한 첫걸음은 무엇보다도 돈에 대한 관심입니다. 돈을 우선순위에 두지 않는 사람들은 다른 능력이 아무리 출중해도 그 능력을 '수익'에 연결시키는 데 실패하고, 결국 부자가 되지 못하는 경우가 많습니다.

세계적으로 유명한 부자들은 예외 없이 어릴 때부터 이미 돈에 깊은 관심을 보이기 시작했습니다.

세계 최고의 부자인 빌 게이츠는 어릴 때부터 돈에 관심이 많아 10대 때 이미 자신이 30세 즈음에 백만장자가 될 것으로 예견했고 (그가 젊은 시절 PC 산업계에 뛰어든 것도 그 바닥이 가장 수익률이 높을 것으로 예상했기 때문이었다), 세계에서 두 번째로 돈이 많은 투자자 워런 버핏은 6살 때 이미 할아버지 가게에서 코카콜라 6개들이 세트를 사서 이를 낱개로 팔아 5센트의 수익을 올리는 비즈니스 수완을 보였으며, 애플 컴퓨터를 창립해 억만장자가 된 스티브 잡스는 어린 시절 스테레오 라디오를 사서 헤드폰 잭을 연결해 상당한 마진으로 물건을 되팔았고, 세계 최고의 가구 회사 이케아를 설립한 잉그바르 캄프라드는 4, 5살 때부터 강에서 잡은 고기, 연필, 서류 가방, 우편엽서를 팔아 장사를 시작했습니다.

2. 주체적으로 생각하고 주체적으로 결정한다

주식에서 항상 돈을 잃는 이들은 남들 따라 몰려드는 '개미'들이며, 사업에서 항상 실패하는 사람들은 남이 성공한 사업을 그대로 따라 하는 'me-too' 초보 장사꾼들입니다("사람들 따라 가면 최소한 손해는 안 본다"는 사고를 가진 이들은 다른 사람들과 똑같이 손해를 보거나, 평생 부자 될 기회를 놓치고 살 수밖에 없습니다).

부자가 남 따라 하는 경우는 거의 없습니다. 남을 따라 하더라도 언제나 자신 나름대로의 타당한 이유를 갖습니다. '인터넷 신경제', '보라빛 소', '블루 오션' …… 이런 새로운 트렌드에 사람들이 몰려갈 동안, 부자들은 자신이 옳다고 생각하는 원칙에 충실하거나 남들이 몰리지 않는 새로운 분야를 개척합니다.

워런 버핏은 자신이 모르는 회사 주식엔 절대 투자하는 법이 없습니다. 남들이 알려준 불확실한 정보는 철저히 배제하고 자기가 직접 보고 확인한 정보로 투자를 했습니다. 아무리 주가가 급등하는 종목이 있어도 주가 상승의 납득할 만한 이유가 있지 않으면 결코 손대지 않았습니다. 이런 '주체성'의 원칙으로 그는 급락하던 회사 주식을("회사의 근본이 튼튼하다"는 이유로) 사들여 엄청난 수익을 올렸으며, 1990년대 닷컴 열풍 때도 오직 저평가된 우량 기업 주식만 구매해 닷컴 붕괴로 주식시장이 무너졌을 때 혼자 유일하게 수익을 올리는 실력을 보였습니다.

주체성이 중요한 이유는 불확실성을 제거할 수 있기 때문입니다. 누군가 "아무개 종목이 오를 테니 사라"고 말한다고 부자들은 그 종목을 사지 않습니다. 그 종목이 진짜 오를 확실한 근거가 없기 때문입니다. "주식 투자로 떼돈 번 아무개 씨도 그 종목을 샀다" 이렇게 부연해도 부자들은 사지 않습니다. 여전히 그 종목이 오른다는 건 불확실하기 때문입니다.

부자는 "그 회사가 세계적인 신기술 특허권을 가진 김 박사를 영입했다" 이 정도 근거 있는 정보를 입수했을 때 투자 결정을 합니다. 남들이 단순히 그렇다더라 하는 것보다는 수백 배 더 확실한 근거이기 때문이지요.

스스로의 확실한 판단과 근거를 갖고 '투자'를 하는 것, 이것이야말로 불확실성을 줄이고 자신의 실력으로 미래를 좌우하는, 부자가 되는 길입니다.

다른 사람의 설득으로 돈을 투자하고, 교회나 안방에서 이것이 성공하길 기도하고 있는 사람들에겐 부자 될 기회가 없습니다.

3. 지독하다

부자는 집요하고 성실합니다. 하고 싶을 때 일하고 하기 싫을 때 일하지 않는 사람이나, 체면과 겉치레, 자존심, 온정에 매달려 사는 사람들은 좀처럼 부자가 되기 어렵습니다.

대부분의 사람들은 돈을 모아야지, 뭔가를 해야지 생각을 무수히 하면서도 "내일부터, 다음 달부터, 내년부터" 이렇게 계속 미루기 마련입니다. 이렇게 대부분의 사람들이 인간 본연의 게으른 천성과 타협하는 반면, 부자들은 한번 목표를 정하면 지독하고 집요하게 밀어붙입니다.

부자들은 지독하기 때문에 수없이 많은 위기와 좌절이 닥쳐도 굴하지 않고 끝까지 살아남으려 시도합니다. 바로 그 때문에 결국 부자가 되는 것이죠.

그리고 이런 공통점 때문에 부자들은 욕을 먹기도 합니다. 목표를 집요하게 밀어붙이고 끝까지 살아남으려다 보면 때로는 비정하고 부정한 방법을 동원해야 할 때가 많기 때문입니다.

40세의 나이에 동남아시아 최고의 여성 부호가 된 린 아이렌은 자기 회사에 용접공이 필요하자 사장인 자신이 직접 용접 학원을 다닌 뒤 수년간 전문 용접공으로 활약했다고 합니다.

아시아 최고의 부자인 창장 실업 회장, 리자청은 젊은 시절 자신의 플라스틱 회사를 성공시키기 위해, 사장인 자신이 직접 이탈리아로 건너가 플라스틱 조화를 만드는 법을 몰래 훔쳐내는 대담한 산업 스파이 활동을 감행하기도 했습니다.

스티브 잡스는 12살 때 계산기를 만드는 데 필요한 부품을 얻으려고 휴렛 팩커드의 설립자 빌 휴렛의 집에 전화를 걸어, "안녕하세요, 전 스티브 잡스이고요, 12살이에요. 계산기를 만들려 하는데 부속품이 필요해서요" 이랬다고 합니다(빌 휴렛은 이 어린이의 용기에 탄복해 그와 20분이나 대화를 나누었고 결국 그가 필요한 부품을 공짜로 주었답니다).

잉그바르 캄프라드는 미성년의 나이에 사업을 하고 싶어 삼촌을 이름을 빌려 가구업체 이케아를 설립했습니다. 그리고 스웨덴의 가구 사업체들의 극심한 견제로 엄청난 위기를 맞았을 때 그는 공산국가인 폴란드에 제조공장을 세우는 방법으로 재기에 성공합니다.

스타벅스의 사장, 하워드 슐츠는 스타벅스를 세계적인 커피 체인점으로 만들기 위해 각종 부동산 매점매석 행위를 서슴지 않으며 경쟁사들을 몰락시켰습니다.

미국의 백만장자 여성 마사 스튜어트는 자신의 살림 기술로 사업을 시작한 뒤, 남편과 이혼하고 외동딸과 불화를 겪으면서까지 사업에 집요하게 매달렸습니다.

74세의 고령이면서도 아직도 현직에서 일하고 있는 미디어 제왕 루퍼트 머독. 그는 일하다가 죽는 것이 소원이라고 말할 정도로 지독한 일 벌레로 그와 30년 이상 함께 살아온 아내 애나의 "가정에도 신경 쓰라"는 요구에 이혼을 할 정도였습니다.

에르네스트 오펜하이머는 자신의 드비어스 다이아몬드 기업을 독점 기업으로 키우기 위해 아프리카의 부패 정권에 뒷돈을 대 대다수의 광산 채굴권을 독점했으며, 남아프리카 공화국에 자신만의 제국을 건설, 적대적 인수, 주가 조작, 가격 담합 등 무자비한 방법을 동원했습니다.

인류 역사상 최악의 무기 상인이라 불리는 배절 자하로프는 자신의 무기 판매를 늘리기 위해 로비 활동으로 국가 간 전쟁 위기를 조장하거나, 전쟁의 지연, 확전까지 초래했습니다.

4. 세상에 적응한다

항상 자신이 태어난 시대에, 자신이 사는 나라에 불만인 사람들이 많습니다. 이들은 항상 왕년 이야기를 하거나 해외 어느 훌륭한 복지 국가를 들먹이며 자신이 처한 환경에 대한 불만과 저주를 더해 갑니다.

이들은 현재 처한 환경에 적응력이 떨어지는 사람들입니다. 이들은 자신들이 칭송하는 다른 훌륭한 복지 국가에 가더라도 적응력이 떨어지기 마련입니다.

한 인간의 적응력은 어느 시대, 어느 장소를 가나 똑같이 적용됩니다. 한국에서 성공한 사람은 미국이나 유럽을 가도 성공하고, 한국에서 실패한 사람은 미국이나 유럽을 가도 실패할 가능성이 높습니다. 바로 환경 적응력 때문이지요.

자본주의 사회에서 부자란 결국 환경 적응력이 뛰어난 사람을 의미합니다. 이들은 자신이 처한 상황이 어떠한지 제대로 파악하고, 그 상황에 적응하는 데 최선의 노력을 기울입니다. 이들에게 명분과 이념, 자존심, 그리고 불만과 저주 따위는 환경 적응에 방해만 될 뿐입니다.

아시아 최고의 부자 리자청의 집안은 중국에서 지식인, 선비로 존경받았습니다. 그러나 전란을 피해 홍콩으로 이주한 뒤 리자청의 집안은 완전히 몰락, 자본주의 사회 밑바닥 생활을 경험해야 했습니다. 리자청은 "난 상류층 집안 출신인데"라는 자세로 세상에 맞서지 않았고, 자본주의 사회에서 적응하기 위해 각종 더러운 일들을 마다하지 않으며 끊임없이 세상을 배웠습니다.

세계 최고의 부자 빌 게이츠는 원래 부잣집 출신이었습니다. 그는 하버드 대학을 졸업하고 아버지의 후광을 입어 여생을 편하게 살 수 있었으나, 아버지의 돈이나 학위 따위는 진짜 부자가 되는 데 도움이 안 된다고 판단했습니다. 그는 컴퓨터의 시대가 오고 있음을 직감했고, 대학을 그만두고 먼지 풀풀 날리는 시골로 내려가 마이크로소프트를 설립합니다. 그는 자신의 소프트웨어 회사가 성공하기 위해선 당시 시장의 '지존'이었던 IBM에 붙어야 된다고 판단, 소스 코드 표절에, 불공정 계약에, 각종 부정한 방법에도 아랑곳하지 않고 결국 IBM과 전속 계약을 맺었습니다. 이후에도 빌 게이츠는 기술 발전 등의 명분 따위는 모두 버렸고, 오직 제품을 시장에서 성공시키고 시장 점유율을 넓히기 위해 수많은 불공정 행위를 마다하지 않았습니다.

한상복의 『한국의 부자들』에 언급된 모 증권사 지점장 출신 허유식 씨. 그는 위에 언급된 부자들의 특징을 대부분 갖춘 사람이었습니다. 그러나 주식 투자에 실패하는 바람에 한순간에 친척과 친구들의 돈까지 몽땅 날렸고, 사채에 손을 댄 뒤로 가족들이 협박을 당하는 지경까지 이릅니다. 그는 옥상 위에 올라가 자살을 시도하기도 했습니다.

그러나 "이렇게 죽나 저렇게 죽나 마찬가지"라 생각, 다시 증권사 영업직으로 새 출발을 합니다. 이곳에서 죽을 각오로 일한 끝에 빚을 모두 청산하고 증권사의 억대 인센티브 사원이 됩니다.

허 씨는 부자가 되려는 사람에게 다음과 같은 인상적인 말을 남겼습니다.

"실패 후에 재기하면서 배운 교훈이 있어요. 세상에 맞서지 말라는 것입니다. 세상과 맞서 싸우려 들면 제품에 지치게 되고 자포자기하게 됩니다. …… 세상에 쉽고 빠른 길이란 없습니다. 아니, 없다고 생각하는 편이 낫습니다. 그런 방법을 가르쳐 주겠다고 하는 사람은 사기꾼이지요."

3. 세상에 감동을 준 부자들

▶ 스티브 워즈니악

1950년 생. 최초의 상업적 PC, 애플(Apple)의 개발자이자 애플 컴퓨터(Apple Computer)의 공동 창립자. 워즈니악은 살아있는 전설로 불릴 정도의 천재 엔지니어로 최초의 통신 해킹기기를 발명했으며, 프로그램 개발, 암호 풀기, 복잡한 코드 해독 등 어디서 뭘 하든 천재성을 발휘했음. 특히 그가 만든 애플 컴퓨터는 현대 PC의 기초 설계를 창안한 역사적인 작품이었으며, 애플 컴퓨터를 세계 제일의 PC 회사로 도약시킨 원인이었음.

1980년, 애플 컴퓨터의 주식 상장으로 워즈니악은 스티브 잡스와 함께 컴퓨터 산업계 최초의 백만장자가 됨. 그러나 애플 컴퓨터 직원들 사이엔 주식이 불공평하게 분배됐다는 불만이 일었고, 이들의 불만을 잠재우기 위해 워즈니악은 자신이 갖고 있던 주식 8만 주를 상대적으로 소외된 애플 직원들에게 공평히 나누어 주었음. 워즈니악은 직원 중 애당초 워즈니악의 주식으로 이득을 보려고 작심한 사람이 있었다는 사실에도 개의치 않았음.

워즈니악은 1983년 비행기 사고로 애플의 경영직에서 물러남. 이후 박애주의자로 변신, 자선사업을 펼치기 시작함. 그는 특히 교육 사업에 열정을 보이고 있는데, 현재 아이들을 가르치는 초등학교 교사로 일하고 있음. 그는 자비를 들여 교실 학생들 모두에게 애플 노트북 컴퓨터와 인터넷 계정을 나눠주고 컴퓨터 수업을 가르침. 그는 자신이 가르치는 학생 중에 과거의 자신처럼 컴퓨터에 대한 깊은 열정을 가진 아이가 나오길 바라고 있음. 애플 컴퓨터

창업의 일등공신이자, 현대 PC 아키텍쳐의 기초를 완성한 이 천재 백만장자는 그런 아이들이 나중에 결국 세상을 바꾸는 힘이 될 것이고 이것은 초등학교 교사로서 느끼는 가장 큰 보람이 될 것이라 말함.

▶ 리자청

1928년 생. 홍콩 이름 리카싱. 14살 무일푼의 소년가장에서 아시아 최고의 부자이자 세계 5위의 거부가 된 사나이. 유서 깊은 선비 집안 출신으로 사회 밑바닥까지 굴러 떨어진 그는 악착스럽게 사는 법, 그리고 돈을 버는 법을 배웠음. 그는 엄청난 고생을 하며 밑바닥에서부터 큰돈을 벌었으나 자신이 번 돈에 '책임감'을 느끼는 몇 안 되는 부자임. 그는 돈을 벌면서 남에게 피해를 끼치지 않기 위해 부단한 노력을 기울였으며, 부자가 된 뒤에는 명목상의 사회 환원이 아닌, 실제 가난한 이들에게 도움이 되도록 자신이 발로 뛰는 기부 사업을 펼쳤음. 그는 오늘날 "사람은 우환 속에서 살아남고, 안락함에 죽는다"는 명제를 증명한 상징으로서, 그리고 "대군"이란 칭호를 듣는 가장 위대한 부자로 존경받고 있음.

▶ 유일한

1895~1971. 제약회사 유한양행의 창립자. 미국에서의 기득권을 모두 포기하고 귀국해, 의료 혜택 없이 죽어가는 조국의 동포들을 돕고자 개인의 사비로 유한양행을 설립했으며, 탁월한 경영 능력으로 최상의 제품을 생산하는 국내 최대의 제약회사를 키워냄. 종업원 지주제, 전문 경영인 도입 등 당시로서는 획기적인 기업 문

화를 만들어 냈으며, 대한민국 최초로 자신의 기업을 일체의 혈연 관계가 없는 경영인에게 물려주었을 뿐만 아니라 유언으로 자신의 전 재산을 사회에 헌납함. 생전엔 자신의 돈을 털어 교육 기관을 설립하고 자선 단체를 만드는 등 세계적으로도 유래를 찾아보기 힘든 위대한 기업가이자 박애주의자였음.

▶ 정문술

1938년 생. 중앙정보부에서 오랜 세월 공무원으로 일하다가 전두환 신군부에 의해 퇴직, 이후 "창업만이 살길이다"라고 판단해 반도체 생산설비 업체인 미래산업을 설립함. 이후 사기와 제품의 상품화 실패 등으로 큰돈을 날리고 자살까지 생각했으나 원천기술을 바탕으로 재기에 성공, 오늘날 한국 반도체 설비 업계의 독보적인 존재가 됨. 오늘날 천억 원 이상의 재산을 보유한 갑부로, 정문술 사장은 자신의 회사를 전문 경영인에게 물려주고 자신의 전 재산을 사회에 환원하기로 결정하였음.

▶ 스테판 슈미트하이니

세계적인 건설 자재 생산업체인 스위스의 에테르니트(Eternit) 사의 회장. 1984년 아버지로부터 회사를 물려받은 뒤 회사가 생산하는 건설 자재 주요 성분에 발암 물질이 있다는 사실을 알고 회사의 모든 생산 라인을 뒤엎어 발암물질 발생을 최소화했음. 그는 "선량한 자본주의자가 세상을 구할 수 있다"는 철학을 실천하기 위해 부단한 노력을 기울이고 있음. 회사를 전문 경영인에게 맡기고 자신의 재산을 다른 기업들에게 투자, 이들이 (자신의 기업처럼) 환경을 보호하고 사회적인 책임을 질 수 있도록 돕기도 함. 그는 이런 기업의 윤리경영을 지원하기 위해 벌써 4억 달러가 넘는 돈을 투자했는데, 이는 자신의 전체 재산의 1/6에 달하는 금액.

▶ 피에르 오미디아

미국의 온라인 경매 사이트 e베이의 설립자. e베이는 인터넷 사용자들이 서로 알아서 물건을 팔 수 있게 하는 '온라인 장터'로 세계에서 가장 거대한 전자상거래 사이트. e베이의 주식 상장으로 104억 달러의 개인 재산을 소유하게 된 오미디아는 회사를 전문 경영인에게 물려주고 자신은 전업 자선사업가로 활동하고 있음. 그는 아내와 함께 오미디아 네트웍을 설립, 사회의 '긍정적인 발전'을 위한 기금을 마련함. 오미디아 네트웍은 가난한 이들을 위한 기부 사업, 풀뿌리 민주주의 지원, 오픈 소스 개발, 지적 소유권 보호, 시민 언론활동 활성화 등을 지원하고 있음. 이 단체는 앞으로 총 4억 달러의 돈을 이런 사회 활동을 위해 투자할 것이라 밝혔음. 그는 또한 자신의 모교인 터프츠 대학에 1억 달러를 기부해 개발도상국의 가난한 이들이 경제적 자립을 할 수 있도록 돕는 프로그램을 마련하기도 했음.

▶ 데이브 토머스

1932~2002. 미국에서 3번째로 거대한 햄버거 체인점 웬디스(Wendy's)의 설립자. 가난한 집에 입양돼 12살 때부터 식당을 전전하며 음식을 만들기 시작, 1969년 자신의 딸의 이름을 딴 웬디스 햄버거 레스토랑을 개업함. 오늘날 웬디스는 북미 전역에 6,000개의 체인점을 거느리고 70억 달러의 매출을 기록하는 거대 기업. 억만장자가 된 토마스는 수많은 자선단체를 설립해 운영

해 왔음. 특히 자신이 어린 시절 입양됐다는 사실을 밝히고 데이브 토마스 입양 재단을 설립, 고아들의 행복한 입양을 위해 정열적으로 일해 오다 2002년 암으로 사망함. 그는 자신의 재산이나 성공 스토리는 중요하지 않다며, "사람들이 기억하는 것은 그 사람이 얼마나 좋은 사람이었는가"라고 주장해 왔음.

4. 세계에서 가장 미움 받았던 부자들

▶ 배절 자하로프

1880년대 출생으로 추정, 1936년 사망. 인류 역사상 가장 악명 높았던 무기 거래상. 1차 대전 전후 적대국 간에 분쟁을 초래해 막대한 양의 무기를 팔아 엄청난 이득을 얻었음. 적군도 아군도 국적도 없었던 그는 1차 대전에 사용된 거의 모든 탄약 공급을 독점했으며, 자신의 무기 공급으로 전황을 좌우할 수 있을 정도로 엄청난 권력을 휘둘렀음. "죽음의 상인"으로 불리며 국가 간에 전쟁을 부추기는 등 온갖 반인륜적인 행위를 저질렀으나 영국으로부터 기사 작위를 받는 등 서방 정치인으로부터 '의인' 대접을 받았음. 1차 대전 후 그의 재산은 석유 자본가 록펠러를 능가하는 것으로 평가되기도 했음.

▶ 에르네스트 오펜하이머

1880~1957. 드비어스를 세계 최강의 다이아몬드 독점 사업체로 만든 장본인. 젊은 시절 다이아몬드에 자신의 생을 바치기로 결

심, 정치 활동을 하며 남아프리카 공화국에 정치적 · 상업적 인맥을 쌓았음. 그리고 앵글로 아메리카 광산 회사를 설립해 당시 최대 다이아몬드 생산업체였던 드비어스를 인수함. 그는 이후 비열하고 비합법적인 방법을 동원해 경쟁사들을 몰락시켰으며, 아프리카의 부패 정권에 뒷돈을 대 대다수의 광산 채굴권을 독점함. 그는 남아프리카 공화국에 자신만의 제국을 건설, 정보부와 외교부를 두고, 적대적 인수, 주가 조작, 가격 담합 등 수많은 무자비한 방법으로 재산 규모를 알기 어려울 정도의 부자가 되었음.

▶ 폴 게티

1892~1976. 미국 게티 석유 회사를 설립한 기업가이자, 세계에서 가장 먼저 개인 재산 10억 달러를 넘어선 인물 중 하나. 그는 놀라운 사업 수완을 갖고 있었으나 방탕하고 탐욕스러운 행동 때문에 가족들로부터 지독한 미움을 받았음. 사유재산에 광적인 집착을 보여 유서를 21번이나 바꾸는 등 갖은 기이한 행동을 일삼았으며, 친아들의 결혼식과 장례식에도 참석하지 않았음. 유적과 예술품 수집에도 역시 광적으로 집착, 캘리포니아에 폴 게티 박물관을 설립하기도 했음.

▶ 존 데이비슨 록펠러

1839~1937. 석유 회사 스탠더드 오일을 설립, 세계 제일의 부자가 됐던 인물. 독실한 청교도 인으로 성실과 경건함을 삶의 지표로 삼았음. 그러나 그는 사업을 확장하기 위해 비열하고 지독한 방법으로 경쟁사들을 고사시켰으며, 미국 내 석유 자원을 독점해 미국 자본주의 사회에 수많은 폐해를 끼쳤음. 결국 록펠러로 인해

미국엔 반독점 금지법이 발효됐고, 스탠더드 오일은 수많은 석유 회사로 쪼개짐. 세계 제일의 부자가 된 그는 '하느님의 뜻에 의해' 막대한 재산을 사회에 환원했으며, 은퇴 후 죽을 때까지 검소하고 성실하며 경건한 농부로 살았음.

▶ 루퍼트 머독

1931년 생. 아버지가 운영하던 호주의 지방 신문사를 인수해 이것을 오늘날 전 세계 175개의 신문사, 5개 대륙에 방영되는 위성 TV 채널 등을 소유한 뉴스 코퍼레이션으로 키움. 루퍼트 머독은 20세기 폭스 사를 비롯한 헐리웃 제작사까지 소유해 전 세계 언론 미디어 콘텐트에 어마어마한 영향력을 행사하고 있음. 하지만 그는 대중성을 의식한 지나치고 노골적인 편집 방식, 극우주의적인 논조 등으로 수많은 지식 언론인, 방송·영화 관계자로부터 미움을 한 몸에 받고 있음.

5. 복권 당첨으로 패가망신한 사람들

벼락부자가 됐다가 패가망신한 일부 사례를 아래 소개합니다. 뉴욕 로스쿨의 카렌 그로스 교수는 "시기 차이가 있지만 대체로 복권 당첨자의 3분의 1 정도가 파산하는 것으로 조사됐다"고 말합니다. 부자도 자격을 갖춘 사람이 될 수 있다는 뜻일까요?

▶ 복권으로 백만장자 된 목수, 은둔형 외톨이로 죽다

2002년 영국 버밍엄 시에서 복권으로 백만장자가 된 필 키천(58) 씨가 자택 소파에서 숨진 채 발견된 일이 있었음. 1999년 목수 일을 하다 180만 파운드의 복권에 당첨된 그는 당첨 이후 거의 집밖에 나오지 않은 채 술에 탐닉해 온 알코올 중독자로, 기관지성 폐렴으로 홀로 숨져간 사실이 영국경찰에 의해 밝혀졌음.(조선일보 2003년 4월 기사)

▶ 90억 원 복권당첨자의 비참한 말로

캐나다 위니펙에 거주하는 제럴드 머스웨이건(Gerald Muswagon) 씨는 1998년 '수퍼 7' 복권 추첨에서 1,000만 달러의 당첨금을 받았음. 머스웨이건 씨는 갑작스럽게 거액을 손에 쥐었지만 무분별한 소비생활과 잇단 사업 실패, 술과 마약으로 인해 범죄의 길로 접어들었고, 당첨금을 모두 탕진한 이후에는 농장에서 일을 하는 등 어려운 생활을 하다가 결국 자신의 부모 집 차고에서 목을 매 자살했음.

▶ 9억 탕진 복권 당첨자, 절도행각 벌이다 덜미

1997년 복권에 당첨되면서 일확천금을 거머쥔 독일의 한 남성이 재산을 모두 탕진한 뒤 절도행각을 벌이다 경찰에 덜미를 잡혔다고 로이터 통신이 보도. 이 남성은 지난 2003년 재산을 모두 탕진한 후 최근까지 총 60여 차례의 절도행각을 벌여 온 것으로 밝혀졌음. 경찰 조사결과 이 남성은 복권에 당첨된 직후 다니던 회사를 그만둔 것으로 알려졌으며 2003년 가을까지 무려 76만 유로(약 9억 3,000만원)에 달하는 당첨금을 모두 써버린 것으로 밝혀졌음.

▶ 복권 때문에 원수된 어머니와 아들

미국 뉴저지주에 사는 마이클 클린지비엘 씨는 97년 복권에 당첨된 뒤 어머니와의 연이 끊겨졌음. 당첨 직후 "복권을 사는 데 매달 20달러씩을 보탠 만큼 당첨금 220만 달러 중 내 몫을 달라"는 어머니와의 분쟁이 소송으로 번졌기 때문. 2년 뒤인 99년 아들이 어머니에게 50만 달러를 지급하기로 한 합의로 소송은 끝났지만 수년 동안 대화 한마디도 없을 정도로 모자관계는 완전히 금이 가버렸음.(조선일보 2003년 4월 기사)

▶ 복권 당첨 숨기고 이혼하려 했던 아내

1997년 미국 LA의 한 40대 여인은 130만 달러짜리 복권에 당첨됐음. 하지만 그녀는 이 사실을 남편에게 숨긴 채 이혼했음. 이혼하지 않으면 남편과 절반씩 나눠야 했기 때문. 그러나 복권 회사의 우편물이 잘못 배달되면서 결국 그 사실이 들통났고, 법원은 당첨금 전액을 남편에게 넘기라고 판결했음. 결국 그 여인은 알거지가 됐음.

▶ 벼락부자가 사업하면 망한다?

자동차 수리공이었던 쿠니는 26세에 2,000만 달러(약 240억 원)의 복권에 당첨됨. 그는 벼락부자가 됐으나 종전과 같은 생활을 유지하겠다는 일념으로 계속 자동차 수리를 했음. 그러나 얼마 가지 않아 그는 자신이 일하던 자동차 판매회사를 인수하고 그의 아내도 도넛 가게 점원 생활을 그만두었음. 이 부부는 상류 사회의 단맛에 젖어 들었고, 그들이 인수한 회사는 방만한 경영으로 부실투성이 기업이 돼 갔음. 이들은 흥청망청 즐기듯이 잡다한 사업에 투자를 했고, 결국 사업체가 모두 망하면서 그 많은 돈을 모두 날린 채 빚더미에 올라 앉아 가정까지 파탄이 났음.

▶ 복권 당첨으로 살해 협박받고 살다

90년대 초 4,530만 달러의 복권에 당첨됐던 톰 티히(미 캘리포니아주) 씨 가족은 당첨 직후부터 가까운 쇼핑센터에 나갈 때도 경호원을 대동하고 있음. 신원이 알려지면서 얼굴도 모르는 친척과, 돈 때문에 절망에 빠진 낯모르는 사람들이 줄지어 집을 찾아왔고, "돈을 주지 않으면 죽여 버리겠다"는 협박 전화도 수시로 걸려왔기 때문. 티히 씨는 이후 무기를 소지한 채 생활하고 있고, 배달돼 오는 우편물도 폭발물이 있는지 일일이 검사하고 있음.(조선일보 2003년 4월 기사)

▶ 주택복권 당첨으로 폭행죄 구속

1987년 서울에서 행상을 하던 한 50대 남자가 1억짜리 주택복권에 당첨됐음. 그는 장사를 때려치우고 다른 여자들과 놀아나며, 아내에게는 생활비는 고사하고 폭행만 일삼다가 쇠고랑을 차고 말았음.

▶ 복권 당첨금 제대로 안 나누면 이렇게?

2003년 특정한 직업이 없던 김 씨는 34억 복권에 당첨됨. 당시 동거를 하고 있던 안 씨와 숨어서 살기로 하고 밀양으로 이사를 갔는데, 이곳에서 안 씨가 5억 원을 요구한 것을 김 씨가 거절, 격분한 안 씨는 김 씨를 폭행했고 이 둘은 결국 경찰서로 끌려가 입건되있음.

6. 부자가 아니면서 행복하게 살기

한상복의『한국의 부자들』에는 다음과 같은 구절이 나옵니다.

"증권사에 다니는 P씨는 매년 휴가철이면 가족과 외국 나들이를 간다. 겨울에는 거의 매주 스키를 타러 다닌다. …… P씨는 월급을 10년 넘도록 모아봐야 아파트 한 채 사기 힘든 세상이라고 말했다. 부동산 값 상승률이 임금 상승률을 훨씬 넘은 것이 이미 오래 전의 일이며, 반드시 자기 집을 가져야 하다는 것 자체가 낡은 사고라는 것이 그의 주장이었다."

P씨는 다음과 같이 주장합니다.

"미국에 자기 집 사려는 사람이 얼마나 되나? 전부 월세 얻어 살거나 장기 대부를 끼고 산다. 우리도 패러다임을 바꿔야지, 너도나도 집만 사려고 하니까 자꾸 부동산 값만 오르고 투기가 기승을 부리는 것이다. 그리고 집 사려고 허리띠 졸라매면 애들 학비는 어떡하나?"

정말 우리가 많은 재산을 모으기 위해 고통스러운 삶을 살아야 하느냐는 의문입니다. 집 사는 것만 포기해도 살아있는 동안 즐기며 살 수 있지 않느냐는 것이죠. 서양 사람들처럼 장기 부동산 대출 받아서 사는 걱정 줄이고, 휴가철 되면 모아 둔 돈 신나게 풀면서 즐기는 삶이 더 바람직할 수도 있다는 이야기입니다.

하지만 이런 '오늘을 즐기며 사는' 생활 패턴은 아직 한국 사회에 낯설기만 합니다. 한국은 아직 "내가 힘들더라도 내 자식만큼은" 식의 사고방식이 지배적인 사회입니다. 그와 더불어 '남 보란 듯 떵떵거리기' 식의 욕구도 만연된 사회이기도 합니다.

이는 한국이 오랜 식민지 지배와 전쟁을 겪으며 뼈 빠지게 가난한 삶을 영위한 탓이 가장 클 겁니다. 내가 지금 이렇게 눈물겹게 힘든데 이런 생활을 자식에게까지 대물림할 수는 없다는 절박함이라고나 할까요.

자동차는 몇 cc 이상을 사야 덜 창피하고, 집은 어느 동네 몇 평 대 무슨 아파트에 사는지 등이 중요한 한국엔 아직 자본주의와 부, 그리고 행복한 삶에 대한 뿌리 깊은 전통이 없는 것 같습니다. 기부 문화가 좀처럼 발달하지 않는 것도, 자식 교육비에 부모의 수입 대부분을 탕진하는 것도 모두 이런 것에 기인하는 듯하고요.

사실 더 크게 보면, 오늘날의 이 엄청난 부자 열풍은 자본주의 이념에 의한 환상일지도 모릅니다.

1536년 종교 개혁가 장 칼뱅은 『기독교 강요』를 발표, "부지런하고 검약한 사람들이 은총을 받을 수 있다"고 주장함. 부지런하고 성실하게 일하면 세상에서 뭔가를 이룰 수 있고 하느님의 은총을 받아 사후를 걱정할 필요가 없다는 것. 이 새로운 신앙, 즉 캘비니즘(Calvinism)은 육지에서 바다로 몇 세기에 걸쳐 퍼져 나갔고, 오늘날 자본주의 정신의 효시가 됨. 과거 억척스럽게 일해 돈을 긁어모으는 것은 상놈들이나 하는 더럽고 부끄러운 행동이었으나, 칼뱅이 등장한 뒤엔 존경받을 '성공의 지표'가 된 것.

캘비니즘은 오늘날 자본주의 한국을 지배하는 이념입니다. 늦도록 야근하는 이들을 성실하다 여기는 것도, 주식이나 부동산 시장에서 떼돈을 번 사람들이 영웅 대접을 받는 것도, 부자 키워드로 출판된 책이 수천수만 권을 넘어선 것도, 모두 우리가 캘비니즘의 신도들이라는 증거라 하겠습니다. 우리가 필요 이상의 부를 가지고, 서로의 부를 경쟁하고 과시하는 것은 '과잉'일 수 있는데도 말이죠. 어떤 삶이 더 바람직한가 판단하는 것은 여러분의 몫입니다.

∷ 어느 미국 투자가와 멕시코 어부(실화가 아닌 픽션임)

어느 미국 벤처 투자가가 멕시코의 조그만 어촌 마을을 방문했다. 마을 해변엔 조그만 배 한 척과 어부 한 사람이 있었다. 투자가는 가까이 다가가 배 안에 노란색 지느러미를 가진 참치 몇 마리가 잡혀 있는 것을 봤다.

미국인 투자가는 어부에게 아주 멋진 물고기라고 칭찬하면서 이것들을 잡는 데 얼마나 걸렸냐고 물었다.

멕시코 어부는, "얼마 안 걸렸어. 그저 잠깐"이라고 답했다.

그러자 미국인은, "왜 더 오래 배를 타면서 더 많은 고기를 잡지 않는 거죠?"라고 물었다.

"그야, 이 정도 물고기면 가족들이 당장 필요한 것들을 구할 수 있으니까." 어부는 답했다.

미국인은 다시 물었다.

"물고기 잡지 않는 다른 시간엔 뭘 하세요?"

어부는 이렇게 대답했다. "늦잠 자고, 고기 좀 잡고, 애들이랑 놀아주고, 마누라랑 낮잠 자고, 마을 어귀를 어슬렁어슬렁 걷다가 포도주 한잔 마시고, 그리고 친구들이랑 기타 치며 논다우."

그러자 미국인은 어부에게 다음과 같은 제안을 했다.

"전 텍사스 대학에서 MBA를 받은 사람입니다. 아저씨께 성공하는 법을 알려드리죠.

만일 아저씨가 고기를 잡는 데 더 많은 시간을 투자한다면 아저씨는 돈을 모아 더 큰 배를 살 수 있을 겁니다. 더 큰 배로 더 많은 고기를 잡아 배 몇 척을 더 살 수 있겠죠. 그리고 더 많아진 배로 더 많은 고기를 잡아서 이제는 고기잡이 선단을 살 수 있을 겁니다.

그리고 잡은 고기를 중간 상인에게 파는 것이 아니라 식당이나 가공 업체에 직접 내다 파는 거죠. 아니면 자신이 직접 생선 납품 업체를 운영할 수도 있고요. 결국엔 아저씨가 생선의 공급, 가공, 납품까지 모든 것을 독점 운영하는 겁니다.

이렇게 사업이 커지면 물론 아저씨는 이 조그만 마을을 벗어나 멕시코시티 같은 도시로 나가야 할 겁니다. 거기서 더 사업이 커지면 미국 LA로, 그리고 거기서 사업을 더 확장해 뉴욕까지 진출하는 겁니다. 생각해 보세요. 아저씨는 기업의 회장님이 되는 겁니다."

어부는 물었다. "그게 얼마나 걸리유?"

"한 15년에서 20년 걸리겠죠."라고 미국인이 답했다.

어부는 다음과 같이 물었다

"그런 다음엔?"

미국인은 크게 웃으며 답해 주었다.

"바로 그 다음이 아저씨 인생에 있어 최고의 날이 되는 겁니다. 아저씨는 아저씨 기업의 주식을 상장하고 주식을 팔아 엄청난 돈을 벌어들이는 겁니다. 말 그대로 백만장자가 되는 거죠."

"백만장자? 그리고, 그 다음엔?" 멕시코 어부가 다시 물었다.

"그런 다음 은퇴하는 거죠." 미국인의 마지막 대답은 다음과 같았다.

"조그만 어촌으로 내려가 늦잠 자고, 고기 좀 잡고, 애들이랑 놀아주고, 마누라랑 낮잠 자고, 마을 어귀를 어슬렁어슬렁 걷다가 포도주 한잔 마시고, 그리고 친구들이랑 기타 치며 놀면 되죠."

7. 대표적인 인물들

1. 부자를 위한 교과서 같은 존재, 워런 버핏

>>> 요약

1930년 생. 명문대 출신 엘리트였으나 월세 65달러짜리 셋방에서 신혼 생활을 시작, 이후 투자사인 버크셔 해더웨이를 설립해 기적적인 주식 투자 수익률을 올리며 세계에서 두 번째로 돈이 많은 대부호가 됨. 그는 철저하게 주가가 아닌 회사의 고유 경쟁력과 가치로 판단하는 원칙 투자로 엄청난 성공을 거두었으며, 그가 "주식을 산다"는 소문만 돌아도 그 회사의 주가가 급등할 정도로 혼자 힘으로 월스트리트를 좌지우지하는 막강한 영향력을 과시하고 있음.

>>> 사실들

1930년 대공황 시기에 주식 거래상의 둘째 아들로 출생. 어릴 때부터 숫자와 셈에 비상한 능력을 보임. 6살 때 할아버지 가게에서 코카콜라 6개들이 세트를 사서 이를 사람들에게 낱개로 팔아 5센트의 수익을 올리는 비즈니스 수완을 보였음.

11살 때 처음 주식 투자를 시작, 시티 서비스라는 회사의 주식을 38달러에 구입함. 주식은 사자마자 27달러로 떨어졌고 어린 버핏은 크게 당황함. 그러나 그는 주식이 40달러가 될 때까지 끈기 있게 기다렸다가 팔아서 이득을 얻음. 그러나 이 주식은 곧 200달러로 치솟았고, 버핏은 이때 인내야말로 투자의 가장 중요한 가치라는 것을 깨닫게 됨.

학교를 다니며 꾸준히 신문배달을 했고 고등학교를 졸업할 때까지 5천 달러를 모을 수 있었음(현재 가치로는 4만 2,000 달러 정도). 그는 이 돈으로 사업을 생각했으나 아버지의 고집으로 명문대(펜실배니아 대학의 와튼 비즈니스 스쿨)에 진학. 그러나 그는 자신이 교수들보다 더 많이 안다고 생각, 와튼 스쿨을 그만 두고 고향 오마하로 돌아와 그곳에서 학교를 마침.

역시 아버지의 고집으로 컬럼비아 대학원에 진학. 이곳에서 벤 그레이엄 교수를 만나 세계 최고 투자자의 자질을 닦음. 그레이엄 교수는 수많은 투자의 경험을 통해, "주가와는 상관없이, 오직 회사의 가치만을 보고 투자한다"는 철통같은 투자 원칙을 세운 사람. 버핏은 그레이엄 교수를 평생 자신의 사업 모델로 삼음.

버핏은 젊은 시절부터 당찬 데가 있었음. 그는 사업을 배우기 위해 어느 작은 보험회사 회장을 만나기 위해 약속도 없이 무작정 일요일 아침 기차를 타고 워싱턴 D.C.까지 달려갔음. 그러나 회사 건물의 문은 잠겨 있었고, 버핏은 끈질기게 문을 두드려 건물 관리인을 불러냄. 그리고 건물 안에 남아 있던 부사장을 찾아 4시간 동안 회사의 사업 전략에 대해 심도 있는 대화를 나눔(버핏은 이때의 대화가 자신의 사업에 엄청난 도움이 됐다고 회상함. 그는 오랜 세월 뒤 이때의 보험회사를 인수함).

대학원 졸업 후 지원했던 회사에 떨어졌고, 절망감 끝에 결국 아버지 회사에 취직함. 그리고 1952년 결혼, 한 달 65달러짜리 월세 집에 살림을 차림. 당시 이 집은 쥐가 나오는 등 허름하기 짝이 없는 최악의 주거 공간이었음. 버핏 부부는 돈을 절약하기 위해 장롱으로 침대를 만들어 쓰기도 했음.

젊은 시절 가난한 생활은 계속되었음. 그는 투자에 계속 실패를 겪었고, 적은 월급을 보충하기 위해 오마하의 야간 대학 강의를 나가기도 했음(당시 버핏은 무대 공포증이 있어 강의에 상당히 애를 먹었다고 함).

결국 버핏에겐 기회가 찾아옴. 그레이엄 교수가 버핏을 불러 함께 일하기 시작한 것. 이때 버핏은 그레이엄 교수로부터 회사의 경쟁력과 장래를 판단하는 법을 배웠고, 9,800달러를 투자해 14만 달러를 벌어들이는 첫 번째 성공을 거둠.

1956년 그는 자신의 회사, 'Buffett Associates, Ltd.'를 차리고 본격적인 투자 사업에 나섰음. 그는 친척들과 사업 파트너십 제휴를 맺어 공동 투자를 했고(물론 투자 결정은 버핏 고유의 권한이었음), Dow 주식시장에 투자해 251%라는 기록적인 수익률을 거둠. 그의 이름은 고향 오마하에 널리 알려졌고, 그가 투자하면 반드시 벌어들인다는 명제가 성립되기 시작했음.

1962년 투자 파트너가 크게 늘어 투자금이 720만 달러를 넘어섰음. 그리고 이후 10년간 1,156%라는 어마어마한 수익률은 기록함. 이는 당시 Dow 주식시장 전체의 성장 때문이기도 했으나, 이 기간 동안 Dow 주식시장의 성장률은 123%에 불과했음.

1960년대 치솟기 시작한 주식 시장에 불안을 느끼고 파트너십 관계를 청산. 그는 1965년 버크셔 해서웨이(Berkshire Hathaway)라는 섬유회사를 인수, 자신의 투자 사업의 기지로 삼음. 버핏은 버크셔에 자신의 모든 재산을 투자했고, 이로써 파트너십을 이용한 '펀드 매니저'에서 기업가로 새출발함.

버크셔는 원래 망해가는 섬유회사였으나 버핏이 인수한 뒤 세계에서 가장 강력한 투자회사로 변모함. 버핏이 주인이 된 버크셔는 10년 만에 주가가 2,600달러로 치솟았고, 1990년대엔 8만 달러까지 기록함.

버핏은 기업 가치 파악의 귀재였음. 그는 주가가 2달러까지 추락한 어느 망해가는 금융회사를 인수했는데, 당시 그는 이 회사가 잘못된 경영으로 손해를 보고 있는 것이지 사업 자체는 건강하다고 판단했음. 그의 말대로 이 금융회사는 버크셔에 인수된 뒤 구조조정을 통해 수백만 달러의 수익을 내는 알짜 금융 기업으로 변함.

1970년대 말이 되자, 버핏이 투자한다는 소문만 돌아도 그 회사의 주가가 10% 이상 뛰어오르는 현상이 빚어짐. 버크셔 해더웨이의 주가는 290달러를 넘어섰고, 버핏의 개인 재산은 1억 4,000만 달러에 달했음. 버핏은 평생 자신의 회사 주식을 단 한 장도 팔지 않았음. 다시 말해서, 그가 현금으로 들고 있는 재산은 매달 받는 5만 달러 월급밖에 없다는 것. 그의 재산은 곧 버크셔 해더웨이였고, 그가 '수익'이라고 생각하는 것은 버크셔가 벌어들이는 돈이었음.

1980년대, 미국은 주식으로 한몫 크게 잡으려는 모럴 해저드가 만연함. 이때 버핏은 '트렌드와는 반대로' 자선사업을 시작함. 버크셔의 자선사업에 동참하는 주주들에게 주당 2달러의 이익을 주는 방식으로 버핏은 수많은 돈을 자선사업에 투자함.

버핏은 코카콜라 주식에 엄청난 애착을 보였음. 1988년까지 그는 코카콜라 회사가 가진 주식의 7%를 소유했고(당시 시장가로 10억 2천만 달러에 달함), 이 주식은 3년 뒤 버크셔 회사의 전체 주가 총액보다 더 높은 가치를 갖게 됨.

1989년 버크셔의 주가는 8,000달러를 돌파했고, 버핏의 개인 자산은 38억 달러에 달함. 그리고 10년 뒤 그의 자산은 당시의 10배 이상인 400억 달러로 불어남.

1990년대 닷컴 열풍이 불면서 미 주식시장은 다시 한 번 거대 호황을 맞았으나 이번에도 버핏은 이런 호황을 외면하며 보수적인 투자를 계속함. 그는 이때의 닷컴 호황이 곧 가라앉을 것이라 예측하면서 회사 본래 가치보다 저평가된 주식만 사들였음. 1999년 닷컴 붕괴가 일어나고 수많은 기업의 주가가 곤두박질을 칠 때 버크셔의 주식만은 오히려 0.5% 오르는 기현상을 보임. 이로써 '오마하의 현인' 버핏의 이름은 다시 한 번 전 세계에 유명해짐.

그는 "내가 모르는 종목엔 투자하지 않는다"는 원칙이 있었음. 그리고 아무리 엄청나게 주가가 급등하는 종목이 있어도 결코 자신이 판단하기에 주가 상승의 정당한 이유가 있지 않으면 결코 손을 대지 않았음.

한번은 어느 CEO가 버핏과 골프를 했는데, 버핏이 2달러를 걸고 홀인원을 하면 1만 달러를 주겠다는 내기를 걸었음. 이때 버핏은 "이길 확률이 없는데 요행을 바라는 것은 투기꾼이나 할 짓이지 투자자가 할 일이 아니다"라고 답했다고. 오직 주식 투자와 기업 인수로 세계적인 부호가 된 워런 버핏. 그의 성공 비결은 "투기를 하지 않는다"는 것이었음.

2. 가족을 저버린 방탕과 탐욕의 부자, 폴 게티

>>> 요약

1892~1976. 미국 게티 석유 회사를 설립한 기업가이자, 세계에서 가장 먼저 개인 재산 10억 달러를 넘어선 인물 중 하나. 그는 놀라운 사업 수완을 갖고 있었으나 방탕하고 탐욕스러운 행동 때문에 가족들로부터 지독한 미움을 받았음. 사유재산에 광적인 집착을 보여 유서를 21번이나 바꾸는 등 갖은 기이한 행동을 일삼았으며, 친아들의 결혼식과 장례식에도 참석하지 않았음. 유적과 예술품 수집에도 역시 광적으로 집착, 캘리포니아에 폴 게티 박물관을 설립하기도 했음.

>>> 사실들

미국 미네소타에 거대한 석유 사업체를 일으킨 조지 프랭클린 게티의 아들로 출생. 1914년 버클리 대학과 옥스포드에서 학위를 땀(경제와 정치학). 대학 졸업 후 아버지의 석유 회사에 노동자로 취업, 석유 사업에 대한 경험을 쌓음.

1916년 아버지의 석유 사업을 물려받아 급속도로 재산을 불리기 시작함. 그는 사업에 상당한 수완을 보였으나, 웬만큼 돈을 벌자 방탕한 생활로 일관해 아버지의 미움을 삼. 그의 아버지는 죽기 직전까지 아들 폴이 자신이 일으킨 사업을 끝장낼 것이라 악담을 퍼부었음.

아버지의 죽음 후, 폴 게티는 어머니 사라 게티와 아버지의 유산을 놓고 극심한 분쟁을 벌임. 어머니는 아들의 투기성 사업 행위를 참을 수 없었고, 이에 대응하기 위해 자신의 이름으로 재단을 만들어 죽은 남편의 재산을 폴 게티로부터 보호함. 그러나 이 재단은 사라 게티가 죽은 후 가족 재산 분쟁의 빌미가 됨.

폴 게티는 대공황 시기에 주식 투자를 해 엄청난 돈을 벌어 들였고, 이때의 돈은 게티 오일을 수십억 달러 규모의 세계적인 에너지 사업체로 발전시키는 밑바탕이 됨. 수많은 투자와 투기를 통해 게티 오일 회사(Getty Oil Company)는 세계 8대 석유 기업으로 발돋움함(그러나 폴 게티의 사후 그의 기업은 텍사코에 인수돼 그의 비즈니스 업적은 역사 속에 사라져 버림).

이후 게티는 석유, 천연가스 같은 에너지뿐 아니라, 금광, 우라늄, 구리 같은 광물 자원, 그리고 과수원, 목축업, 목재, 재련, 농작물 산업에까지 사업을 확장해 연이어 대성공을 거둠.

능력 있는 사업가였으나, 사생활은 최악이었음. 그는 평소 록펠러나 케네디와 같은 존경받는 부자 명문가가 되고자 했으나, 게티 가문은 지속적인 분쟁과 스캔들로 세인의 손가락질을 받았음. 그는 5번씩 결혼을 하면서도 단 한 번도 자신의 부모를 결혼식에 초대하지 않았으며, 마찬가지로 자식들의 결혼식에도 단 한 번도 참석하지 못했음. 그는 심지어 자신의 막내아들이 죽었을 때도 장례식에 가지 않았음. 그는 자식들이 반항한다는 이유로 재산을 물려주지 않겠다고 협박했으며, 이런 식으로 자식들을 '협박하고 길들이기 위해' 유서를 21번이나 고쳤음.

1950년엔 영국으로 이주, 16세기에 지어진 튜더 가의 영지로 들어가 이곳에서 죽을 때까지 삶. 그는 자신의 영지 주변을 철조망으로 둘러싸고 사설 경비원들과 경찰견을 고용해 24시간 감시하도록 했음. 영국에서도 게티는 자신의 사업을 철저히 관리했음. 그는 비행 공포증이 있어 비행기는 거의 타질 못했고, 이후 사업은 영국에서만 처리함.

1957년 그의 재산은 30억 달러에 달했고(추정치), 세계에서 가장 돈이 많은 사람으로 꼽힘. 당시 그는 자서전을 써 자신이 어떻게 세계 최고의 부자가 됐는지 설명했는데, 여기서 "아버지로부터 훌륭한 사업체를 물려받았기 때문이었다"고 솔직히 밝힘.

폴 게티는 세계에서 가장 돈이 많은 사람이면서 또 세상에서 가장 지독한 구두쇠이기도 했음. 그는 집에 놀러 온 사람들이 공짜로 해외 전화를 쓴다는 이유로 유료 공중전화를 설치했으며, 소포 꾸러미에 딸려온 끈을 보관했다가 항상 재활용했고, 평생 자기 속옷은 자기 손으로 빨아 입었음.

심지어, 그는 자신의 재산을 노린 갱단이 손자를 납치해 몸값을 요구하자 이를 거절했고, 갱단이 손자의 오른쪽 귀를 잘라 보내자 그제서야 돈을 내주었을 정도였음(손자는 결국 몸값을 받고 풀려남).

그는 예술품 수집에 광적인 집착을 보여 게티 박물관을 설립하고, 30억 달러를 들여 세계 곳곳의 역사적 유물과 예술품을 사들였음. 그가 평생 수집한 예술품의 총 가격은 뉴욕 메트로폴리탄 박물관이 소장한 예술품 가치의 25배가 넘는 단연 전 세계 최고의 콜렉션이었음. 그러나 게티 박물관은 세계적 명성을 얻는 데는 실패. 진품 여부가 불확실한(가짜로 의심되는) 작품을 사들였으며, 본래 가치가 떨어지는 예술품이 많았을 뿐 아니라, 작품의 다양성에서도 형편없는 수준이라는 비판을 받았음.

3. 폐광촌 고아에서 동남아 최고 여성 부자로, 린 아이렌

>>> 요약

1960년 생. 『포브스』가 선정한 동남아시아 40대 부자 중 최연소 인물이자 유일한 여성. 부모에 의해 버려져 60대 미망인의 손에 자랐으며 폐광촌에서 가난한 유년 시절을 보냈음. 29세에 폐수 정화처리 사업을 시작, 자신이 직접 영업하고, 용접 일에 A/S까지 담당하며 단시간 내에 싱가폴 최대의 정화 처리 업체로 우뚝 섬.

>>> 사실들

말레이시아의 한 병원에서 태어나자마자 버려짐. 이후 가난한 63세의 미망인에게 입양, 다 쓰러져 가는 집에서 다른 4명의 입양아와 함께 살게 됨. 그가 살던 마을은 폐광된 탄광촌으로 극도로 가난한 빈민가였음. 그나마 있던 집도 미망인의 도박 빚 때문에 처분되고 양철로 지붕을 덮은 폐가에서 살아야 했음.

집은 비만 내리면 물바다가 될 정도로 열악하기 짝이 없었으며, 린은 살림에 보태기 위해 동네에서 장난감을 팔러 다니기도 했음. 아이렌은 자신이 "할머니"라고 불렀던 양모에게 입버릇처럼 말했음. 자신이 성공하면 꼭 큰 집을 사드릴 거라고. 하지만 이 양모는 린이 부자가 되는 것을 보지 못하고 세상을 뜸.

린은 학업을 위해 스스로 돈을 벌 수밖에 없었음. 그는 싱가포르로 가서 갖은 잡일을 마다하지 않으며 대학을 졸업(화학 학사). 졸업 후 제약업체에 취업, 높은 연봉을 받으며 직장 생활을 시작함.

1989년 직장 생활 3년 반 만에 자동차와 아파트를 팔아 1만

2,000달러로 하이플럭스(Hyflux) 설립, 2명의 직원과 함께 폐수 정화처리 시스템 판매업을 시작함.

싱가포르를 비롯한 동남아 시장에서 정화 시스템의 수요는 무척 많았으나, 이미 싱가포르에만 20개의 경쟁 업체들이 난립해 있었음. 당시 린의 회사는 정화 시스템을 만들 전문 용접기사를 고용할 형편도 되지 못했음.

린은 자신이 직접 용접 학원을 다녀 자격시험을 통과한 뒤 스스로 용접을 하기 시작했음. 그는 초기 자신의 회사에 떨어진 수주의 용접은 모두 자신이 도맡아 했음. 그는 아직도 그때의 용접이 "완벽했다"고 자랑함.

중국 본토의 정화 처리 프로젝트를 수주하면서 하이플럭스는 '구멍가게 회사'에서 기업으로 도약하기 시작함. 북경어를 구사하며 발 빠르게 움직일 수 있었던 린의 하이플럭스는 관료주의에 젖은 서양과 일본 대기업들을 앞질러 나갔음. 린은 프로젝트가 생길 때뿐만 아니라 A/S 문제가 발생할 때도 바로 다음날 자신이 직접 용접기를 들고 찾아가 문제를 해결해 주곤 했음. 중국인들은 여사장이 직접 찾아와 용접까지 해주고 가는 하이플럭스로부터 깊은 인상을 받음.

린은 사내 이메일과 메모에 긴급이나 중요 같은 단어를 쓰지 못하게 함. 무조건 모든 일을 지금 당장 처리해야 한다는 뜻이라고. 그녀의 이런 '빨리빨리' 정신은 회사 경쟁력의 핵심이 됨.

2001년 하이플럭스 주식상장. 이후 하이플럭스는 승승장구, 싱가포르의 담수화 공장을 비롯해 북경과 상해 등 20개 도시에서 프로젝트를 따냈으며, 두바이에서도 대형 규모의 수주를 계약함. 이로써 하이플럭스는 연평균 매출이 매년 55%씩 늘었으며, 창업

16년 만에 동남아시아 최대의 폐수 정화처리 업체로 발돋움함. 시가 총액은 6억 5,000만 달러.

폐광촌의 고아에서 2억 4,000만 달러의 자산을 가진 동남아 제일의 최연소 여성 부호가 된 린, 그녀는 여전히 미혼으로 개 두 마리와 홀로 살고 있음.

4. '선비정신'을 실천한 위대한 부자, 리자청

>>> 요약

1928년 생. 홍콩 이름 리카싱. 14살 무일푼의 소년가장에서 아시아 최고의 부자이자 세계 5위의 거부가 된 사나이.

유서 깊은 선비 집안 출신으로 사회 밑바닥까지 굴러 떨어진 그는 악착스럽게 사는 법, 그리고 돈을 버는 법을 배웠음. 그는 엄청난 고생을 하며 밑바닥에서부터 큰돈을 벌었으나 자신이 번 돈에 '책임감'을 느끼는 몇 안 되는 부자였음. 그는 돈을 벌면서 남에게 피해를 끼치지 않기 위해 부단한 노력을 기울였으며, 부자가 된 뒤에는 명목상의 사회 환원이 아닌, 실제 가난한 이들에게 도움이 되도록 자신이 발로 뛰는 기부 사업을 펼쳤음.

그는 오늘날 "사람은 우환 속에서 살아남고, 안락함에 죽는다"는 명제를 증명한 상징으로서, 그리고 "대군"이란 칭호를 듣는 가장 위대한 부자로 존경받고 있음.

>>> 사실들

1928년 광둥성에서 교육자의 아들로 출생. 리자청의 가족들은 중일 전쟁이 발발한 1939년 전란을 피해 홍콩으로 이주. 리자청 가족은 대대로 주변의 존경을 받는 지식인 집안이었음. 리자청 아버지는 어려운 상황에서도 좀처럼 다른 사람에게 폐를 끼치려 하지 않았고 결국 가난하게 굶주려 죽었음.

"쌀 다섯 말을 위해 허리를 굽히지 않는다"는 선비 정신은 분명 리자청의 몸속에도 살아 있었음. 그러나 14세 때 아버지가 사망한 뒤 장남인 리자청은 가족을 부양해야만 했고, 아버지가 물려준 선비의 피를 거부해야 했음. 그는 학업을 포기하고 생업에 뛰어들어 찻집 종업원, 임시직 공장 노동자, 시계줄 행상, 플라스틱 벨트 영업사원 등을 전전하며 가족을 부양함. 그는 이때부터 "남의 힘을 빌리지 않고 자립해야 한다"는 집념으로 동료들이 하루 8시간 일할 때 16시간씩 일하며 돈을 모았음.

1945년 그는 어머니의 도움으로 푼푼이 모은 7천 홍콩달러로 작은 플라스틱 공장을 열었음. 이 회사가 장강 공업공사로, 현재 리자청 기업의 핵심인 장강실업의 모태. 창업 초기 그는 행운과는 무관했다. 오로지 피땀을 흘리며 일에 매달려야 했음.

장강 공업공사는 플라스틱제 완구와 생활용품을 만들어 판매하기 시작했고, 이때의 제품들이 인기를 끌면서 1957년엔 회사 매출이 1,000만 홍콩달러를 기록함. 그러나 사실 이때까지 리자청의 플라스틱 회사는 다른 경쟁사와 다를 것이 없는 평범한 회사에 불과했음.

리자청 사업의 전환점은 1950년대 후반부터 생산하기 시작한 플라스틱 조화에 의해 마련됨. 그는 이탈리아에서 세계 최초로 플라스틱 조화가 개발됐다는 소식을 듣고 곧바로 이탈리아로 날아가, '산업 스파이' 활동을 하며 플라스틱 조화 기술을 배웠음. 비록 부정한 방법이었지만, 그가 홍콩으로 돌아와 만든 플라스틱 조화는 유럽으로 수출되면서 엄청난 매출을 올림. 이때의 플라스틱 꽃으로 리자청은 "화왕(花王)"이란 별명을 얻었고 그의 사업은 굳건한 발판을 마련해 성공가도를 달리기 시작함.

리자청은 27세의 나이에 이미 평생 먹고 살 돈을 벌어들임. 소년가장으로 밑바닥 삶을 시작한 지 13년 만이었음. 그러나 그는 자신이 벌어들인 돈에 '책임감'을 느낌. 자신이 어렸을 때 어려웠던 것처럼 그런 어려운 사람을 돕는 게 의무라는 것을 깨닫고 사업에 더욱 몰두함.

1958년 홍콩 섬의 토지를 매입, 부동산업에 뛰어듦. 그는 폭동 때 값이 폭락한 부동산을 대거 사들여 막대한 이익을 취함. 그리고 1972년 홍콩 주식시장이 호황기를 맞자 장강 공업공사를 상장, 주식시장을 통해 조성한 자금을 다시 부동산 투자에 쏟아부음. 홍콩의 경제가 급성장하고 개발붐이 불면서 땅값은 크게 상승했고, 장강 기업의 자산은 기하급수적으로 불어남.

1979년 홍콩 상하이 은행그룹의 허치슨 왐포아 그룹 주식을 매입해 대주주가 되면서 리자청은 제조, 부동산, 그리고 금융계의 큰손으로 부상함. 이어 사업을 해외로 확대, 1986년 캐나다의 허스키 석유 주식의 경영권을 장악, 이후 에어 캐나다를 인수하고 유럽의 통신사업에도 뛰어듦. 리자청은 사업범위를 항만, 창고, 유통, 통신 분야로 다각화했고 사업지역도 아시아에서 북미주, 유럽, 호주 등 전 세계로 확장했음. 중국에도 베이징의 장안가에 동방광장이란 거대한 건물을 짓는 등 투자를 늘리고 있음.

리자청은 창장(長江) 그룹을 설립, 허치슨 왐포아, 창장 실업, 홍콩 텔레콤, 홍콩전력 등 460여 개 회사와 세계 42개국에 18만 명의 종업원을 둔 총 자산규모 600억 달러의 세계적인 기업가가 됨. 2000년 『포브스』는 리자청 일가의 재산이 91억 달러로 아시아 최고의 거부가 됐다고 공식 보도함.

그의 어마어마한 부는 이미 언론을 통해 널리 알려진 바임. "홍콩 사람이 1달러를 쓰면 그 중 5센트는 리자청의 호주머니에 들어간다"는 말이 나올 정도로, 홍콩 상장기업의 4분의 1은 리자청의 소유이며 전 세계 컨테이너 물동량의 10%를 처리하고 있음.

리자청은 수없이 많은 인터뷰에서 "성공을 위해 수단과 방법을 가리지 말아야 한다는 말에 절대로 동의하지 않는다"고 말함. 그는 수백 개의 사업체를 인수하거나 직접 설립하면서도 불법 로비 등으로 강압이나 협박을 한 적이 없었음. 그는 항상 우호적인 타협으로 사업을 일으켰으며, 국가에 해가 될 만한 사업엔 일체 손을 대지 않았음. 이는 해외 사업에서도 마찬가지. 그가 카리브해 연안의 한 국가에서 건설 사업을 성공적으로 마치자 그 나라의 총리가 감사의 뜻에서 리자청에게 카지노 사업권을 넘겼음. 이때 리자청은 자신은 도박 사업은 하지 않는다며 호텔 근처에 별도의 건물을 지어 다른 사람이 카지노를 운영하도록 했음.

그는 세계에서 가장 많은 돈을 사회에 환원하는 기업가 중 하나임. 1980년 '리자청 기금회'를 설립한 그는 이 자선단체를 "자신의 3번째 아들"이라 공공연하게 말할 만큼 엄청난 애착을 보임. 그는 이곳에 78억 홍콩달러(1조 원)가 넘는 돈을 기부했음. 이 기부금은 70% 이상 리자청의 개인 재산에서 끌어온 것이며, 이 돈으로 그는 중국에 대학들을 세우고 장애인, 소년가장, 재해민을 돕기 위한 사업을 벌이고 있음.

2004년 동남아시아에 지신 해일 참사가 일어났을 때 한국 정부는 지원금을 300만 달러로 하기로 결정했으나, 리자청 개인이 310만 달러를 냈다는 이야기를 듣고 500만 달러로 금액을 올린 적도 있었음.

123억 달러라는 엄청난 개인 재산을 갖고 있으면서도 그는 소년 가장 시절에 몸에 밴 검소한 생활을 아직도 유지하고 있음. 그의 한화 5만 원짜리 구두는 이곳저곳 깁고 창을 갈며 끈질기게 오래 신고 있으며, 그의 2만 원대 시계는 늘 10분 빠른 시각을 알려주고 있음. 그가 쓰는 유일한 '명품'은 손님들을 대접하기 위해 구입한 롤스로이스 자동차 하나인데, 이 자동차는 30년째 타고 다니고 있음.

그는 20년째 5,000홍콩달러(약70만 원)의 똑같은 월급을 받고 있으며, 술, 담배, 도박, 사교춤 등은 아예 하지 않음. 창장 그룹 관계자에 따르면 "리 회장은 아직도 직원들과 회사 식당에서 식사하고, 공장에서 근로자들이 먹는 도시락을 먹는 것을 큰 즐거움으로 삼고 있다"고. 중국인들은 그를 "대군(大君)"이라 부르며 존경해 마지않음.

5. 스타벅스를 만든 경쟁의 귀재, 하워드 슐츠

>>> 요약

1953년 생. 뉴욕 빈민가에서 자라 세계 제일의 커피 체인점 스타벅스를 세운 입지전적인 인물. 그는 맛있는 커피를 만들기 위해, '감동적인 기업'을 만들기 위해 부단한 노력을 기울여 스타벅스를 국민적인 사랑을 받는 기업으로 키워냈음. 그러나 막대한 자금을 바탕으로 가혹할 정도로 경쟁사들을 짓밟았으며, 퇴직 근로자들에 의해 '노동착취' 소송에 걸리기도 했음.

>>> 사실들

1953년 뉴욕 빈민가 출생. 기저귀 배달 등 열악한 직업을 전전
하던 아버지가 뼈가 부러지면서 생계의 위협을 받음. 다행히 축구
에 소질이 있어 노스 미시간 대학에 축구 장학생으로 입학함.

그러나 그는 대학 때 축구 경기에 발탁되지 못하고 후보 선수
로 전전하다가 공부 쪽으로 선회, 마케팅과 커뮤니케이션을 공부
함. 졸업 후 제록스 등 여러 회사의 영업 사원으로 일하다가 가정
용품 회사인 해머플라스트(Hammarplast)에 취직함. 이곳에서
능력을 인정 받아 미국 판매 매니저의 자리에 오름.

당시 그는 시애틀에 4개의 점포를 소유한 작은 커피 판매점 스
타벅스를 눈 여겨 봄. 스타벅스는 시애틀에서 가장 맛있는 커피를
만든다고 소문이 나 있었고, 슐츠는 이 회사의 성장 가능성을 직
감, 이곳에 매니저로 취직함.

출장으로 이탈리아를 방문했다가 노상 카페에서 사람들이 행
복하게 커피를 마시며 노니는 장면을 보고, '레스토랑 개념을 도
입한 이탈리아식 커피 전문점'이라는 사업 아이디어를 얻음. 스타
벅스로 돌아와 사장에게 전국 규모의 커피 레스토랑 체인 사업 계
획을 말했으나, 당시 스타벅스 사장은 훌륭한 품질의 커피에만 관
심이 있을 뿐 사업 확장엔 관심이 없었음.

스타벅스를 그만두고 1985년 일지오날레라는 커피 체인점을
설립, 그는 스타벅스를 자신의 소유로 만들기 위해 저돌적인 투자
유치를 벌였고, 결국 1987년 380만 달러에 스타벅스를 인수함.

슐츠는 스타벅스의 회사명과 대부분의 직원을 그대로 채용하

면서 특유의 '감상주의 경영 기법'을 도입함. 그는 '존경받는 회사', '영혼이 있는 회사'를 건설하자고 주창함. 그는 자신의 아버지가 과거 열악한 환경에서 일을 하며 수도 없이 해고된 것을 반면교사로 삼았고, 일자리 보장과 높은 임금, 양질의 건강 보험, 그리고 스톡옵션까지 제공하면서 스타벅스의 기업 이미지를 크게 향상시켰음.

'사회적인 책임의식이 있는' 기업으로 발돋움한 스타벅스는 공격적인 점포 확장으로 대성공을 거둠. 무조건 시내 번화가의 코너와 대형 사무실 빌딩 지하에 점포를 열었으며, 매장의 인지도를 높이기 위해 아예 매장을 두 개 이상 나란히, 혹은 마주 보도록 개점하기도 했음.

스타벅스의 진짜 경쟁력은 '경쟁사 죽이기'에 있었음. 스타벅스는 단골손님이 많은 경쟁 커피 업체들을 인수했음. 그리고 목이 좋은 빌딩 지역을 차지하기 위해 임대료를 정상 가격 이상으로(거의 2배까지) 지불해 같은 빌딩의 경쟁사들이 폐업하게 만들었음. 심지어 스타벅스 매장이 빠져 나간 뒤에도 그 자리에 경쟁 커피 업체가 들어오지 못하게 하려고 계속 그 자리에 임대료를 지불하기도 했음. 또한 스타벅스 스타일을 모방한 경쟁사 점포를 고발해 경쟁의 싹을 말리기도.

이런 스타벅스의 '부동산 독점 전략'은 엄청난 성공을 거두었음. 스타벅스 인수 4년 만에 매장 수가 100개 이상으로 늘었고, 1995년엔 627개의 전국 매장을 바탕으로 유럽과 아시아 등지에 사업을 확장했음. 오늘날 스타벅스는 전 세계에 6,000개 가까운 매장을 확보하게 됨. 슐츠의 목표는 2만 개의 매장 오픈이라고 함.

1992년 나스닥에 상장된 스타벅스는 엄청난 돈을 벌어들였고

2000년대 슐츠의 개인 재산은 7억 달러를 넘어섰음. 그는 2000년 스타벅스 이사회 회장으로 물러나 억만장자의 인생을 즐기고 있음. 여행을 하거나 외국에서 아메리칸 드림을 실현하는 방법에 대해 강연도 하고 있으며, 농구를 좋아해 시애틀의 NBA팀 슈퍼소닉스를 인수하기도 했음.

그는 현재의 성공에 만족하지 않는 사업가로, 인터넷과 휴대폰을 이용한 사업 확장에 나서는 등 여전히 스타벅스의 영향력 확대에 부심하고 있음. 그는 "브랜드는 부서지기 쉬운 것"이라며 스타벅스의 브랜드가 결코 미래의 성공을 보장해 주지 못한다고 믿음.

6. 가정을 소홀히 한 '살림 억만장자', 마사 스튜어트

>>> 요약

1941년 생. 살림 하나로 미국에서 가장 돈 많은 여성 중 하나가 된 입지전적 인물. 기본적으로 마사 스튜어트는 뭐든 손만 대면 성공을 거두는 출중한 재능을 지닌 여성. 그는 어린 시절 교육 받았던 요리, 뜨개질, 장식 등 살림의 지식을 사업적으로 이용했고, 이것이 전국적인 유명세를 타면서 TV 출연, 출판 등으로 억만장자가 됨. 그러나 이렇게 억만장자가 되는 동안 정작 자기 '가정 살림'은 돌보지 않아 가정이 깨어지고 외동딸과 불화를 겪는 등 모순된 모습을 보이기도 했음.

>>> 사실들

1941년 미국 뉴저지의 폴란드계 이민 가정에서 태어남. 1남 4

녀의 극도로 성실하고 보수적인 중산층 가정에서 태어난 마사는 어린 시절부터 요리에서 바느질까지 살림과 관련된 모든 것에 '전문가 수준'의 교육을 받았음. 그녀의 집안 어른들은 '가내 수공'에 대해선 거의 전문적인 지식을 갖고 있었음. 아버지는 전문적인 정원 가꾸기 기술을 갖고 있었고, 조부모는 요리 및 음식 보관에 일가견이 있었음. 이들의 전문성을 마사가 고스란히 물려받은 것.

마사는 학창시절 공부 벌레였음. 과외 활동은 거의 하지 않은 채 공부에만 몰두, 바나드 칼리지의 장학생으로 입학함(역사학). 그녀는 고운 외모 덕에 대학 시절 모델로도 활동했는데, 모델 활동이 상당히 성공적이어서 여러 TV 광고에 출연하기도 했음.

대학 졸업 후 앤디 스튜어트와 결혼, 딸 알렉시를 낳음. 결혼 후엔 증권 중개인으로 일하면서 수완을 발휘, 큰돈을 벌어들임.

그러나 마사의 증권 중개 비즈니스는 1970년대 석유 파동을 맞으며 끝나고, 이후 남편과 함께 코네티컷의 오래된 농가를 매입, 이 집을 멋진 현대식 가정집으로 탈바꿈시킴. 이때 마사는 자신의 묻어 두었던 오래된 재능을 유감없이 발휘했고, 이 재능을 사업적으로 이용하기로 마음먹음.

자신의 집 지하를 요리실과 사무소로 만들어 출장 음식 서비스 사업을 시작함. 지역 신문에 결혼식 출장 음식 전문이란 광고를 냈고, 그녀의 음식 솜씨와 사업 수완에 반한 동네 아주머니들의 입소문으로 마사는 순식간에 지역 유명인사가 됨. 그녀는 출장 요리 사업에 대한 책까지 출간함.

이 책이 전국적인 히트를 치면서 그녀는 출장 요리 외에 다른 살림으로 활동을 펼치기 시작함. 요리, 집안 가꾸기, 육아, 바느질, 다림질 등, 마사의 손이 닿는 살림은 뭐든 최고로 변했음. 길가의 들꽃 몇 송이로 식탁을 환상적으로 만드는 모습은 거의 신의 경지였음. 주부들은 열광했고 마사는 더 많은 책을 출간했으며 신문에 칼럼도 기고했음. 그리고 K마트의 모델로 활동하며 그녀는 전국적인 아줌마 스타로 급부상함.

이런 성공 가도는 그녀의 결혼 생활에 치명적 상처를 남김. 사업에 억척스러울 정도로 열을 올리는 동안 정작 자신의 가정에는 소홀했던 것. 그녀는 1990년 남편 앤디와 이혼함. 더 아이러니한 것은, 바로 이날 마사가 행복한 결혼 생활에 관해 쓴 책이 출간됐다는 것.

그리고 몇 년 뒤, 마사는 잡지와 토크 쇼에 몇 번 등장하더니 결국 오늘날 그 유명한 '마사 스튜어트 리빙(Martha Stewart Living)'이라는 TV 시리즈의 쇼 호스트로 발탁됨. 환상적인 손재주와 고운 외모, 그리고 차분한 말솜씨로 마사 스튜어트 리빙은 미국 아주머니들의 최고 인기 프로그램으로 급부상함. 이에 그녀의 책과 비디오 등도 덩달아 베스트셀러를 기록함.

1997년 마사는 자신이 벌인 다양한 사업을 관리하기 위해 '마사 스튜어드 리빙 옴니미디어(Martha Stewart Living Omnimedia)'라는 회사를 설립함. 1999년 마사 스튜어트 리빙 옴니미디어는 뉴욕 증시에 상장돼 시가총액 10억 달러(약 1조 2천억 원)의 초대형 기업으로 성장했고, 이로써 마사는 여러 개의 잡지와 TV 프로그램, 웹사이트를 소유한 백만장자 기업가로 우뚝 섰음.

2002년, 생명공학 업체의 주식을 내부자 정보로 매매해 부당 이득을 취한 혐의로 고발됨. 사실 마사는 그 회사 주식을 팔아야 한다는 전화를 받고 아무 생각 없이 주식을 판 것인데(이것으로 번 수익은 고작 4만 5,000달러에 불과했음), 문제는 검찰과 판사 앞에서 거짓말을 했다는 것이었음. 그녀는 내부자로부터 전화를 받았다는 혐의를 전면 부인했고, 이에 증권사기죄와 사법방해 혐의까지 추가되면서 2004년 결국 유죄 판결을 받음.

이 일은 마사 스튜어트의 편집증적인 완벽주의에서 비롯된 것이란 비난이 많았음. 전화 받은 사실을 시인하고 잘못을 인정했으면 벌금형에 그칠 수 있었으나 그녀는 자신의 '완벽한 이미지'가 망가질 것을 우려, 끝까지 거짓말을 하다 결국 죄수복을 입었음. 이와 함께 그녀의 평소 편집증에 가까웠던 일에 대한 집착, 이혼, 그리고 외동딸과의 갈등 등 자수성가한 백만장자 여성의 어두운 모습도 함께 폭로되었음.

그러나 수개월간 감옥살이를 하고 나온 마사 스튜어트는 현재 동정 여론으로 더 많은 인기를 얻고 있음. 그녀는 도널드 트럼프가 진행하는 '어프런티스(apprentice)'의 확장 버전에까지 출연하며 또 다시 전성기를 구가하고 있음.

7. 너그럽고 진솔했던, 그리고 잔인했던 부자, 카네기

>>> 요약

1835~1919. 슬럼가 출신의 노동자에서 세계 최고의 철강 회사를 키워낸 인물. 그의 회사는 성장기에 노동 파업을 진압하면서 10명이나 되는 노동자들을 죽이는 참극을 빚었음. 노동운동의 가혹한 탄압 뒤 회사는 기적적인 성장을 이뤘고, 과거 과실에 대한 책임감 때문이었는지 카네기는 사상 유례 없는 양의 돈을 (사실상 그의 전 재산) 사회에 기부해 "위대한 부자"의 칭호를 들음.

1835년 스코틀랜드 출생. 아버지는 가난한 직공으로 급진적인 좌파 성향의 정치색을 띤 인물. 그러나 카네기는 아버지의 정치적인 이념보다는 지긋지긋한 가난에서 벗어나 돈을 버는 데 더 관심이 많았음.

1848년 가족이 미국으로 이주, 피츠버그의 슬럼가에 정착함. 그는 13살의 나이에 섬유 기계공으로 취직해 1.2달러의 주급을 받음. 이어 증기기관 관리자, 전신 회사(웨스턴 유니언) 직원 등으로 일하며 사회 경험을 쌓음. 부지런한 데다 영특해 전신 오퍼레이터로 승진했고, 이후 펜실베이니아 철도회사에 취업함. 당시 철도 고위 관리인이었던 토마스 스콧의 눈에 들어 그의 비서로 일하게 됨. 미국 남북전쟁이 일어난 와중에도 스콧은 카네기를 데리고 다니면서 그에게 일거리를 주었고, 사업의 많은 것을 가르쳐 주었음. 그리고 전쟁 후 자신의 철도 관리인 직을 카네기에게 물려줌.

카네기는 토마스 스콧으로부터 주식을 처음 받았을 때 굉장한 충격을 받음. 지금까지는 월급으로 일한 만큼만 벌 수 있다고 생각했으나, 주식을 소유하면 순식간에 재산을 불릴 수 있다는 것을 깨닫게 되었던 것. 카네기는 회사의 주식이야말로 '황금알을 낳는 거위'라고 판단, 자신이 스스로 회사를 운영해 돈을 벌기로 마음먹음.

철도 관리인이라는 안정되고 높은 수입의 직장에서 일하면서 카네기는 받은 월급을 여러 '벤처' 회사에 투자했고, 이로 상당한 수익을 얻음. 이때 주식 투자로 번 돈은 사업의 밑천이 됨.

1865년 직장을 그만두고 자신의 사업을 시작함. 그는 사업 전에 수시로 영국을 방문해 철강 산업의 엄청난 성상을 목격함. 그는 현대 산업이 기존의 철 기반에서 강철 기반으로 넘어간다는 사실을 간파, 영국 기술자인 베서머로부터 최신식 용광로를 구매하고 본격적인 강철 제조 사업을 시작함.

전쟁 뒤 미국은 철의 수요가 급증했음. 영국 역시 철도 산업이 붐을 맞으면서 철강의 수요가 전례 없이 치솟았음. 때를 만난 강철 산업의 호황으로 카네기의 사업은 승승장구, 어느새 수백만 달러가 넘는 돈을 벌어들임.

1889년 『노스 아메리칸 리뷰』라는 잡지에 글을 기고, 여기서 카네기는 부자는 자신의 돈을 사회를 위해 사용하는 것이 의무라고 주장함. 이때 그는 "부자가 돼 죽는 것은 망신이다"라는 유명한 말을 남김.

1889년 오랜 동업자인 헨리 프릭에게 회사의 사장직을 물려주고 자신은 뉴욕에서 연구 개발직에 종사함. 프릭은 1892년 미국 전역에 흩어져 있던 생산라인을 규합해 카네기 철강 회사로 통합함. 이로써 카네기 철강은 2,500만 달러 규모의 세계에서 가장 거대한 철강 회사로 거듭나게 됨.

그러나 회사의 이익을 늘리는 데 혈안이 된 프릭은 1892년 대규모 노동자 파업이 일어났을 때 300여 명의 파업 저지대를 조직, 시위자들을 무차별 폭행하며 파업을 무력화시켰음. 이때의 난동으로 10명이 죽고 60명이 부상하는 참극이 벌어졌으며, 주지사의 명령으로 군대까지 동원해 진압되는 광경이 연출됐음. 이런 불상사까지 빚으며 카네기 철강은 노조를 결국 해산시켜 버렸음.

이런 가혹한 노동 탄압 뒤 카네기 철강은 기적적인 급성장을 기록함. 1900년 강철 생산량은 10배가 넘게 증가했으며, 매출은 20배 이상 올랐음. 당시 카네기 철강이 생산하는 강철의 양은 영국 전체에서 생산되는 강철의 양보다도 많았음.

1901년 동업자였던 프릭이 JP 모건으로 옮기자, 카네기는 자신의 철강 회사를 JP 모건에 5억 달러에 매각함(JP 모건은 카네기 철강을 인수함으로써 14억 달러 규모의 세계 최대 철강 회사 US 스틸 코퍼레이션을 설립함). 이로써 카네기는 기업가에서 은퇴하고 2억 2,500만 달러의 현금을 소유한 미국 최대의 부자가 됨(오늘날 돈으로 환산하면 약 45억 달러).

카네기는 이 돈으로 인류 발전을 위한 기금을 운영함. 그는 미국과 영국에 총 3,000개의 도서관을 지었으며, 미국 과학 발전을 위해 카네기 과학 연구원과 기술원을 잇달아 설립함(이때의 연구소는 이후 미국의 명문 공과대인 카네기-멜론 대학의 모태가 됨). 또한 각종 문화 예술 분야에 거액을 돈을 쾌척했으며, 전쟁을 예방하기 위한 세계 평화를 위한 기금(Endowment for International Peace)도 설립함.

1919년 사망하면서 자신의 재산 3억 5,000만 달러를 사회에 한꺼번에 환원했고, 나머지 1억 2,500만 달러는 카네기재단에 기탁해 사회 복지를 위해 쓰도록 유언했음.

너그럽고 진솔하고 순진무구한 이미지로 널리 알려져 있으면서도, 한편으론 냉정하고 잔인한 성격의 인물이었음. 그는 자신을 노동자 계급의 영웅으로 치장했으면서도, 정작 자신의 회사에서 일하는 노동자들은 철저히 탄압했음. 세계에서 가장 돈이 많은 사람이자, 가장 많은 기부를 하는 박애주의자였으면서도 정작 자신을 부자로 만들어준 회사 직원들의 월급은 가혹하게 삭감했음.

>>> 요약

1938년 생. 중앙정보부에서 오랜 세월 공무원으로 일하다가
전두환 신군부에 의해 퇴직, 이후 "창업만이 살길이다"라고 판단
해 반도체 생산설비 업체인 미래산업을 설립함. 이후 사기와 제품
의 상품화 실패 등으로 큰돈을 날리고 자살까지 생각했으나 원천
기술을 바탕으로 재기에 성공, 오늘날 한국 반도체 설비 업계의 독
보적인 존재가 됨. 오늘날 천억 원 이상의 재산을 보유한 갑부로,
정문술 사장은 자신의 회사를 전문 경영인에게 물려주고 자신의
전 재산을 사회에 환원하기로 결정하였음.

>>> 사실들

1938년 전북 임실 출생. 1957년 익산 남성고 졸업 뒤 군 입대,
1961년 육군하사 제대 후 중앙정보부 인사과에 근무. 1964년 원광
대 종교철학과 졸업 뒤 다시 중앙정보부에 근무. 이곳에서 고위 공
무원(3급)을 역임하나 전두환 신군부의 쿠데타로 강제퇴직 당함.

이후 창업밖에 길이 없다고 판단, 1983년 45세의 나이에 미래
산업 설립. 그는 "21세기 미래산업……"하는 신문 제목에서 회사
의 이름을 따왔고, 사업 아이템도 고심 끝에 첨단 업종인 반도체를
선택함.

다른 제품을 모방하고 나중에 기술을 배우는 회사가 아니라,
먼저 기술을 확보한 뒤에 고품질의 제품을 만들겠다고 결심함. 그
리고 스스로 반도체를 만들어 다른 대기업들과 경쟁하는 것보다는

반도체를 생산하기 위한 설비를 만드는 것이 낫다고 판단, 남들이 생각지 못한 '비주류' 시장으로 진출함(사실상 이때의 미래산업은 대한민국에서 가장 먼저, 가장 크게 성공한 벤처 사업체였음).

정 사장은 일본 반도체 회사에서 은퇴한 기술자를 초청해 당시로서는 파격적인 임금인 월 2백만 원씩 주며 기술을 익힘. 이렇게 반도체 조립장비 '리드프레임 매거진'을 생산해 1년 만에 국내시장을 독차지했음.

다음에 도전한 것은 반도체 웨이퍼를 자동으로 검사하는 장치. 벌어 놓았던 3억 원을 쏟아 붓고 신용보증기금 등에서 7억 5,000만 원을 빌림. 이렇게 10억을 조달했는데도 모자라 집안의 패물 등을 처분하고 처남 집을 담보로 빌렸으며, 조카의 돈까지 꾸어다 썼음.

그렇게 기술 개발에는 성공했으나 상품화에는 실패함. 누구도 느리기 짝이 없는 반도체 웨이퍼 자동 검사기를 사려 하지 않았음. 덕분에 온 일가친척의 재산이 날아가 버렸고, 정 사장은 자살하기 위해 약을 사 모았음. 그러나 그는 "나를 믿고 돈을 빌려준 사람들을 위해서라도 죽을 수 없다"고 마음을 고쳐먹었음.

상품화에는 실패했지만 기술은 남아 있다는 점에 착안, 그 기술을 가지고 팔릴 만한 다른 제품을 만들기로 결심함. 결국 이런 생각으로 만들어 낸 상품이 '테스트용 핸들러'. 이 제품이 국내시장을 석권하면서 정 회장은 재기함. 그는 "그때 이후 사업의 결정적인 무기는 기술이라는 점을 늘 잊지 않았다"고 말함.

이후 한국뿐 아니라 전 세계 반도체 수요가 급증하면서 미래산업은 한국 반도체 설비 업체의 독보적인 존재가 됐고, 사업 시작 13년 만에 매출 454억 원, 순이익 130억 원(1996년 기준)의 대기업으로 성장함.

미래산업은 한국에서 손꼽히는 우량 기업임. 이 회사의 공식
부채비율은 4.5%인데, 이 비율도 직원들에게 매월 말 주는 봉급을
부채로 계산하기 때문에 발생한 것이며 실제로는 0%. 1997년과
1998년 두 해 연속 한국능률협회 최우량 기업으로 선정됐으며,
1999년엔 인터넷 사업에 진출, 라이코스 코리아 대표로 활동하며
다시 한 번 언론의 주목을 받음.

현재 정 사장과 가족들이 보유한 미래산업 주식은 6만 주 가
량. 이 주식만으로 재산을 따져도 정 사장 가족의 재산은 1,800억
원이 넘음.

정 사장은 "남들이 미처 생각하지 못한 사업에 뛰어들어 차곡
차곡 기술을 쌓은 것이 주효했다"고 말함. 그의 또 다른 성공비결
은 순수한 사업가 정신. 그는 연구개발에 몰두하는 엔지니어들에
게 매일 12시 넘어 통닭을 사다 나르며 밤늦게 근무하곤 했는데,
아직도 이때가 가장 행복했다고 회고한다고.

그는 철저하게, 고지식할 정도로 실용주의 경영을 하는 인물
임. 미래산업의 핵심 엔지니어는 전부 고졸 출신이며, 회사가 아무
리 커져도 사장 위에 회장 자리를 두지 않아 자신은 항상 사장에
머물러 있었음. 비용 절감을 위해 비서를 두지 않아 미국 비자가
만료된 것도 모르고 공항에 나갔다가 되돌아 온 적도 있었음. 대신
"매출액의 2%를 직원 교육비로 쓰는 것이 원칙"이라며 사원복지
에는 상당한 투자를 함.

그는 기업의 내실 있는 경영을 위해 자선 사업에는 별 관심을
두지 않음. 그의 철학은 자선 사업보다 미래산업을 내실 있는 세계
적 기업으로 키우는 것이 훨씬 바람직하다는 것.

2001년 회사의 모든 것을 전문 경영인들에게 맡긴 채 전격은
퇴를 선언함. 그는 미래산업의 주인은 전 직원이라는 이념으로 자
식에게 회사를 물려주지 않겠다고 선언함.

9. 세계에서 가장 미움 받는 부자 중 한 명, 루퍼트 머독

>>> 요약

1931년 생. 아버지가 운영하던 호주의 지방 신문사를 인수해
이것을 오늘날 전 세계 175개의 신문사, 5개 대륙에 방영되는 위
성 TV 채널 등을 소유한 뉴스 코퍼레이션으로 키운 인물. 루퍼트
머독은 20세기 폭스 사를 비롯한 헐리웃 제작사까지 소유해 전 세
계 언론 미디어 콘텐트에 어마어마한 영향력을 행사하고 있음. 하
지만 그는 대중성을 의식한 지나치고 노골적인 편집 방식, 극우주
의적인 논조 등으로 수많은 지식 언론인, 방송 · 영화 관계자로부
터 미움을 한 몸에 받고 있음.

>>> 사실들

1931년 호주 출생. 아버지는 유명한 언론인으로 멜버른에서 거
대한 언론사를 운영하고 있었고, 그의 가족은 대대로 잘 사는 귀족
층 집안이었음.

어린 시절부터 타인과 어울리기보다는 혼자 놀기를 좋아했음.
학교 성적이 뛰어나 영국으로 유학, 옥스포드 대학을 졸업함. 그러
나 22살에 아버지의 죽음으로 호주로 돌아와 아버지의 사업을 인
계 받음.

아버지가 운영하던 아델라이드 신문사는 원래 점잖은 논조의 그저 그런 독자층을 가진 그저 그런 지방 언론이었음(사실 그 당시의 거의 모든 영문 신문들은 그와 비슷한 모습이었음). 루퍼트 머독은 아델라이드의 경영권을 갖자마자 편집 논조를 180도 바꾸고 '대중성'을 확보함. 이때부터 루퍼트 머독 특유의 자극적 편집 방식이 사람들의 관심을 끌기 시작함.

그는 곧 자신의 언론 사업을 호주 전역으로 확장, 호주 최초로 전국에서 발행되는 일간지인 『오스트레일리안(Australian)』을 비롯해 여러 신문사와 방송국을 설립함.

머독의 자극적인 편집 방식은 수많은 사람들의 비난의 대상이 되었지만, 그는 비난을 접할 때마다 이렇게 답했음. "내가 발행하는 신문이 저질이라고 욕하는 속물들을 보면 구역질이 난다. 그런 속물들 외엔 아무도 읽지 않을 신문을 만들어서 뭐하겠단 건가."

온갖 비난에도 불구하고 루퍼트의 언론 사업은 최고의 인기를 구가, 1968년 영국 시장에 진출함. 그는 글로벌 언론 미디어 기업인 뉴스 인터내셔널 그룹(News International group)을 설립하고 영국의 『선』, 『타임즈』, 『선데이 타임즈』 등 유력 언론사를 인수함. 뉴스 인터내셔널 그룹은 이후 '뉴스 코퍼레이션(News Corporation)'으로 이름을 바꿈.

머독의 충격적이고 노골적인 편집 방식은 『선』에서 유감없이 발휘됨. 최초로 여성의 가슴 노출사진을 실었으며, 1982년 포클랜드 전쟁에서 아르헨티나 전함이 침몰됐을 때는 "잡았다(GOTCHA)!"라는 무례한 헤드라인을 실어 전 세계의 이목과 비난을 한 몸에 받았음.

그는 신문으로 돈을 벌기는 했지만 진정한 미디어의 힘은 TV

에서 나온다고 믿었음. 따라서 엄청난 적자를 감수하며 영국의 스카이 텔레비전을 인수, 전 세계의 스포츠 중계권을 따냄. 아시아 전역의 언론 시장을 노린 머독은 1993년 또 다른 위성 채널인 스타 TV를 인수함.

그는 확고한 반 공산주의자이자 극우주의자임. 그는 회사에 노동조합을 허락하지 않았고, 조합에 가입한 5,000명의 직원을 한꺼번에 해고시켜 버리기도 했음.

1970년대 미국 시장으로 진출, 『뉴욕 포스트』와 『뉴욕 매거진』을 인수해 엄청난 성공을 거뒀음. 원래 진보주의 성향이었던 『뉴욕 포스트』는 머독이 인수하자마자 극우주의 논조로 바뀜.

그는 언론 사업의 가능성이 가장 큰 곳은 미국이라고 판단, 1985년 미국인으로 귀화하고 이때부터 미국의 유서 깊은 거대 언론사와 미디어 그룹을 인수하며 헐리웃에 진출함. 20세기 폭스, 폭스 TV 네트워크 등을 소유하게 된 루퍼트 머독은 TV 만화「심슨 가족」,「X-파일」,「타이타닉」 같은 히트작들을 양산해냄.

그러나 그의 무한 사업 확장은 1990년대 큰 위기를 맞음. 그가 인수한 위성 TV가 어마어마한 누적 적자를 기록하면서 세계 각국에 퍼져 있던 은행 빚을 메우지 못할 단계에 다다른 것. 그는 난생 처음 파산 위기에 직면했으나, 은행들이 채무 만기일을 연장해 주기로 합의함으로써 간신히 위기를 넘김. 은행들은 다수의 거대 언론사와 미디어, 영화 제작사를 거느린 머독을 망하게 놔둘 이유가 마땅치 않았음. 말 그대로 '대마불사'의 신화가 확인되는 순간이었음.

전 세계 제일의 언론 재벌인 된 머독은 전 세계 위성 TV망을 확대해 자신의 영향력을 끝없이 확대해 나감. 평소 공산주의를 지독히 혐오하던 그는 중국 시장에도 진출함. 그리고 중국 정부의 눈에 들기 위해 중국의 인권에 비판적이던 BBC 방송을 방송 편성에서 빼 버리고 중국 고위층의 입맛에 맞는 프로그램들로 가득 채웠음. 거기에 자신의 3번째 부인인 중국계 웬디 뎅을 앞세워 로비까지 펼침. 그러나 외국 자본에 의한 방송을 엄격히 금하는 중국의 법규 때문에 머독은 끝내 분패, 전 아시아를 아우르는 위성 TV 프로젝트에 제동이 걸림.

그는 최근 인터넷 사업에 진출하겠다고 선언, 다시 한 번 화제를 모으고 있음. 그는 이미 2001년 진출한 인터넷 시장에서 엄청난 적자를 보고 사업을 포기한 적이 있었음. 그러나 이번엔 세계 최대의 게임 전문 사이트인 IGN 엔터테인먼트와 스포츠 사이트인 Scout Media, 그리고 친구 찾기 웹사이트인 MySpace.com까지 인수하며 미국 4위의 인터넷 기업으로 급부상함.

그는 평소 귀족주의, 세습주의를 혐오하며 자신의 기업엔 실용주의와 능력 위주의 인사 채용 방식을 도입하겠다고 공공연히 말해왔으나, 정작 회사 경영은 자신의 4명의 자식들에게 물려줌.

74세의 고령이면서도 현직에서 일하는 루퍼트 머독. 그는 일하다가 죽는 것이 소원이라고 말할 정도로 지독한 일 벌레임. 자신과 30년 이상 함께 살아온 아내 애나의 "가정에도 신경 쓰라"는 요구에 이혼을 할 정도.

그는 세계에서 가장 대담하고 수완 좋은 사업 딜러(dealer)로 칭찬받기도 하지만, 그와 함께 전 세계에서 가장 많은 미움을 받는 부자 중 한 명이기도 함. 많은 사람들은 그가 수많은 양질의 언론사를 인수해 저질로 만들었으며, 극우주의에 편향된 편집으로 자유로운 언론 환경을 저해하고 있다고 말함. 실제로 그는 헐리웃 영화와 TV 드라마, 심지어 컴퓨터 게임에서조차 수없이 '악당'으로 묘사돼 왔음.

10. 불우한 유년기에서 최고의 부호로, 오프라 윈프리

>>> 요약

1954년 출생. 불우한 가정에서 태어나 미국에서 가장 인기 있는 TV 토크 쇼 진행자가 된 인물. 오직 탁월한 방송감각과 진솔한 입담으로 토크 쇼의 여왕으로 등극, 미국에서 가장 영향력 있는 방송인으로 추앙 받고 있음. 그녀가 소개하는 책은 바로 다음날 베스트셀러가 되는 등 그녀는 말 한마디로 미국 전체를 움직이는 굉장한 영향력을 발휘하고 있음. 오늘날 자신의 제작사를 운영하며 직접 방송ㆍ영화 제작과 출연에 참여하고 있음.

>>> 사실들

1954년 미국 미시시피 출생. 오프라가 태어난 지 얼마 되지 않아 부모는 별거를 했고(오프라의 부모는 결혼하지 않았음), 그녀는 할머니의 손에 의해 자랐음. 할머니는 오프라에게 글을 가르치기 위해 매일 글 읽기를 시켰고, 배운 것을 외우게 하는 등 오프라는 이미 이때부터 방송인의 자질을 키우기 시작함.

6살부터는 어머니와 함께 살기 시작, 이때부터 약 7년간 얻어 맞고 학대 받으며 불운한 세월을 보냈음. 결국 오프라는 13살 때 집을 뛰쳐나와 아동 보호소로 향했으나 침대가 모자란다는 이유로 입소를 거부당함. 결국 내시빌에 사는 아버지 집으로 감. 아버지는 딸아이를 무척 엄하게 키웠는데, 통금 시간을 정하고 매주 책을 읽고 독후감을 쓰게 했음. 역시 괴로운 시기였지만 오프라는 아버지가 어머니와는 달리 자신을 생각해 주고 있다고 믿었음.

17살 때 우연히 내시빌의 '화재방지 미녀대회'에 참가했다가 우승, 이때 우승 기념으로 내시빌의 작은 라디오 방송국에서 사연을 읽어 주었다가 PD의 눈에 들어 라디오 DJ로 일하기 시작함. 그리고 2년 뒤 내시빌의 지방 방송국에서 리포터 및 앵커로 활약하기 시작함(흑인 여성으론 사상 최초). 그녀는 방송 일을 하면서 테네시 주립 대학을 졸업함.

1976년 볼티모어로 옮겨 방송국의 앵커로 일하다 1978년부터 토크 쇼 진행자로 활약하기 시작함. 1984년, 시카고로 직장을 옮겨 'AM 시카고'라는 망해가는 토크 쇼 진행자를 맡음. 오프라가 진행한 지 1년도 안 돼 AM 시카고는 시카고에서 가장 인기 있는 TV 프로그램이 됨. 30분짜리 프로그램이 1시간으로 늘어나고 1985년엔 쇼 이름을 아예 '오프라 윈프리 쇼'로 바꿈.

1986년 오프라 윈프리 쇼는 신디케이트를 통해 전국으로 방송됐고, 1년도 되지 않아 전국 최고 시청률의 토크 쇼가 됨. 1987년 오프라 윈프리 쇼는 3개의 에미상을 수상하며 명실상부한 미국 최고의 토크 쇼 프로그램이 되었음.

1985년 스티븐 스필버그 감독의 「컬러 퍼플」에 출연해 아카데미 여우조연상 후보에 오르는 등 수준급의 연기력을 보이기도 함.

1986년엔 TV 프로그램 제작사인 하포 프로덕션(HARPO Productions, Inc.)을 설립, 자신이 직접 오프라 윈프리 쇼를 관리, 제작, 소유하게 됨. TV 산업 역사상 여성이 자신의 토크 쇼 프로그램을 직접 제작, 소유, 진행까지 맡은 것은 오프라 윈프리가 처음이었음. 이후 오프라는 각종 TV와 영화 사업에도 진출함. 특히 1998년엔 노벨상 수상 작품을 영화화한 「Beloved」를 제작하고 자신이 직접 출연까지 함.

1991년 자신의 불우했던 어린 시절 기억을 보상하기 위해 전국적인 아동학대 방지 DB를 구축하고 관리함. 오프라는 단순히 명분상의 사회 운동이 아니라, 실제로 아동 학대 사례가 발생할 경우 재빠르게 법적인 조치를 취할 수 있는 시스템을 구축하고, 이를 활용할 수 있는 법적 승인을 국회와 대통령으로부터 받음.

2003년 『포브스』에서 발표한 미국 억만장자 대열에 합류. 이로써 오프라 윈프리는 흑인 여성으론 사상 처음 10억 달러의 재산을 가진 인물로 기록됨.

그녀가 진행하는 토크 쇼는 미국 대통령보다 더 막강한 영향력을 행사함. 그녀의 토크 쇼는 세계 132국가에서 방영되고 있으며 미국에서만 1,400만 명의 시청자를 확보하고 있음. 그녀가 TV 프로그램에서 책 표지를 소개하기만 해도 그 책은 바로 베스트셀러가 됐으며, 불우 아동을 위한 기금 마련을 운동을 펴자마자 100만 달러의 성금이 모였을 정도. 오프라가 토크 쇼에서 "(난) 광우병 파동 때문에 햄버거는 그만 먹기로 했다"는 말 한마디를 했다고 전국 소고기 산업협회에서 수백만 달러의 피해보상 소송을 걸 정도로 그녀의 미디어 위력은 막강함.

오프라가 방송인으로 성공할 수 있었던 것은 솔직함과 친근함 덕분. 그녀는 마이크를 들고 방청객 사이를 누비며 친구처럼 대화를 나눴으며, 특히 어떤 이슈가 있을 때마다 그와 관련된 자신의 이야기를 들려주는 것으로 유명했음. 망신을 당한 얘기에서부터 마약을 했던 얘기, 심지어 어린 시절 성폭행을 당했던 얘기까지 솔직 담

백하게 털어놓음. 또한 초대 손님의 이야기에 감동을 받아 눈물을
흘리거나 안아 주는 등 시청자들의 감정을 사로잡았음.

11. 절약과 신용으로 IKEA를 건설한 거상, 캄프라드

>>> 요약

1926년 생. 가정용 조립가구 회사인 이케아의 창업주.

스웨덴의 시골 농가에서 수제 가구를 판매하면서 인기를 얻기
시작함. 그러나 기존 가구 사업체들의 극심한 견제로 사업이 위기
에 처하자, 캄프라드는 이 위기를 기회로 활용, 해외로 진출해 극
적으로 재기에 성공함(상당수의 미국 기업들이 경쟁사들을 고사시
키며 성공한 것에 비해 이케아는 경쟁사들의 연합으로 망할 뻔한
보기 드문 사례임). 소비자들에 대한 철저한 신용과 품질로 명성을
얻은 이케아는 세계 제일의 가구 생산 판매업체로 성장하며 캄프
라드를 오늘날 세계 5대 부호 중 하나로 만들어 주었음.

>>> 사실들

1926년 생. 4, 5살 때부터 강에서 잡은 고기, 연필, 서류 가방,
우편엽서를 팔아 장사를 시작했음. 실업 고교를 졸업한 캄프라드
는 장사가 너무나 하고 싶어 17세에 회사를 만들기로 결심함. 그
러나 미성년은 사업을 할 수 없었기에 그의 삼촌 이름을 빌려 이케
아(IKEA)라는 회사를 설립함. IKEA는 자신의 이름 'Ingvar
Kamprad'의 이니셜인 I.K와 그가 성장한 농장과 마을 이름인
'Elmtard'와 'Agunnard'의 첫 자 E, A를 합쳐 만든 이름.

원래 이케아는 시계, 스타킹, 넥타이, 양말 등을 우편 판매하는 회사였음. 그러다가 5년 후 가구 장사를 시작함. 그는 집 근처 가구 장인들이 제작한 탁자, 의자, 소파 등을 사들여 외부에 판매했음. 가격을 낮추기 위해 중간 상인을 거치지 않았는데, 배송 수단이 마땅치 않아 동네 우유 배달부를 설득해 제품들을 우유 카트에 담아 배달하는 방법을 이용했음.

주문이 크게 늘자 더 이상 혼자 장사를 할 수 없다고 판단, 1953년 직원들을 고용하고 무너져 가는 창고를 개조해 이케아 가구점을 오픈함. 캄프라드에겐 몇 가지 장사 원칙이 있었음. 사람들이 가구점에 와서 가구를 만지고 열어 볼 수 있게 하고, 한번 카탈로그에 표기한 가격은 1년간 무슨 일이 있어도 지킨다는 것이었음. 그는 조립식 가구를 개발해 배송 효율을 크게 높였으며, "배고프면 아무도 가구를 사지 않는다"는 신념 아래 이케아 매장 내에 가벼운 음식을 공짜로 내놓기도 했음.

저렴하고 실용적인 이케아의 가구는 엄청난 인기를 끌었고 사업은 번창했음. 그러나 이케아의 갑작스러운 성장에 스웨덴의 다른 전통적인 가구 업체들은 크게 긴장했고 결국 견제를 시작함. 이케아에 가구를 조달하는 장인과 기술자들을 매수 및 협박해 이케아 가구를 만들지 못하게 했으며, 심지어 가구 박람회에서 이케아 자리를 모두 없애 버리기도 했음.

이케아에는 결국 극소수의 가구 제작자만 남게 됐고, 홍보에도 큰 어려움을 겪어 위기를 맞음. 그러나 캄프라드는 "문제 안에 기회가 있다"고 판단, 가구 공급처를 해외에서 찾음. 그는 1961년 공산국가인 폴란드로 날아가 그곳의 가구 통신 판매 회사와 제휴를 맺음. 폴란드는 인건비와 원자재 값이 스웨덴의 절반이었음. 캄프라드는 폴란드가 스웨덴 수준에 맞춰 가구를 제작할 수 있도록 도와주고 오히려 종전보다 더 싼 가격에 가구를 납품함.

이케아는 급성장을 계속해 스웨덴 전역에 가구점을 개장했고, 1970년대엔 노르웨이, 덴마크, 스위스 등지로 사업을 확대함.

그는 소비자들과의 신용을 언제나 최우선으로 했음. 1973년 중동 전쟁으로 유가가 치솟으면서 생산 배송비가 급등했고, 적자 폭이 어마어마하게 커졌으나 캄프라드는 끝까지 카탈로그와 전단지에 나온 가구의 가격을 1년 내내 올리지 않았음.

신용으로 기반을 다진 이케아는 다시 급속한 성장을 거듭함. 이케아는 세계 각국의 매장을 관리하기 위해, 그리고 스웨덴의 가혹한 세금 부담을 덜기 위해 콘체른 식의 기업 연합을 구성해 관리함. 이런 구조로 인해 이케아는 정확한 매출이 어떻게 되는지, 직원이 몇 명인지 제대로 외부에 알려지지 않고 있음. 다만 전 세계적으로 7만 명의 직원과 175개의 가구점을 거느리고 있으며, 2003년 연 매출이 100억 유로 이상인 것으로 추정되고 있음.

캄프라드는 회사에 절약의 문화를 정착시켰음. 이케아 직원들은 모두에게 경어를 사용해야 하고, 넥타이도 양복도 입지 않음. 이들은 400km 이내의 거리 출장엔 비행기를 탈 수 없으며, 종이 한 장도 양면을 모두 사용한 다음 버려야 함. 이케아에선 폐타이어도 직접 재활용해 쓸 정도로 강력한 절약 지침이 지켜지고 있음.

캄프라드는 은퇴해 스위스에 정착했음. 『포브스』에 따르면 그의 재산은 약 130억 달러로 세계 부자 14위에 올라 있음. 2004년엔 한때 빌 게이츠를 제치고 세계에서 가장 돈이 많은 사람으로 꼽혀 화제가 되기도 했음.

1930년대 스웨덴의 수상 페르 알빈 한손이 세운 복지 정책으로 세계적인 복지 국가가 된 스웨덴은 오늘날 "한손이 민중의 고향을 세우고, 캄프라드가 실내 장식을 했다"라고 불릴 정도임.

12. 잔혹한 다이아몬드의 황제, 오펜하이머

>>> 요약

1880~1957. 드비어스를 세계 최강의 다이아몬드 독점 사업체로 만든 장본인.

젊은 시절 다이아몬드에 자신의 생을 바치기로 결심, 정치 활동을 하며 남아프리카 공화국에 정치적 · 상업적 인맥을 쌓음. 그리고 앵글로 아메리카 광산 회사를 설립해 당시 최대 다이아몬드 생산업체였던 드비어스를 인수함. 그는 이후 비열한 방법을 동원해 경쟁사들을 몰락시켰으며, 아프리카의 부패 정권에 뒷돈을 대대다수의 광산 채굴권을 독점함. 그는 남아프리카 공화국에 자신만의 제국을 건설, 정보부와 외교부를 두고, 적대적 인수, 주가 조작, 가격 담합 등 수많은 무자비한 방법으로 재산 규모를 알기 어려울 정도의 부자가 됨.

>>> 사실들

1880년 독일 담배 상인의 아들로 출생. 남아프리카 공화국의 킴벌리에서 별 볼일 없는 신입 사원으로 일하다가 다이아몬드에 생을 바치기로 결심. 그는 먼저 드비어스 다이아몬드 광산 회사에 취업하려 했으나 실패함.

그는 이후 '다이아몬드의 수도' 킴벌리에 정치적인 세를 넓힘.

부인의 지참금을 이용, 킴벌리 참사회의 회원으로 활동하다가 32세의 나이에 킴벌리 시장으로 선출됨. 그는 시장의 자리를 이용, 정치적 · 상업적 인맥을 넓혔으나, 독일이 1차 대전을 일으키자 독일 액센트를 쓴다는 이유로 시장 자리에서 쫓겨남.

1916년 소동이 가라앉은 틈을 타 JP 모건으로부터 투자를 확보, 광산 회사 '앵글로 아메리카 사'를 설립함. 그는 사업을 앙골라, 콩고, 탄자니아 등지로 확장하면서 드비어스 사의 주식을 닥치는 대로 사들였고, 10년 만에 앵글로 아메리카의 소유주, 드비어스 사의 사장, 그리고 남아프리카 공화국 연방 의회 국회의원이 됨. 그리고 영국으로부터 기사 작위까지 받음.

정치력과 경제력, 명예까지 한 몸에 쥔 금권 정치가 오펜하이머의 최종 목표는 다이아몬드였음. 그는 대공황기인 1930년대 세계의 모든 다이아몬드를 사들여 시장 독점을 위한 토대를 닦음. 그리고 다이아몬드 주거래자들을 매수해 다이아몬드 가격을 좌지우지 했으며, 비열한 사기 수법을 동원해 다이아몬드 광산을 소유한 경쟁사들을 몰락시켰음. 그리고 인조 다이아몬드 시장과 공업용 다이아몬드 시장까지 장악해 완전한 독점 체제를 갖춤.

드비어스는 다이아몬드 산업에 있어서 절대 권력을 가진 독재자이자 신이었음. 드비어스는 "다이아몬드는 영원하다"라는 유명한 광고를 통해 다이아몬드의 심리적 가치를 극대화함. 드비어스는 유럽과 남아메리카, 심지어 적대국인 미국으로 사업을 확장했고, 소련까지 진출해 러시아의 다이아몬드 광산들을 유린했음. 드비어스 사는 아프리카의 독재자들을 매수하고 불법 거래를 통해 다이아몬드 채굴권을 독차지했음. 드비어스는 앙골라와 시에라리온처럼 내전으로 피투성이가 된 나라에서도 다이아몬드를 가져와 다이아몬드를 피로 물들인 기업이라는 악명을 얻었음.

오펜하이머는 남아프리카 공화국 내에 자신만의 제국을 만들었음. 그는 자체적인 정보기관을 운영했고, 내전과 부정부패로 얼룩진 국가와 소통하는 외교부도 만들었음. 그는 다이아몬드 채굴에 흑인의 값싼 노동력을 착취하기 위해 수준 이하의 근로자 숙소를 만들어 놓고(이마저도 정부 보조금으로 만들었음), 이곳을 광부들을 위한 유토피아라고 찬양했음. 그는 남아프리카 공화국 정부의 인종 차별 정책을 십분 활용해 자신의 광산에서 파업을 일으킨 노동자 6명을 사살하기도 했음.

적대적 인수, 주가 조작, 시장 독점을 통한 가격 담합 등 수많은 무자비한 방법으로 재산 규모를 알기 어려울 정도의 부자가 된 오펜하이머는 1957년 숨을 거뒀음. 그러나 그가 남긴 앵글로 아메리카와 드비어스는 현재까지 다이아몬드 시장을 독점하며 막강한 시장 권력을 행사하고 있음.

이후 오펜하이머의 사업을 물려받은 아들 니콜라스 프랭크 오펜하이머는 44억 달러의 재산을 소유한 것으로 알려져『포브스』선정 세계 25대 부호로 기록됨.

13. 사상 최악의 무기 거래상, '죽음의 상인', 자하로프

>>> 요약

인류 역사상 가장 악명 높았던 무기 거래상.

1차 대전 전후 적대국 간에 분쟁을 초래해 막대한 양의 무기를 팔아 엄청난 이득을 얻었음. 그는 1차 대선에 사용된 거의 모든 탄약 공급을 독점했고 무기 공급으로 전횡을 좌우할 정도였음.

"죽음의 상인"으로 불리며 온갖 반인륜적인 행위를 저질렀으나 영국으로부터 기사 작위를 받는 등 전 세계 정치인으로부터 '의인' 대접을 받음. 1차 대전 후 그의 재산은 석유 자본가 록펠러를 능가하는 것으로 평가되기도 했음. 아직도 수수께끼 투성이인 자하로프는 오늘날 유럽 제국주의 비극의 상징으로 남아 있음.

》》 사실들

출생년도 불명, 국적과 출생지 불명. 다만 1840년대 터키나 그리스 같은 흑해 연안의 국가에서 출생한 것으로 추정되고 있음. 어린 시절 이스탄불의 창녀촌에서 속칭 '삐끼'로 일했던 것과 좀도둑질로 감옥에 갔던 것, 그리스에서 여행 안내원 등으로 일했던 것이 확인됨.

우연히 만난 어느 정치가의 주선으로 무기 회사인 노르덴펠트에 들어감. 때마침 1차 대전이 발발했고, 자하로프는 하이럼 맥심이 개발한 세계 최초의 기관총을 상품화함.

그는 영국의 무기 중개상 비커스 사와 엄청난 양의 무기를 거래하면서 비커스 사에 막대한 영향력을 행사함. 그리고 비커스 사로 옮겨와 세계 최대의 무기 상인이자, 죽음의 로비스트로 활약하게 됨.

그는 고위 정치인들뿐만 아니라 왕족들에게 접근해 로비를 벌였음. 그는 뇌물 또는 대출과 채권의 형태를 빌려 잠재 고객을 매수했고, 그 고객이 자신이 지정한 회사에서 무기를 사도록 했음. 가령 일본군 제독에게 80만 마르크 정도의 뇌물을 먹이고, 일본 해군이 장갑 순양함을 바커스 사로부터 구매하게 하는 식이었음.

자하로프가 무기상으로 떼돈을 벌 수 있었던 가장 큰 요인은 스스로 위기를 조장하거나 실제로 전쟁을 일으켰기 때문임. 그는 특히 위기 조장에 탁월한 재능을 보였는데, 1907년 프랑스의 주요 잡지가 프랑스 군이 기관총으로 무장하고 있다는 내용을 대서특필하게 만들었음. 당연히 인접국인 독일은 불안해졌고, 자하로프 자회사로부터 4,000만 마르크 상당의 무기를 구입함.

　자하로프는 19세기 말과 20세기 초에 일어난 거의 모든 전쟁에 관여했음. 1898년 스페인-미국 전쟁, 남아프리카 내전, 1905년 러일 전쟁까지. 그리고 1914년 1차 세계대전이 일어나기 전까지 그는 영국, 캐나다, 스페인, 일본, 이탈리아, 독일, 터키, 프랑스 등지에 무기 거래망을 확보해 놓았으며, 전쟁이 발발하자 독일, 영국, 프랑스, 가릴 것 없이 1차 대전의 모든 참전국이 자하로프로부터 탄약을 공급 받았음.

　1919년 1차 대전이 끝난 후, 영국으로부터 기사 작위를 받아 배절 자하로프 경이 됨. 그리고 같은 해엔 프랑스의 레지옹 도뇌르 훈장까지 받는 등 그는 죽을 때까지 30개국에서 300여 개의 훈장과 100여 개의 감사 직함을 받음. 그리고 수많은 무고한 사람을 죽여 가며 세계 정치인들에게 '의인'이 됐음.

　1920년대 초 그는 터키와 그리스 사이의 전쟁에 관여했다가 평생 처음이자 마지막으로 손해를 보았고, 그의 탐욕과 죽음의 로비 행위가 언론에 알려지면서 정치가들과의 인맥이 끊김.

　그러나 그는 이미 JP 모건, 록펠러와 함께 세계에서 가장 돈이 많은 인물이었음. 그는 무기 판매 수수료뿐 아니라, 주식, 공장, 은행 등에 투자한 돈으로 엄청난 수익을 챙겼고, 거기에 몬테카를로의 도박장 운영권을 인수하는 등 막대한 부를 과시했음.

그는 정식으로 한 번 결혼했고 두 명의 딸을 얻었음. 그러나 그와 결혼한 부인은 결혼 18개월 만에 죽고 자신은 1936년 하인의 품에 안긴 채 사망함. 그는 평생 자신에 대한 정보를 남기지 않아 죽어서까지 미스터리 속의 인물로 남아 있음.

영국의 저명한 소설가이자 역사학자 H.G. 웰즈는 자하로프를 이렇게 평가했음. "이 남자가 인생의 대부분을 인간 학살을 후원하는 데 썼다는 것은 이론의 여지가 없다. 그러나 우리는 모두 그를 그러한 부자로 만들었던 복잡한 과정에 합류했다. 대량 학살의 조직화는 우리가 인정했던 이데올로기의 구성 요소이다."

14. '엔지니어'에서 최대 포털 기업 CEO로, 이해진

>>> 요약

1967년 생. '평범한 엔지니어' 출신으로 삼성 SDS에서 근무하며 일이 너무 지루하고 무의미하다고 생각, 동료들과 함께 삼성 SDS 사내 벤처 1호 회사인 네이버를 설립함.

단순한 검색 서비스 회사로 출발한 네이버는 이후 포털 업체로 발전, 한게임 등을 인수하며 수익성을 확보하고 시장 경쟁력을 갖춤. 특히, 검색 시장에 사활을 걸고 역량을 집중, 2002년 지식검색 오픈을 계기로 인터넷 검색 1위 자리에 오름. 부동의 검색 1위 자리를 차지한 네이버는 승승장구, 잇달아 메이저 서비스들을 성공시켰으며, 이해진 사장은 회사의 주식 상장으로 천억 원대의 자산을 보유한 갑부가 됨.

>>> 사실들

서울대 컴퓨터 공학과 졸업 후 한국 과학기술원 전산학 석사를 딴 뒤 삼성 그룹 입사. 명문대 출신이긴 했지만 매우 평범한 엔지니어였음. 학창시절부터 코딩에는 큰 재주가 없어 뛰어난 프로그래밍 능력을 갖춘 다른 동기들을 부러워했다고 함.

삼성 SDS에서 근무하던 중 "1년간 조건 없이 특정 프로젝트를 연구할 수 있게 하는 제도"가 생김. 1994년 데이터베이스 검색 서비스 프로젝트를 구성, 삼성 SDS 내부에 정보 검색엔진 개발팀을 운영함. 이때 개발된 검색엔진이 향후 네이버의 '원천 기술'이 됨.

2년간의 혹독한 연구 개발 끝에 1996년 이해진 사장은 상용 DB 검색엔진 개발에 성공함. 그리고 이 검색엔진을 삼성 SDS의 PC 통신 서비스인 유니텔에 적용함.

1997년 이해진 사장은 삼성 SDS 사내 벤처 1호 기업을 이끌게 됨. 이때 벤처 회사의 이름을 "검색하는 사람, navigator"에서 따온 네이버(naver)로 결정함. 이해진 사장은 네이버를 당시 인기를 끌던 야후, 심마니, 까치네 같은 정보 검색 서비스로 특화시킬 계획이었음. 그리고 검색 사용자들을 모아 전자상거래로 수익 모델을 창출하려 했음. 구체적으로, 검색에 사용자들이 몰리면 검색 결과와 매칭되는 책을 보여주고 판매한다는 '온라인 서점' 수익 모델이었음.

1998년 이해진 사장과 벤처 팀은 예술의 전당 근처에 조그만 사무실을 얻어 독립함. 이들은 일단 당장 먹고 살기 위해 온라인 광고를 따와야 했는데 벤처 팀에는 영업을 해본 사람이 아무도 없었음. 결국 이해진 사장이 A4 용지에 네이버를 소개하는 간단한 문구를 적은 뒤 무작정 광고 대행사를 찾아다니며 영업을 뛰었음.

결국 SK 유통으로부터 받은 월 100만 원짜리 배너를 시작으로 네이버는 수익을 만들어 나갔고, 방문자 수와 페이지 뷰에서 급성장을 기록함. 1998년 하루 100만 페이지 뷰였던 네이버는 1999년 300만 페이지 뷰를 기록함.

1999년 이해진 사장은 삼성 SDS 임원들을 설득해 네이버를 완전한 벤처 기업으로 독립시키기로 함. 네이버 팀은 각자의 통장을 털어 3억 5,000만 원을 만들었고, 삼성 SDS로부터 1억 5,000만 원을 투자받아 자본금 5억 원으로 독립 법인 네이버컴을 만들었음. 법인 설립 후 한 달 뒤 네이버는 벤처 캐피털인 한국기술투자로부터 100억 원 펀딩을 받음. 그리고 네이버는 검색 서비스를 기반으로 포털 사이트로 발전함. 당시 국내 웹사이트 순위는 6위.

당시 인터넷 포털 시장은 다음과 야후 코리아가 선점하고 있었음. 다음은 메일과 커뮤니티 서비스로, 야후는 검색 서비스로 부동의 1위를 굳힌 상황. 선두업체를 뒤쫓는 것은 무모한 짓이라 판단한 이해진 사장은 야후나 다음이 갖지 못한 경쟁력을 찾기 시작했음. 그 경쟁력은 바로 온라인 게임이었음. 2000년 4월 네이버는 인터넷 게임 업체 한게임 커뮤니케이션과 합병, 2001년 NHN(Next Human Network)을 설립함. 이때부터 이해진 사장은 한게임의 김범수 사장과 함께 공동 CEO를 맡음.

한게임과 네이버의 성공적인 시너지 효과 덕분에, 한게임 가입자는 1천만 명으로 급증, 2000년 말엔 하루 통합 페이지 뷰가 1억을 넘어섰음.

NHN의 승부수는 다시 검색으로 돌아옴. 인터넷 검색을 이용하는 사람의 수는 급격히 늘고 있었고, 포털 사업에서 검색이 받쳐주지 않으면 다른 어떤 서비스도 성공하기 어렵다는 결론이었음.

게다가 검색결과 페이지를 통해 들어오는 온라인 광고 금액은 기하급수적으로 늘고 있었음.

그래서 시도한 것이 2002년 10월 오픈한 지식검색. 당시 디비딕을 모방한 지식검색은 문답형으로 사용자들이 찾는 지식에 대한 답을 직접 올리게 해 검색결과 페이지의 양과 질을 높이는 서비스였음. 네이버는 지식검색의 성공을 위해 서비스 오픈 전에 수백 명의 파트타이머를 고용, 엄청난 양의 지식 문답 데이터를 쌓아 올렸음. 그리고 오픈 후 대대적인 마케팅에 나섰음.

네이버는 사활을 걸고 지식검색에 집중했고, 그 결과 어마어마한 성공을 거두며 마침내 2003년 10월 부동의 검색 1위였던 야후코리아를 제치고 검색시장 1위에 오름(현재 네이버는 한국 인터넷 검색시장의 60% 이상을 점유하며 독점 체제를 구축, 인터넷 포털 기업 수익률에서도 압도적인 1위를 고수하고 있음).

검색시장의 수위를 차지한 NHN은 거칠 것이 없어짐. 이후 오픈한(2003년 7월) 블로그와 카페 등 커뮤니티 서비스도 검색 엔진과 연계한 뒤 연이어 '대박'을 기록하며 다음 카페와 사이월드의 아성을 위협함(현재 네이버는 블로그 시장에서 압도적인 1위, 인터넷 카페 시장 2위를 기록하고 있음). 네이버는 이후에도 끊임없이 검색 결과 콘텐트의 다양화와 양질화에 집중함. 최근 오픈한 책 검색과 두산과의 제휴를 통한 지식 구축 사업이 대표적인 예.

2004년 NHN 이사회 의장으로 물러나고 NHN은 김범수 사장 단독 경영 체제로 바뀜. 이해진 사장은 2002년 코스닥에 등록된 NHN 주식으로 순식간에 천 억대의 갑부가 되었음. 2005년 기준 이해진 사장은 주식으로만 2,206억 원의 자산을 보유, 대한민국에서 가장 많은 수식 재산을 지닌 인물 중 하나가 됨.

이해진 사장은 전형적인 외유내강형 인물. 조용하고 차분한 어투에 말단 직원에게도 경어를 사용함. 그는 잘못을 저지른 직원에게 화를 내지 못해 속상해할 정도로 전형적인 '유순한 엔지니어' 타입. 그러나 사업적인 측면에선 누구보다 판단이 정확하고 심지가 굳었음. 인터넷 사업의 핵심을 간파하고 NHN의 사업 방향을 항상 '승리하는 쪽'으로 이끌었음(이해진 사장은 큰 그림을 그릴 뿐, NHN 서비스의 거의 대부분의 전략과 의사 결정은 팀 단위로 이뤄짐. 팀 내의 작은 아이디어라도 진행하기로 합의가 되면 별다른 복잡한 결정절차 없이 재빠르게 진행할 수 있도록 지원해 줌).

03

🐱 당신의 세 번째 능력 :
CEO로서의 능력

 1. 기업 : 살아있는 진화론의 기념비

　현대 그룹의 창업자 정주영. 그가 15세에 가출해 인천 부두에서 막노동을 하던 때였습니다.

　그곳의 노동자 합숙소는 빈대 천지라 죽도록 피곤한데 몸에 들러붙는 빈대 떼 때문에 잠을 잘 수 없었다고 합니다. 빈대가 바닥에 깔린 이불에서 올라오는 것을 발견한 정주영은 밥상 위로 올라가 잠을 청했습니다. 그러자 빈대들은 금방 밥상 다리를 타고 올라오기 시작했고, 정주영은 다시 머리를 썼습니다. 그는 물을 담은 4개의 양재기 위에 밥상 다리를 놓았고, 빈대들은 밥상 다리를 타려다가 양재기 물에 빠져 죽었죠. 이제야 잠을 제대로 잘 수 있겠구나 했으나 빈대는 포기하지 않았습니다. 이것들은 이제 벽을 타고 천장으로 올라간 뒤 누워 있는 사람에게 떨어지기 시작했습니다.

젊은 정주영에게 빈대의 행동은 충격이었습니다. 빈대 같은 하찮은 생물도 이렇게 지독한 집념으로 목적을 달성하는데 사람이라고 못할 것이 무엇이겠느냐는 생각이 들었답니다.

이는 아마 정주영 씨의 가장 중요한 깨달음이었을 겁니다. 정주영 씨는 평생 "상황이 이런데 어떻게 해"라는 말을 단 한 번도 하지 않았고, "상황이 그러면 그렇게 맞춰야지"라는 자세였습니다.

거북선이 그려진 5백 원짜리 지폐 한 장으로 조선소 건립에 필요한 투자금 수천만 달러를 융자 받은 일, 일 년에 겨우 자동차 수천 대가 팔리는 한국에서 년간 5만 대의 자동차 공장을 만들어 성공시킨 일, 한겨울에 잔디를 깔아달라는 미군의 요구에 보리 싹으로 잔디와 똑같은 녹지를 만든 일 등, 정주영은 매번 주어진 상황에 집요한 의지와 신념, 기지로 대응해 나갔습니다.

변화하는 환경에 대한 적응력. 바로 이것이 풀 죽 한 그릇으로 하루하루 연명했던 가난뱅이 정주영이 자산 규모 수조 원대의 세계적 기업, 현대를 키워낸 원동력이었습니다.

"환경에 최적화된 자만이 살아남는다"는 진화론은 생물학에만 적용되는 이론이 아님. 오늘날 진화론은 정치, 사회, 과학, 경제 등 자연과 인간 세상의 삼라만상을 설명해 주는 '20세기의 가장 위대한 발견'으로 일컬어지고 있음. 여러분이 진화론을 믿건 안 믿건, 앞으로 세상이 어떻게 바뀌건, "환경에 최적화된 자만 살아남는다"는 진화론의 진리는 지긋지긋한 망령처럼 영원히 따라다닐 것임.

기업의 세계 역시 마찬가지입니다. 거대 기업들이 변화하는 환경에 적응하기 위해 벌인 사투는 그 어떤 전쟁사보다 흥미진진하고 박진감 넘칩니다.

기업들은 살아남기 위해, 환경에 적응하기 위해, 뼈를 깎는 인내와 개혁, 도박에 가까운 투자와 용단으로 환골탈태하기도 했지만, 다른 한편으로는 배신과 거짓말, 사기 치는 일도 주저하지 않았으며, 심지어 인권 유린에다 불법 행위를 저지르기도 했습니다. 기업들의 역사를 살펴보면 과연 이들이 내세우는 정도 경영, 기술 혁신, 고객 감동, 공익 우선이라는 슬로건이 과연 진실인지 의문이 들기도 합니다(물론 이런 치열한 상황에서도 몇몇 위대한 기업과 CEO들은 "오직 본분만 다한다"는 성인군자 같은 자세로 세계적 기업을 키워내기도 했습니다).

기업은 어느 한 면만 바라봐서는 이해하기 어렵습니다. 한 가지 기준과 잣대로 기업을 평가하기란 무리라는 것이죠. 이번 장에서 우리는 변화하는 환경에 적응한다는 대명제 아래, 이들이 얼마나 교활하게 움직였는지, 얼마나 부도덕했는지, 얼마나 교만했는지, 얼마나 운이 좋았는지, 얼마나 우직하게 한 우물만 팠는지, 그래서 얼마나 성공했는지 등의 모습들을 살펴볼 것입니다.

2. 기업과 CEO의 두 얼굴

로버트 크링글리 교수가 쓴 『우연한 제국들(Accidental Empires)』이라는 책에 보면 다음과 같은 구절이 있습니다.

"만일 GM(General Motors)의 연구원이 자동차 한 대를 100달러에 만들 수 있는 혁신적인 기술을 개발한다면, GM의 경영진은 이 기술을 사장시키기 위해 총력을 다할 것이다. 현재 GM은 수천 달러짜리 생산 라인에 기반해 이익을 얻고 있으니, 이런 100달러짜리 생산 방식이 도입되면 기존 사업에 큰 타격을 입기 때문이다. 설사 100달러짜리 생산 방식으로 무사히 전환해 이익을 극대화하더라도, 소비자들이 100달러짜리 자동차를 기존 가격 그대로 판다는 것을 알면 그 역시 사업에 막대한 타격을 입기 때문이다."

실례로, 유명 가전제품 제조업체인 RCA은 1960년대 중반 세계 최초의 LCD 모니터 개발을 '초기화' 해 버린 적이 있었습니다. LCD가 등장하면 자신들이 이익을 보고 있던 기존 모니터 산업에 큰 타격을 줄 것이기 때문이었죠.

"기업의 목표는 기술 혁신과 고객 감동이다"라는 것은 어디까지나 기술 혁신과 고객 감동이 회사에 이익을 가져다 줄 때뿐입니다. 회사에 이익이 되지 않는 기술 혁신과 고객 감동은 솔직히 기업 입장에서 중요시하기 어렵습니다.

기업의 1차 목표는 시장에서 살아남아, 이윤을 내고, 기업에 투자한 주주들에게 보상을 주는 것입니다. 엄밀히 말해 기술 혁신이나 고객 감동은 이 과정에 필요할 수도 있고 필요 없을 수 있는 부차적인 것입니다.

기업은 살아남는 것만으로도 사회에 엄청난 기여를 합니다. 고용된 인력의 삶의 질을 보장해 주고, 새로운 일자리를 창출하며, 경제를 활성화시킬 수 있으니까요.

오늘날 우리가 누리고 있는 대다수의 문명의 혜택은 기업들의 노력에 의한 것입니다. 포드 자동차는 대량생산 시스템을 시장에 성공적으로 도입해 일반인도 저렴하게 자동차를 탈 수 있게 했으며, 월마트는 박리다매 전략으로 공산품 가격을 최저한도로 낮춰 누구나 싸고 쉽게 물건을 구입할 수 있게 했습니다. IBM과 인텔은 컴퓨터 산업 혁명을 주도해 전 세계 산업이 급성장할 수 있게 했으며, 제록스는 마우스, 근거리 네트웍(LAN), 레이저 프린터 등을 발명해 제2의 IT 혁명을 이끌어 냈습니다.

한국처럼 급격히 발전한 개발도상국에서 기업의 위력은 더욱 극명하게 드러납니다. 오늘날 세계 1위를 독주하고 있는 조선 산업과 세계 4위의 중소형 승용차 산업은 현대 정주영 회장의 개인적인 고집과 집념으로 시작된 사업이었고, 반도체는 삼성 이병철 회장의 혜안과 노력으로 세계 시장을 호령할 수 있었습니다. 몇몇 기업과 기업인의 성공이 국민의 생활 향상뿐 아니라, 나라 전체의 부와 명예를 높이는 데 기여한 셈이죠.

그러나 이런 기업의 성공 뒤에는 언제나 그늘이 함께 하기 마련입니다. 포드 자동차는 대량생산 체제로 고객의 선택권을 크게 제한했으며, 월마트는 최저임금제를 유도해 수많은 노동자의 삶의 질을 떨어뜨렸습니다. 미국 최대 수출기업 중 하나인 마이크로소프트와 오라클은 경쟁사들을 부도덕한 방법으로 제거해 컴퓨터 시장의 자유로운 경쟁을 저해했습니다.

한국의 경우는 더합니다. 한국의 대기업들은 단 한 번도 탈세와 정치자금 의혹에서 자유롭지 못했으며, 한때 노동탄압은 물론이고 분식회계와 경영권 세습으로 부정을 저지르기도 했습니다.

기업은 '생존'을 위해 '도덕성'을 희생할 때가 많습니다. 생존하지 못하는 것 자체가 기업에겐 가장 큰 부도덕이니까요. 이에 대한 가치 판단은 각자의 재량입니다.

CEO(Chief Executive Officer), 최고 경영자를 뜻함. 기업의 모든 것을 책임지는 우두머리라는 뜻. CEO는 고용하고 있는 직원들도 책임져야 하고, 투자한 주주들도 책임져야 하고, 기업의 제품을 사용하는 고객들도 책임져야 하고, 때로는 기업이 몸담고 있는 사회와 국가에도 일부 책임을 져야 함.

저야 할 책임이 많은 대신 그만한 권력을 가지는 것은 당연함. 중요한 것은 그 권력을 어떻게 쓰느냐의 문제. 도덕성을 버리고 생존의 극대화를 위해 권력을 남용할 수도 있고, 생존과 도덕성을 모두 지키는 현명한 권력을 발휘할 수도 있음.

CEO가 정말 현명하고 영리하다면, 자동차 공장에 '100달러짜리 생산라인'을 도입해 기업과 소비자들의 이익을 모두 보장할 수도 있을 것임. 물론 쉽진 않겠지만.

3. 나는 샐러리맨형 인간인가, CEO형 인간인가?

연세대학교 심리학과 양진영 박사의 연구에 의하면, 우리나라의 20, 30대 직장인들은 크게 주관적 경력개발형, 인습적 경력개발형, 현실주의적 경력개발형, 그리고 물질주의적 경력개발형의 4가지 유형으로 구분됩니다.

그 중에서도 주관적 경력개발형 vs 인습적 경력개발형은 CEO형 인간과 샐러리맨형 인간을 구분하는 데 중요한 척도라 할 수 있습니다. 이 두 유형의 특성은 다음과 같습니다.

1. CEO형 인간(주관적 경력개발형)

주관적 경력개발형은 다른 유형들에 비해서 자기만의 내적인 가치를 중요하게 여기고, 남이 시키지 않아도 스스로 자기 통제 하에 일을 하려는 경향(자기 주도성)이 높습니다. 반면에 나이가 몇 살이면 무슨 일을 해야 한다는 식의 고정관념에 얽매이지 않고, 시간이나 운처럼 자신이 통제할 수 없는 상황적·환경적인 요인은 무시하려는 경향이 있습니다.

이 유형의 사람들은 자신이 스스로 정한 가치를 추구하고 성취하는 데 만족합니다. 더 나은 미래를 위해서 현재는 참고 지내겠다는 태도가 아니라 지금 당장 자기가 좋아하는 일을 저지르려는 경향이 더 강합니다.

여러 가지 체험을 하는 걸 두려워하지 않지만, 일단 한번 시작한 일은 오랫동안 꾸준히 계속합니다. 이들은 결과가 당장 나오지 않더라도 언젠가는 뜻을 이루고 자연스럽게 보상도 받을 것이라고 생각하기 때문에 여유가 있습니다.

2. 샐러리맨형 인간(인습적 경력개발형)

인습적 경력개발형은 다른 유형들에 비해서 상황 주도성이 가장 높습니다. 이들은 자신만의 기준이 없이 인습적이고 규범적인 기준을 따르는 경향을 보입니다. 이 사람들은 조직에 의탁해서 경력을 개발하는 데 익숙한 유형으로, 지금처럼 개인 주도적인 경력개발이 요구되는 시대적 분위기에서는 불만이나 불안감을 느낄 수 있습니다.

이 유형은 현재 자기 직장이 불만스럽더라도 그 일을 계속 할 수 있는 사람들입니다. 이들은 지금 하는 일이 불만스럽더라도 이직을 하기에는 나이가 너무 많거나 적다고 핑계를 대거나, 아니면 지금 일을 너무 오랫동안 해왔기 때문에 앞으로도 계속해야 한다고 스스로를 다독입니다.

이 사람들의 목표는 뭔가를 이루어내는 것이라기보다는 해고당하지 않고 계속 자리를 보전하는 쪽일 가능성이 높습니다. 이 사람들에게 일은 생활의 도구일 뿐이며, 인생의 재미나 삶의 질은 일이 아닌 다른 여가 활동을 통해서 찾는 것이라고 여깁니다.

자, 그럼 당신은 CEO형 인간일지, 샐러리맨형 인간일지 자가 테스트를 해 보세요.

아래 '상황 주도'와 '자기 주도' 문항에서 자신이 동의하는 문장의 수를 세어보고, '상황 주도'에선 몇 개나 나왔는지, '자기 주도'에선 몇 개가 나왔는지 기억하세요.

상황 주도

▶ 하고 싶은 일만 하면서 성공한 사람은 별로 없다.
▶ 좋아하는 일을 찾으려면 하기 싫은 일도 해봐야 한다.
▶ 단 하나의 진정한 자기모습을 찾아야만 성공한다는 것은 환상이다.
▶ 직업을 바꿀 때는 타이밍이 가장 중요하다.
▶ 내 직업이 내가 어떤 사람인지를 말해준다.
▶ 이직을 자주 하는 사람은 삶의 목표가 불분명한 사람이다.

▶ 남과 다른 경험을 할 수 있다면 보수나 직위는 문제되지 않는다.

▶ 열심히 일하다 보면 돈은 저절로 따라온다.

▶ 포기하지 않고 계속하면 언젠가는 보상을 받게 된다.

▶ 주변 사람들이 뭐라고 해도 내가 원하는 일은 기어이 하고야 만다.

▶ 찾기만 하면 내가 하고 싶은 일을 할 기회는 언제든 있다.

▶ 나만의 가치를 높일 수 있다면 언제든 이직할 수 있다.

상황 주도 문장에 동의하는 숫자가 자기 주도보다 많으면 얌전한 샐러리맨형 인간. 그 반대면 CEO형 인간이거나, 최소한 평범한 직원으로 계속 지내지는 못할 인간형입니다.

※ 참고문헌 : 양진영 (2005), 불안정 고용시대의 경력개발과 심리적 특성에 관한 연구, 연세대학교 대학원 박사학위 논문.

4. 성공한 기업, 이렇게 시작됐다

1. 대량생산이란 '표준'을 만든 기업, 포드 자동차

▶ 창업자 : 헨리 포드

초등학교 졸업 후 농부의 아들로 태어나 가난이 싫어 가출, 기계

공장의 견습공이 되었고, 이후 직공, 시계 수리공, 조선 회사의 직원, 자동차 레이서 등으로 일하면서 자동차 제조 기술을 습득, 1896년 혼자 힘으로 자동차를 조립해 냄. 직접 자동차를 만드는 데 성공한 포드는 1903년 자동차 회사 설립. 그러나 이미 당시 미국에 자동차 회사는 500개가 넘었음. 포드는 자신의 회사가 시장에서 살아남기 위해선 '대량생산' 밖에 없다는 사실을 절감, 자동차 대량생산 조립 공장을 만드는 데 전력을 기울임.

조립라인을 완성한 뒤, 포드는 제조 공정의 표준화, 부품의 통일화(그래서 언제든 교환할 수 있도록), 최저임금제를 통한 비용절감에 성공, 자동차 가격을 혁신적으로 낮추기 시작함. 이로써 "보다 많은 사람들이 합리적이고 저렴한 가격으로 차를 구입할 수 있도록 한다"는 목표를 달성함. 이는 자본주의 경제 시스템의 새로운 혁명이었으며, 오늘날 헨리 포드는 "20세기 대량생산 시스템의 아버지"라는 호칭을 얻음(그러나 마케팅을 무시한 생산에만 집중된 전략, 기계적 대량생산에 의한 품질 관리 소홀 등으로 포드는 이후 자동차 시장 점유율을 점차 잃게 됨).

2. 대량생산만으론 먹고살 수 없다, 고객 서비스의 선구자, 마쓰시다 전기

>>> **창업자 : 마쓰시다 고노스케**

초등학교 4학년 중퇴. 집이 가난해 열 살부터 애를 돌봐 주는 일을 하며 남의 집에 얹혀살았음. 이후 자전거 수리를 배우고, 전기 업체로 옮겨 일을 하며 가전제품 업계에 투신. 그간의 경력을 바탕으로 1917년 22살의 나이에 마쓰시다 전기회사 설립.

초기 제품인 자전거 램프를 발명해 시장에 내놓았지만 팔리지 않음. 이에 마쓰시타는 아예 자전거 램프를 자전거 상점마다 무료로 나눠주고 팔리면 돈을 나누어 받는 '외상 직거래' 망을 만들었음. 게다가 사람들이 상점 앞에서 직접 스위치를 조작해 보도록 하는 "백문이 불여일견" 마케팅을 창안, 전국적인 히트를 기록함.

1925년 내쇼날이라는 상표로 제품 판매 시작, 이때부터 세계 최초의 '고객서비스' 개념 도입. 제품을 팔고 난 뒤에도 수리 반품 등을 책임지고, 물건이 품절되면 소비자에게 사과하고 주소를 적어 빠른 시일 내에 배송을 완료했음.

"판매한 후 서비스를 잘해주면 그 사람은 평생 고객이 된다"는 마쓰시타의 기업 철학은 내쇼날 기업이 420억 달러 가치의 세계적 기업으로 도약할 수 있게 함(1990년에는 미국 헐리웃의 MCA 영화사까지 인수함).

마쓰시타는 헨리 포드의 대량 생산의 방식에 고객 만족 서비스란 개념을 추가, 세일즈에 새로운 표준을 제시했을 뿐 아니라, 1960년에는 업계 최초로 주 5일 근무제를 실시해 직원 만족이란 개념까지 도입함(그러나 마쓰시다 전기는 2차 대전 때부터 군사무기 제작에 참여하는 등, 군국주의 기업으로도 잘 알려져 있음).

3. 박리다매 전략으로 나라의 경제를 바꾼 기업, 월마트(Walmart)

>>> **창업자 : 샘 월튼**

미국 아칸소 지방 시골 출생. 어릴 때부터 어려운 집안 살림에 경제 공황까지 겹쳐 우유와 신문 배달로 가족의 생계를 꾸려야 했음. 이때부터 철저한 근검절약 습관이 몸에 뱄다고 함(그는 억만장자로 성공한 후에도 비행기 이코노미 석만 탔으며 월마트에서 구매한 허름한 옷에 낡은 픽업을 몰고 다녔음).

미주리 대학을 졸업하고 2차 대전에 참전한 후, 1945년 고향의 싸구려 잡화상을 인수해 사업을 시작함. 이때부터 가격을 낮추면 판매가 늘어나고 결국 더 많은 이윤을 남길 수 있다는 박리다매 전략을 구사함. 제조업체 판촉비와 유통비를 줄이는 등 내부 비용을 줄이고 이를 그대로 상품가에 반영했음. 당시 K마트를 비롯한 대규모 유통업체들이 인구 5만 이상의 도시에만 진출한 점을 간파, 인구 5,000 이하의 소도시에만 상점을 세우며 이곳에서 형성된 신뢰와 소비자 네트웍을 기반으로 점차 큰 도시로 확장하는 전략을 구사했음.

1962년 할인매장 월마트 공식 오픈. 1970년대까지 월마트의 전국 지점은 19개, K마트의 전국 지점은 250개였음. 그러나 월마트는 꾸준한 비용 절감과 소도시를 기반으로 한 유통망 확대, 창고형 할인점 오픈, 네트웍을 이용한 전산화 등으로 사업을 확장하기 시작, 90년부터는 매출이 업계 1위였던 K마트와 시어즈를 앞지름(전국 최저가 보증을 위해 고객이 사간 물건을 경쟁사가 더 싸게 팔면 그 차액을 돌려준다는 마케팅을 구사한 것도 월마트였으며, 상품의 효율적 관리를 위해 바코드 스캐너를 업계에서 처음으로 도입한 것도 월마트였음).

월마트는 박리다매 전략의 효과를 극대화하기 위해, 가장 싼 가격을 제시하는 제조업체의 물건을 우선적으로 판매하는 식으로 제조업체의 비용 절감을 강요했음. 이에 미국의 제조업체들은 공장 자동화, 인력관리 효율화, 유통망 단순화 등으로 월마트의 요구에 부응했고, 이는 미국 기업 전체의 생산성 향상에 기여했음.

4. 단순화, 간소화, 자동화가 만들어 낸 신화, 델 컴퓨터

〉〉〉 창업자 : 마이클 델

텍사스 대학에 다니던 19살의 마이클 델은 낮에는 수업을 듣고 밤에는 컴퓨터 업그레이드 작업에 미친, 주독야경 생활을 하는 컴퓨터광이었음. 학점이 계속 곤두박질치자 그는 1984년 대학을 중퇴하고 1,000달러로 자신의 회사 델 컴퓨터를 창립함.

회사 설립 후 그는 자신이 직접 소비자로부터 주문을 받고, 자신이 직접 부품을 사다가 컴퓨터를 조립해 파는 방식으로 사업을 확장한다. 이 과정에서 중개업자는 100% 배제, 비용을 최소화하고 가격을 혁신적으로 낮추는 데 성공함.

그의 이런 '직접 마케팅(Direct Marketing)'과 '맞춤 제작' 방식은 고객으로부터 엄청난 호응을 얻었으며, 회사 측은 비용을 절감하고, 재고율은 0%로 낮출 수 있었음. 델 컴퓨터의 매출액은 매년 50%씩 성장했고, 1988년엔 증시 상장, 2000년대엔 IBM과 컴팩 등을 제치고 오늘날 전 세계 최대의 글로벌 기업으로 발전함.

델의 직접 주문 생산 및 직접 마케팅 방식은 인터넷 시대에 진정한 빛을 발함. 인터넷 등 IT 기술이 발달된 뒤로 델은 고객에게서 들어오는 모든 주문을 전산화해 이를 직접 공장 생산 시스템에 전달, 모든 것이 자동으로, 아무 오류 없이, 초스피드로 소비자에게 배송되는 시스템을 갖춤.

"어릴 때부터 나는 무엇이든 불필요한 단계를 제거하는 일에 상당히 흥미가 있었다"고 말하는 마이클 델의 집요한 간소화, 자동화 전략은 IT 시대에 최상의 효과를 거두었고, 『포브스』가 선정한 세계 500대 부자에 가장 어린 나이에 선정되는 영광을 누림.

5. 새로운 시장 진출은 이렇게 한다, 아마존

≫ 창업자 : 제프 베조스

월 스트리트 증권가의 억대 연봉 사원이었던 제프 베조스, 1994년 인터넷 WWW의 사용량이 전 세계적으로 일 년에 2,300%씩 증가하고 있다는 것을 발견, WWW를 이용한 사업을 결심함. 그는 인터넷에서 팔 수 있는 상품 중 가지 수가 가장 많은 것이 책이라는 사실을 깨달음. 책 소매업계에는 독점 기업이 없는 데다 수백만 권을 한꺼번에 파는 책방은 어디에도 존재하지 않는다는 점에 주목함. 인터넷과 컴퓨터를 이용하면 미국 내에 있는 수백만 권의 책을 한데 모아 팔 수 있고, 이는 엄청난 경쟁력이 될 것이라 확신함.

1995년 가족 친지로부터 투자를 받고, 세계 최초의 온라인 서점이자 인터넷 상거래의 효시인 아마존(Amazon, http://www.amazon.com) 설립. 처음엔 사이트를 구축하면서 돈을 아끼기 위한 모든 수단을 동원함. 당시 아마존 직원들은 책상 살 돈도 아까워 헌 문짝을 조립해 책상처럼 만들어 썼다고 함. 당시 이 아마존 사이트에선 250만 종의 책을 검색할 수 있어, 기

존의 가장 거대한 오프라인 서점보다도 100배 더 많은 물량을 제
공함. 그리고 인터넷을 이용한 고객 관리 시스템, 제휴 프로그램
등의 디지털 마케팅 기술을 개발, 아마존을 e비즈니스 기술의 '모
범 사례'로 만듦.

사이트를 열자마자 폭발적인 성장을 거듭한 아마존은 1995년 51
만 달러였던 매출이 1997년엔 1억 4,700만 달러까지 늘어남.
1997년 18달러의 증시가로 주식 상장을 한 아마존의 주가는 1999
년 여름 100달러까지 치솟아 베조스에 투자했던 사람들을 억만
장자로 만들어 줌.

베조스는 인터넷 서점의 가능성을 확신했으면서도 결코 섣불리
뛰어들지 않았음. 그는 사업을 시작하기 전에 출판업자들을 만나
고 다니며 서적 판매에 대해 정보를 얻으며 그들에게 조언을 구
함. 시장의 선발 주자의 이점을 잘 알고 있으면서도 자만하지 않
았던 것이 성공적인 창업을 할 수 있었던 중요한 이유였음.

6. 인터넷 비즈니스 역사의 이정표, 야후!

>>> 창업자 : 데이빗 파일로, 제리 양

스탠포드 대학원생 데이빗 파일로와 제리 양은 인터넷에 정보들
이 너무나 난잡하게 흩어져 있다는 점에 주목, 스탠포드 대학에
할당된 자신들의 조그만 학생 서버 공간에 웹 사이트를 개설하고,
방문할 만한 웹 페이지를 분야별로 모아서 보여주는 서비스를 제
공함. 이것이 오늘날 포털 서비스의 시초이자 야후!의 모태였음.
이 사이트를 바탕으로 1994년 4월 최초의 인터넷 포털(portal) 기

업, 야후(Yahoo!) 설립. 당시 야후는 사용자들이 드넓은 인터넷 공간에서 정보를 찾아 헤맬 필요 없이, 모든 정보가 체계적으로 정리돼 있는 포털에서 원하는 정보로 쉽게 접근할 수 있게 해줌.

1996년 IPO로 공개 기업 대열에 들어선 야후는 폭발적인 성장을 거듭함. 1997년 온라인 e메일 사이트인 로켓메일(rocketmail.com: 야후 e메일 서비스의 기반이 됨)과 커뮤니티 사이트인 지오시티(Geocities), 브로드캐스트닷컴(broadcast.com)을 비롯한 콘텐츠 사이트들을 인수, 사업을 다각화함. 1998년엔 야후! 쇼핑, 야후! 옥션 사이트를 개설해 전자상거래 사업에도 뛰어들었고, 1999년 '야후 메신저(Yahoo Messenger)' 출시를 계기로 통신 사업까지 진출함.

이렇게 야후는 e메일, 커뮤니티, 콘텐츠 사업뿐만 아니라 온라인 쇼핑, 금융, 기업 서비스까지 제공하면서 더 이상 'WWW 정보 접근 및 검색 서비스'가 아닌, 수많은 사업 모델을 운영하는 '글로벌 온라인 미디어' 기업으로 거듭남. 또한 데이팅 서비스인 야후 퍼스널(Yahoo Personals), 구직 페이지(Yahoo Careers), 그리고 여행 중개 페이지(Yahoo Travel)와 같은 유료 서비스를 통해 수익원을 확충해 나감.

무엇보다 야후는 인터넷 사업체로는 최초로 회사의 이름을 전 세계적인 브랜드로 키운 기업이었음. 야후는 모든 사람들의 머릿속에 야후란 이름을 각인시키기 위해 1996년부터 "Do You Yahoo?"라는 마케팅 문구 아래, TV, 인쇄 매체, 길거리, 스티커 등에 야후의 이미지를 널리 퍼뜨리며 대대적인 브랜딩 전략에 나섬. 야후의 공격적인 브랜딩 전략은 큰 성공을 거두었고, 야후는 오늘날 인터넷에서 가장 유명한 브랜드로 성장함.

7. 인터넷 업계의 장인정신, 구글

창업자 : 세르게이 브린, 래리 페이지

스탠포드 컴퓨터 공학과 대학원생이었던 세르게이 브린(Sergey Brin)과 래리 페이지(Larry Page)는 1996년 자신들이 만든 검색 엔진 기술을 다른 거대 포털 사이트에 팔려고 했음. 자신들의 신용카드로 빚을 내 장비를 구입하고 검색엔진 개발에 주력했지만 구글의 기술을 사겠다는 업체는 아무도 없었음. 결국 브린과 페이지는 자신들의 검색 기술로 회사를 세우기로 결정. 10만 달러를 투자받고, 이 돈으로 카드빚을 갚은 브린과 페이지는 다시 부모, 친지, 그 밖의 다른 투자자들로부터 100만 달러를 모금, 이 돈으로 1998년 '구글'이라는 회사를 설립, 검색 서비스를 개시함.

구글의 사업 모델은 '검색' 단 한가지뿐이었음. 검색엔진으로 시작한 다른 인터넷 기업들이 검색 기능을 기반으로 디렉터리, 뉴스, 커뮤니티 등의 서비스를 제공하는 포털 사이트로 발전한 것에 반해, 구글의 웹사이트에서는 오직 검색 창 하나만으로 사업을 전개함. 초기 구글은 트래픽을 늘리기 위해 아무런 마케팅을 하지 않았으며, 수익을 올리기 위해 광고를 유치하지도 않았음. 그들에게 최우선 과제는 오직 업계 최고 수준의 검색엔진 기술을 만드는 것이었음. 검색 결과의 신속 정확함, 광고 하나 없는 깔끔한 사용자 환경 등, 오직 검색만을 위해 최적화된 구글 웹사이트 소문은 사용자들의 입에서 입으로 빠르게 번져 나갔고, 이후 급성장을 거듭, AOL과 야후 등에 검색 서비스를 제공하면서부터 본격적인 수익을 얻기 시작함.

외부 기업에 검색 기술을 제공해 수익을 얻던 구글은 자사의 사이트 이용자 수가 폭발적으로 늘어나면서 자체적인 검색 광고 서비스를 제공, 엄청난 수익을 올리기 시작함. 오직 검색만을 위해 태어난 구글은 미국 검색 시장의 50% 이상을 장악하고 이용자의 수가 엄청나게 많아지면서 뉴스, 커뮤니티, 번역, 데스크 탑 검색 등의 서비스로 확장하기 시작함. 이에 기존 포털 업체인 야후의 위치마저 위협하고 있음.

이 모든 것은 기술적 완벽성을 위해 쏟았던 구글의 투철한 장인 정신 덕분이었음. 돈이나 외적인 화려함보다는 내실과 본분에 충실해 온 구글은 오늘날 모든 인터넷 사업체의 모범이 되고 있음.

8. 온라인에서 재현된 그리스 민주주의, e베이(eBay)

>>> 창업자 : 피에르 오미디아

프랑스 태생의 피에르 오미디아는 부모를 따라 6살 때 미국으로 이민, 미국 터프츠(Tufts) 대학에서 컴퓨터 공학을 전공한 전형적 '공돌이'였음. 대학 졸업 후 8년간 컴퓨터 프로그래머로 일하던 오미디아는 1996년 취미 삼아 e베이(eBay, http://www.ebay.com)라는 무료 전자상거래 사이트를 제작, 운영함.

e베이의 사업 아이디어는 인터넷 사용자들이 서로 알아서 물건을 팔 수 있게 하는 '온라인 장터'를 제공하는 것이었음. 기존 시장은 판매자보다 소비자가 많기 때문에 제품 수도 제한돼 있고 제품의 가격도 주로 판매자에게 유리하게 조정되지만, e베이에서는 다수의 판매자와 다수의 소비자가 한꺼번에 참여하기 때문에 제품의 종류나 가격이 훨씬 다양함.

e베이의 이런 서비스는 입 소문을 타고 순식간에 늘어나기 시작했고, 사용자가 너무 많아 서버를 증축해야 할 상황까지 옴. 오미디아는 서버를 증축하는 대신 늘어난 사용자를 줄이기 위해 유료화를 시작함. 즉, 상품을 올려 파는 사람들에게 '사용료'를 받기 시작한 것. 놀랍게도, 사용자는 줄기는커녕 오히려 계속 늘기만 해 결국 오미디아는 자신의 집에 사무실을 차리고 본격적인 사업을 시작, 오늘날 세계에서 가장 거대한 전자상거래 사이트인 e베이를 건설함.

e베이에선 매년 90억 달러 이상, 1억 가지가 넘는 아이템들이 거래되고 있지만, 회사 내에는 물품 인벤토리도, 창고도, 영업 부서도 존재하지 않음. 서로 간의 거래가 성사되고 난 뒤엔 송금과 물건 배송까지 각자 고객들이 책임지기 때문. e베이는 이렇게 사람들이 자유롭게 거래를 할 수 있는 장만 마련해 주고서, 거래가 이뤄진 물품에 대해 1~5%의 중개 수수료(커미션)를 받아 수익을 올림. 웹 사이트에 회원 수만 늘리면 이들이 알아서 아이템 거래량을 높여 줄 것이고, 거래량이 높아지면 자동으로 수익도 증가하니 단순하지만 확실한 수익 구조.

판매하는 제품을 스스로 홍보하고, 결제하고, 운송할 필요가 없는 e베이는 그만큼 회사의 운영비용을 절감할 수 있음. 전통적인 오프라인 소매상인 월마트의 경우 아이템의 종류, 수량, 가격, 마케팅, 운송 등 모든 것을 책임지기 때문에 막대한 운영비용을 감당해야 했으며, 장기 부채가 160억 달러에 이르고 있다. 반면 e베이에는 아무런 부채가 없으며 1998년부터 매 분기 흑자를 기록하며 매년 급성장하고 있음.

어이없이 망한 기업들

1. 디지털 리서치(Digital Research, 1974~1991)

당대 최고의 천재 프로그래머, 개리 킬달(Gary Kildall)이 세운 디지털 리서치는 세계 최초의 컴퓨터 오퍼레이팅 시스템(Operating System: OS) 개발이라는 엄청난 업적을 세운 기업이었음.

개리 킬달은 1974년 세계 최초의 BIOS(Basic Input & Output System: 컴퓨터의 소프트웨어와 하드웨어의 연결해 주는 교량과 같은 것으로, 역사상 최초의 OS 발명으로 이어짐), CP/M(Control Program/Monitor)을 개발하고 자신의 회사, 디지털 리서치(Digital Research)를 차림(이 회사명은 IBM PC 시절 DR-DOS로 유명함). CP/M은 전 세계 프로그래머들을 대상으로 날개 돋친 듯 팔려 나갔고, CP/M라는 제품 하나로 킬달은 여러 대의 스포츠카와 자가용 비행기를 보유할 정도로 엄청난 부를 누리게 됨.

이렇게 컴퓨터의 OS 시장을 독점하게 된 디지털 리서치는 경쟁의식이나 긴장감이 전혀 없었음. 자신들이 만든 세계 최초의 OS는 그 누구에게 어떤 도전도 받지 않을 것이라는 느긋한 착각에 빠져 있었음. 결국 1980년 IBM과의 OS 공급 계약을 스스로 거부함으로써 세계 최대의 소프트웨어 회사로 발돋움할 수 있는 기회를 잃어버림.

이때 IBM과의 계약을 가로챈 회사가 바로 빌 게이츠의 마이크로소프트. 빌 게이츠는 킬달의 CP/M을 거의 그대로 베낀 MS-

DOS를 만들어 IBM과 계약을 맺고 이때부터 OS 시장을 독점, 승승장구하기 시작함. 이후 디지털 리서치는 계속 MS의 그늘에 가린 비주류 OS 개발 회사로 머물다가, 끝내 1991년엔 노벨 (Novell) 사에 헐값으로 팔림.

2. 넥스트(NeXT, 1988~1996)

애플 컴퓨터의 설립자, 컴퓨팅 업계의 탕아, 스티브 잡스가 컴퓨팅 업계에 복귀해 만든 초현대식 컴퓨터. 첫 출시된 '넥스트큐브 (NeXTcube)'는 모토로라 68030 마이크로프로세서, 8MB RAM, 256MB 광학 디스크 저장장치가 탑재돼 있었으며, 특히 DSP(digital signal processor)에 의한 음성 인식 기능, 완벽한 객체지향 운영체계/개발 환경 넥스트스텝(NeXTStep)이 장착된, 당시 업계 최고의 기술력을 자랑하는 경이적인 작품이었음.

일반 개인과 기업용 데스크탑 PC 시장을 노린 넥스트큐브는 그러나 6,500달러라는 높은 가격에, 느린 속도로 시장에서 부진을 면치 못했음. 넥스트의 두 번째 제품인 '넥스트스테이션 (NextStation)'은 기업용 워크스테이션 시장을 노렸으나 SUN의 워크스테이션 제품에 가격 대비 성능에 크게 밀렸음.

1990년대 들어서도 넥스트의 지속적인 적자에서 단 한 번도 헤어나지 못했으며, 결국 1993년 대부분의 직원들을 해고하고 자산을 정리하는 단계에 들어감. 스티브 잡스는 여기에서도 다시 한 번, 시장성은 전혀 고려하지 않은, 오직 자신의 만족을 위한 완벽주의 제품을 생산해 회사를 단 5년 만에 침몰시킴(그러나 넥스트는 그

후로도 일부 연구 단지에서 애용돼, 팀 버너즈 리가 1990년 WWW을 개발하는 데 사용한 OS로 알려지게 됨).

3. 워드퍼펙트(WordPerfect, 1980~1993)

1980년대 전 세계 PC 워드프로세서의 '대세'였던 프로그램. MS-DOS가 주요 PC OS로 자리 잡은 뒤, 워드퍼펙트 사의 워드퍼펙트(WordPerfect)는 장장 10년이 넘는 세월 동안 PC 워드프로세서 시장을 거의 독점하고 있었음.

1990년 마이크로소프트가 DOS 기반의 환경에서 탈피한 새로운 그래픽 환경의 운영체제인 윈도를 내놓았지만, 마이크로소프트와 관계가 좋지 않던 워드퍼펙트 사는 일부러 윈도용 프로그램 출시를 늦춤. 이들은 이 새로운 운영체제가 시장의 반응을 얻으려면 시간이 걸릴 것이고, 게다가 자신들이 먼저 라이벌 관계의 회사인 마이크로소프트에 '좋은 일을 해줄 필요는 없다'는 반응을 보임. 워드퍼펙트는 MS-DOS에서의 성공에 지나치게 도취돼 있었음. 윈도 3.0이 출시된 뒤에도 윈도는 한때의 유행에 지나지 않는다며 MS-DOS 시장에만 주력했음. 이는 MS의 워드(Word)가 워드프로세서 시장을 장악하는 빌미를 제공, 워드퍼펙트가 1992년 윈도 버전 워드퍼펙트를 출시했을 때는 이미 윈도 워드 두 번째 버전이 출시돼 시장을 상당 부분 장악한 상태였음. 이때의 새로운 컴퓨팅 환경 적응에 실패한 워드퍼펙트는 1993년 노벨(Novell) 사에 헐값에 인수됐고, 워드퍼펙트의 재활에 실패한 노벨은 이 브랜드를 다시 코렐(Corel) 사에 처음의 1/8 가격에 팔아 버림.

4. 엔론(Enron, 1985~2001)

엔론은 1985년 휴스턴 내추럴 가스(Houston Natural Gas)와 인터노스(InterNorth) 사의 합병으로 탄생한 천연 가스 공급 회사. 이후 엔론은 석유, 전기, 펄프, 플라스틱, 금속, 금융, 고속 인터넷 등의 분야로 진출하면서 미국 최대 규모의 에너지 자원 및 원자재 판매 회사로 성장함. 1990년대 후반부터 엔론은 에너지 중개 사업에 주력하기 시작했으며, 1999년엔 엔론온라인(EnronOnline)을 설립, 인터넷으로 중개 사업의 효율성을 극대화함. 이 인터넷 중개 사업으로 엔론은 전 세계에서 가장 거대한 B2B 전자 상거래 기업으로 명성을 얻으며 'e비즈니스의 모범 사례'로까지 기록됨. 그러나 이런 엔론의 화려한 모습은 껍데기에 불과했고, 엔론은 사실 회생 불가능할 정도의 부실기업이었음. 2001년 엔론은 초고속 인터넷, 수도 등의 사업에서 10억 달러를 손해 봤으며, 파트너 기업과의 계약 문제로 12억 달러의 자산이 축소됐다고 발표, 곧 이어 1997년부터 2001년까지 5년 동안 수익을 거의 6억 달러씩 부풀려 보고했다고 자백함. 이런 사실이 밝혀지면서 엔론의 (90달러 선까지 치솟았던) 주가는 순식간에 추락했고, 신용등급 역시 최하 단계로 떨어짐.

부채 상환이 불가능해진 엔론은 2001년 12월 파산. 이때 파산한 엔론의 자산 규모는 498억 달러, 총부채 312억 달러였고, 이는 미국 역사상 가장 거대한 파산으로 기록됨.

엔론의 몰락은 회사 부실의 은폐, 조작에서 비롯됨. 엔론은 구조 조정을 통해 부실을 청산하고 내실을 다지기보다는, 오히려 부실을 감추고 주식 가치를 높이는 데 모든 노력을 기울였음. 떨어지는 수익률을 극복하기 위해 엔론은 초고속 인터넷, 금속, 금융 등 다양한 분야로 사업을 무리하게 확장했고, 이는 회사를 최악의 상황으로 몰아넣었음.

5. 부닷컴(Boo.com, 1998~2000)

1998년 11월 스웨덴 출신의 세 명의 젊은이들에 의해 세워진 온라인 쇼핑 사이트. 인터넷에서 값비싼 패션, 스포츠 의류를 판매한다는 계획으로 세워진 Boo.com은 초기에 세계 굴지의 재벌들과 기업체들로부터 막대한 투자를 받으며 세간의 이목을 집중시켰음.
Boo.com의 투자에는 이탈리아의 베네통(Benetton), 미국의 투자 은행 JP 모건(J.P.Morgan), 골드만 삭스(Goldman Sashs), 세계 최대 패션 기업 LVMH(루이 비통 모엣 헤네시)의 회장 베르나르 아르노(Bernard Arnault), 그리고 몇몇 중동의 거부들이 참여했음. 이들이 Boo.com에 투자한 총 금액은 1억 3,000만 달러에 달했으며, 이는 유럽 내 인터넷 기업에 대한 투자 중에선 역사상 가장 거대한 규모였음.
Boo.com의 목적은 온라인에 전 세계적인 쇼핑 매장과 패션 브랜드를 창조하는 것이었다. Boo.com의 창립자와 투자자들은 Boo.com이 패션 업계의 아마존(Amazon.com)이 되리라는 기대에 부풀어 있었음. 엄청난 투자 금액만큼이나 Boo.com의 시작은 화려했음. 런던, 스톡홀름, 파리, 뉴욕, 뮌헨 등지에 사무실을 내고, 전 세계 18개국에 사이트를 동시에 개설하려고 했으며 브랜드 이미지 구축을 위해 대대적인 TV 광고에 열을 올렸음.

그러나 사이트에서 너무 많은 것을 시도하려는 기술적인 욕심과, 18개국에 사이트를 운영하기 위한 어마어마한 인프라 때문에 Boo.com의 사이트가 개설되기까지는 자그마치 1년이란 세월이 소요됨(1999년 11월 공식 오픈). 사이트 개설이 늦어진 덕에 미리 내보냈던 TV 광고를 비롯한 값비싼 마케팅 캠페인이 대부분 무용지물이 돼 버림.

게다가 오픈한 사이트는 사상 최악의 그래픽과 사용자 환경, 그리고 링크까지 군데군데 끊어져 있어서 곧 아무도 찾지 않는 사이트로 전락하고 맘. 또한 물건을 주문하고 결제하기까지 너무나 많은 불편함이 따랐으며, 배송 지연, 배달 사고, 환불 지연까지 빈발함. 결국 Boo.com은 2000년 5월, 사이트를 오픈한 지 6개월, 회사 설립 1년 6개월 만에 파산함. Boo.com에 근무하던 200명 이상의 직원이 일자리를 잃었으며, Boo.com이 남긴 자산은 200만 달러도 안 되는 가격에 다른 회사로 넘어감.

6. 기적처럼 회생한 기업 사례

1. 노벨의 부활 신화

노벨 데이터 시스템은 1980년 설립된 컴퓨터 벤처 기업. 1981년 직원을 120명까지 거느릴 정도로 성장했다가, 1982년엔 15명의 직원만 남은 파산 직전의 회사로 전락함. 당시 노벨은 회사의 가구를 내다 팔아 은행 빚 만기일을 넘길 정도로 처참한 상황이었음.

이렇게 회생 불능 지경이었던 노벨을 구하러 온 사람이 있었으니, 바로 벤처 투자자 레이 누아다(Ray Noorda)였음. 당시 누아다는 업계의 유명한 벤처 투자자이자 기업 회생 전문가였음. 그는 1983년, 노벨 인코퍼레이션(당시 사명을 노벨 데이터 시스템에서 노벨 인코퍼레이션으로 변경)을 사들이고 자신이 노벨의 CEO로 부임함.

새로운 CEO, 누아다는 타고 다니는 자동차부터 달랐음. 과거 다른 CEO들은 리무진을 타고 다녔지만, 누아다는 낡아 빠진 픽업트럭을 타고 회사에 출근했음. 누아다는 회사를 살리기 위해, 최고 관리자가 아닌, 직접 모든 일을 맡아 하는 '만능 직원'을 자처, 제품 개발에서 판매, 배송까지 모든 비즈니스에 직접 참여하기 시작함.

누아다는 회사를 위해 기여하는 직원들을 선호했고, 회사에 꼭 필요한 인재라면 자신의 봉급을 떼어서라도 회사에 머물게 했음. 직원들은 이런 누아다를 깊이 신뢰하기 시작함.

특히 누아다는 노벨이 마지막까지 갖고 있던 LAN 소프트웨어 기술에 주목함. 당시 LAN 시장은 폭발적으로 증가하고 있었으나 LAN 소프트웨어에 신경 쓰는 회사는 거의 없었음. 노벨이 독자적으로, 모든 네트웍 카드에, 모든 OS에, 모든 PC에 설치될 수 있는 네트웍 소프트웨어를 판매한다면 그로부터 얻는 수익은 엄청날 것이 분명했음. 누아다는 개발자들을 설득해 소프트웨어 개발에 전력을 다했고, 이들을 끌고 다니며 고객 기업들을 설득하고 다녔음.

이런 식으로 누아다는 고객을 하나하나씩 확보해 나갔고, 노벨의 주문은 늘기 시작했음. 그리하여 1983년 여름, 노벨은 한 달 동안

30만 달러에 달하는 매출을 올리며 회생에 성공함. 여기에 그치지 않고 누아다는 노벨이 직접 이더넷 어댑터를 함께 생산해 판매하기로 결정함. 당시 LAN 하드웨어 시장의 대부분을 점유하고 있던 3Com은 노벨과의 경쟁으로 가격을 낮출 수밖에 없었고 이는 LAN 카드의 가격 인하, 그리고 네트웍 컴퓨터의 보급 확대를 가져옴. 이에 따라 당시 최강의 네트웍 소프트웨어로 군림하던 노벨의 제품 판매가 자동적으로 급증했음.

1984년부터 네트웍 시장을 완전 장악한 노벨의 LAN 소프트웨어는 모든 기업의 필수품이 됐고, 노벨은 전 세계 4위의 소프트웨어 기업으로 발돋움함.

2. IBM

1960년에서 1980년대까지, 미국에서 컴퓨터는 곧 IBM을 의미했음. 당시 IBM은 컴퓨터 산업계를 넘어선 미국 비즈니스 업계의 상징과도 같은 존재였음. 그러나 1990년대 들어 IBM은 '생존 위협'에 시달림. 1980년에 뛰어든 PC 시장은 곧 컴팩을 위시한 'IBM 호환 기종'의 득세로 시장 점유율에서 크게 밀리기 시작했고, 새로 출시한 컴퓨터 운영체제 OS2 시리즈는 마이크로소프트의 윈도에 참담한 실패를 거듭함.

PC 시장에서는 물론, IBM이 전통적인 강세를 보이던 기업 컴퓨터 시장에서조차 마이크로소프트와 SUN의 등장 이후 '비주류'로 전락하고 맘. 급기야 1991년, IBM은 30억 달러에 달하는 순 손실을 기록했고, 적자 규모는 1992년 50억 달러로 늘어남. 거기에

1980년대부터 직원이 수십만 명으로 늘어나면서 IBM의 갑갑한 관료주의적 성격은 더욱 짙어 가는 등 후진적인 조직 문화 역시 심각한 문제로 작용했음.

그러나 1993년, 루이스 거스너(Louis Gerstner)가 IBM의 새로운 CEO로 부임하면서 상황은 역전되기 시작함.

거스너는 원래 담배·제과 회사, RJR 나비스코의 CEO로 IT 분야엔 문외한이었음. 그러나 그는 IBM이 직면한 문제점과 IT 시장의 변화를 분석한 결과, IBM이 앞으로 컴퓨터를 판매하는 것만으로는 살아남을 수 없다고 판단함. 그는 정보화 시대에 고객이 원하는 것은 하드웨어와 소프트웨어를 구입하는 것보다는, 이것들을 이용해 문제를 해결하고, 회사의 능력을 향상시키는 것임을 간파함.

이때부터 IBM은 컴퓨터 판매 회사가 아닌, IT 솔루션 제공업체, IT 컨설팅 기업으로 거듭났고, 기업들이 IT 기술을 도입해 회사의 생산성을 높일 수 있는 모든 기술과 서비스를 제공하기 시작함. 각종 하드웨어와 소프트웨어 설치는 물론, 인터넷 전자상거래 사이트, 데이터베이스, 인트라넷 구축, IT 사무 자동화, IT 시스템 최적화, 아웃소싱, IT 직원 교육, 사업 계획 및 전략 수립 등 IT와 관련된 모든 것을 처음부터 끝까지 IBM이 책임지고 대행해 주는 것이었음.

IBM은 고객 기업의 IT 시스템을 구축할 때 과거와 달리 IBM의 하드웨어와 소프트웨어 제품을 강요하지 않았음. IT 컨설팅 기업으로서 IBM은 하드웨어와 소프트웨어 판매를 통한 당장의 이익이 아닌, IBM 서비스에 대한 신뢰도와 의존도를 높이는 데 주력했음. 이런 IBM의 변화를 위한 노력에서 탄생한 것이 'e비즈니스' 라는 용어. 1997년 IBM은 자신들의 회사가 IT와 관련된 모든 솔루션을 제공한다는 점을 통합적으로 설명하기 위해 e비즈니스라는 용어를 만들어 냈고, 스스로를 'e비즈니스의 전도사' 라고 칭했음. IBM은 수백만 달러의 광고 캠페인을 통해 e비즈니스의 중요성과 IBM과 e비즈니스와의 관계를 사람들에게 인식시켰음.

IBM이 'e비즈니스의 전도사' 로 나선 뒤 회사의 수익은 크게 늘어났으며, 주가도 시장에서 급격히 치솟기 시작했음. 거스너가 부임한 1993년 IBM은 80억 달러가 넘는 손실을 기록했지만, 2001년에는 77억 달러의 수익을 기록했음. 2000년에서 2002년 까지, 게이트웨이, 컴팩, HP, 시스코, 인텔, Sun과 같은 경쟁 IT 기업들의 주가가 곤두박질치는 상황에서도 IBM의 주가만은 안정세를 유지해 왔음.

IBM의 혁신은 오늘날 많은 IT 기업들에게 영향을 끼쳤고, 이런 '서비스 중심의 사업 모델' 은 많은 컴퓨터 관련 기업들의 모방 대상이 됨.

3. 애플

1990년대 애플 컴퓨터는 시장에서 '멸종' 될지도 모른다는 위기감에 시달리던 회사였음. 1993년부터 출시하는 제품마다 실패를 거듭했으며, 1996년 1/4 분기에는 7억 4,000만 달러라는 기록적인 손실을 기록함. 경쟁사들보다 수년이나 앞선 기술들을 보유하고 있으면서도 애플은 계속된 시장 점유율 하락과 적자 누적으로 시들어 가고 있었음.

애플은 한마디로 최악의 마케팅 기업이었음. 애플은 시장 수요를 고려하지 않은 신기술들을 연이어 발표했고, 나오는 제품들마다 실용성은 떨어지면서 가격은 오히려 경쟁사 제품에 비해 비쌌음. 게다가 애플은 하드웨어, 소프트웨어 사업 어느 한쪽에도 집중하지 못해 다른 기종과의 호환성과 협력 관계를 꾀하지도 못했음.

1985년 비현실적인 사업 안목에 온갖 전횡으로 애플에서 쫓겨났던 창립자 스티브 잡스(Steve Jobs)가 1997년 애플 컴퓨터의 '임시 CEO'로 돌아오면서 애플은 국면 전환을 꾀하기 시작함.

스티브 잡스가 애플로 돌아오기 전까지 애플은 10년 이상 대기업 조직에서 일하던 CEO들에 의해 관리돼 왔음. 이들의 경영관리 하에서 애플 제품들은 과거의 개성이 크게 희석됐고, 윈도 기반 PC들과 차별화되지 못했음.

애플로 돌아온 스티브 잡스가 가장 먼저 손을 댄 것은 회사의 브랜드였음. 흐려진 애플 제품의 개성을 되살리기 위해, 애플 브랜드의 '침체된' 분위기를 뒤바꾸기 위해, 스티브 잡스는 다시 브랜딩에 투자하기 시작했음. 잡스는 1997년부터 엄청난 예산을 들여 "다르게 생각하라(Think Different)"라는 대대적인 브랜딩 캠페인을 시작함.

이 광고 캠페인과 함께, 애플 컴퓨터 본연의 독특함과 오만함, 희소성, 그리고 모방할 수 없는 개성이 사람들 머릿속에 부활하기 시작함. "다르게 생각하라"는 구호 아래, 애플은 G3와 아이맥(iMac) 같은 독창적인 제품들을 생산했고, 애플은 1998년 수년 만에 흑자로 돌아섰음.

이때부터 애플 컴퓨터는 전국에 애플 컴퓨터 직영 매장을 설립해 직접 마케팅에 나섰고, 특히 1998년 출시된 아이맥은 1년간 200

만 대라는 기록적인 매출을 올리며 1998년 하반기 미국에서 가장 많이 팔린 컴퓨터 기종이 됨.

스티브 잡스는 애플의 시장 경쟁력이 브랜드에 있다는 것을 잘 알고 있었음. 매킨토시가 더 비싼 가격에도, 낮은 호환성과 실용성에도 불구하고 꾸준한 고객층을 유지한 까닭도 모두 브랜드의 힘이었다는 사실을 간파하고 있었음. 애플의 로고 안에는 젊은 세대, 진보주의자, 반항아, 개혁가, 혁명가의 이미지가 담겨 있으며, 매킨토시 매니아들은 애플 컴퓨터의 로고만으로 저항과 자유, 창의성, 그리고 비주류의 독특함을 떠올렸음.

애플이 실적 저하로 끊임없이 시장에서 퇴출될 위기를 맞았음에도, 회사가 유지되고 끝내 부활할 수 있었던 까닭은 이런 독창적인 브랜드가 살아있었기 때문이었음. 애플의 뒤떨어진 시장성, 사업적인 고지식함, 맹목적인 완벽성의 추구는 애플 브랜드를 강화시켜 주는 결과를 낳았고, 이는 비록 소수지만 고객층의 단결을 촉진했음.

애플의 브랜드 성공사례는 '기술 시장에선 오직 실용성만 살아남을 수 있다'는 고정 관념을 뒤집은 유일한 사례였음. 애플 컴퓨터는 브랜드와 스타일을 위해 모든 것을 쏟아 붓는 바람에 위기를 자초했지만, 역설적이게도 결국 그 브랜드와 스타일이 회사를 되살렸던 것임.

4. 디즈니

1980년대, 디즈니(Disney)는 수익률과 브랜드 가치가 추락하던 부채 덩어리 기업이었음. 수익 감소로 부채는 눈덩이처럼 불었고, 개봉 때마다 대히트를 기록했던 디즈니 장편 만화영화는 사람들의 관심을 끌지 못하는 2류 영화로 전락했음(당시 디즈니의 헐리웃 영화 시장 점유율은 4%에 불과했음).

마지막 보루처럼 여겨지던 미키 마우스 인형 판매고는 바닥을 헤매고 있었을 뿐만 아니라, 캘리포니아와 플로리다에 있는 디즈니랜드 입장객 수마저 매년 하락하는 추세를 보였음.

회사 설립자인 월트와 로이 디즈니 형제의 사망 이후 회사를 지탱하고 있던 엔터테인먼트 사업이 무너진 탓이었음. 회사 브랜드의 핵심인 엔터테인먼트 사업이 죽자, 당시 디즈니의 경영은 부동산 사업이나 하며 연명하는 꼴이었음.

그러나 1984년 마이클 아이즈너(Michael Eisner)가 디즈니의 CEO로 들어오면서 상황은 반전되기 시작함(아이즈너는 미국 꼴찌 공중파 방송국인 ABC를 10년 만에 업계 1위로 만들었으며, 6대 영화사 중 최하위였던 파라마운트 영화사 역시 업계 선두로 올려놓은 화려한 경력의 소유자임).

아이즈너는 취임하자마자 디즈니 브랜드의 기반인 엔터테인먼트 사업 강화에 온 힘을 기울였음. 과감한 스톡옵션제와 성과급제를 도입했고, 제프리 카첸버그와 같은 창의적인 인재들을 영입해 영화제작에 승부수를 띄움. 아이즈너는 향후 5년간 매년 12편의 영화와 1편의 만화영화를 만들고, 디즈니의 고전을 비디오로 출시해 공격적인 시장공략에 나선다는 전략을 세웠음.

이런 노력에 의해 1989년 개봉한 뮤지컬 만화영화 「인어공주(A Little Mermaid)」가 엄청난 히트를 기록했고, 「백설공주」와 「신데렐라」 등 디즈니의 고전들이 홈 비디오 시장에서 맹위를 떨치면서 디즈니는 다시금 만화영화 왕국의 명성을 되찾기 시작함. 그리고 「미녀와 야수(Beauty and the Beast)」, 「토이 스토리(Toy Story)」 등이 연이어 흥행 기록을 세우며 디즈니는 다시금 헐리웃 영화계의 맹주로 떠오름.

이렇게 부활한 만화 브랜드의 위력을 바탕으로 전 세계 550여 곳에 만화 캐릭터 매장을 열었고, 캐릭터 사업이 성공하자 이는 다시 비디오 판매와 테마 파크 입장객 증대로 이어지는 선순환이 계속됐음(이에 힘입어 아이즈너는 프랑스 파리와 일본 도쿄에 디즈니랜드를 오픈, 성공을 거둠).

1995년엔 자신이 과거 회생시켰던 ABC 방송국을 합병, 세계 최대 규모의 미디어 업체로 부상함. 불과 10년 전에 미디어 기업들의 인수대상이었던 디즈니가 거대 방송국을 흡수하고 최강의 콘텐트 기업으로 우뚝 선 것임.

7. 세상을 감동시킨 기업들

1. AT&T 벨 연구소

1925년 설립된 벨 연구소는 AT&T와 웨스턴 일렉트릭이 양 사의 연구 개발 자원을 한 곳에 통합하기 위해 만든 기술 개발시설이었음. 이후 벨 연구소는 전 세계 통신 및 컴퓨팅, 첨단 과학 기술에 지대한 공헌을 함. 1925년 설립 이후 오늘날까지, 장거리 TV 수신, 스테레오 녹음, 디지털 컴퓨터, 레이더 기술, 모뎀(modem),

인공 음성, 트랜지스터(transistor), 정보 통신 이론(information theory), 태양 전지, 레이저, 통신 위성, 유닉스(Unix), C 프로그래밍 언어, 광섬유 통신, 화상 통신 등 인류에게 엄청난 기여를 한 총 4만 가지의 기술을 발명했음. 지난 80년간 레이저, 태양전지 등 인류에게 수많은 발명품을 선사한 벨 연구소는 명실상부한 '인류 역사상 가장 위대한 과학 연구소'로 기록되고 있음.

1996년 AT&T는 벨 연구소의 일부 부서를 독립시켜 루슨트 테크놀러지(Lucent Technologies)라는 새로운 정보 통신기업을 탄생시킴. 오늘날 벨 연구소는 루슨트 테크놀러지의 소유임.

2. 제록스 팔로 알토 연구센터

제록스 팔로 알토 연구센터는 복사기 전문 제조업체인 제록스에 의해 1970년 설립된 첨단 기술 연구개발 기관이었음. 당시 복사기 판매로 큰 수익을 얻고 있었던 제록스는 컴퓨터의 발달이 가속화되면서 미래의 기업 사무 환경은 종이에서 디지털 문서 중심으로 바뀔 것이라고 예상함. 그럴 경우 복사기는 언젠가 기업 사무 환경에서 구시대의 유물로 전락할지 모른다는 염려를 하게 된 것. 제록스는 복사기 생산만으로는 기업의 장기적인 안위를 보장 받을 수 없다고 판단, 미래의 사무 환경에 맞는 디지털 기술들을 개발하기로 결정함. 제록스는 자사의 디지털 기술 개발을 위해 팔로 알토 지방에 연구소를 설립, 제록스의 막강한 자금력과 미국 최고의 과학 인재들을 바탕으로 인류사에 길이 남을 위대한 발명품들을 생산함.

세계 최초의 GUI(Graphic User Interface) 컴퓨터 알토, 이더넷(Ethernet) 기술, 포스트스크립트(postscript) 기술, 레이저 프린터, WYSIWYG 기반의 워드프로세서 브라보(Bravo), 컴퓨터 인공지능 등의 혁명적 기술들이 PARC의 연구진들에 의해 개발됨. 이 중 알토 컴퓨터는 매킨토시와 MS 윈도의 탄생을 가져왔고, 브라보는 MS 워드 프로그램으로 발전했으며, 이더넷은 LAN 기술의 등장을, 포스트스크립트는 어도브라는 기업과 포토샵의 탄생을 가져왔음.

이처럼 PARC가 만들어낸 수많은 기술들은 컴퓨팅 산업의 발전에 엄청난 공헌을 했지만, PARC에서 만들어낸 기술 중 제록스가 성공적으로 시장에 출시한 제품은 레이저 프린트 하나뿐이었음. 나머지 기술들은 외부로 빠져나가 새로운 IT 기업의 탄생을 가져오거나, 다른 기업으로 넘어가거나, 그대로 사장되기도 했음.

3. 노드스트롬

스웨덴 이민자 존 노드스트롬(John W. Nordstrom)이 세운 미국 5대 백화점 체인 중 하나. 노드스트롬이 처음 미국에 왔을 때 그의 수중엔 단돈 5달러 밖에 없었으며 영어는 단 한마디도 하지 못했다고 함. 금광에서 광부로 일하며 번 돈으로 친구와 1901년 신발 상점을 오픈, 이것이 오늘날 노드스트롬 기업의 시초가 됨. 최상의 질을 자랑하는 노드스트롬의 신발은 엄청난 인기를 끌어 전국으로 지점을 넓혔고, 1963년엔 옷 장사에 뛰어들어 사업을 확장함. 이후 주변의 소매상점들을 인수하면서 노드스트롬은 패션 의류 전문 백화점으로 거듭남.

이곳 백화점 직원들의 근무 수칙은 단 두 줄임. "모든 상황에서 스스로 최선의 판단을 내릴 것. 그 외의 다른 규칙은 없음." 이 백화점의 '극단적으로' 친절한 고객 서비스는 기업 문화처럼 굳어져 따로 친절히 하라는 지침이나 교육이나 규정을 주지 않아도 모든 직원이 알아서 친절을 베푼다고 함.

이곳에서 고객이 사간 물건은 거의 아무런 조건 없이 100% 환불되며, 바겐세일 기간 동안 물건이 바닥났을 경우 경쟁사 백화점에서 제값에 사온 뒤 세일 가격으로 제공함. 이들은 심지어 백화점에서 팔지도 않는 타이어를 환불해 준 적도 있으며, 노숙자 여자에게 무료로 비싼 드레스를 입혀 내보내기도 했음. 직원들은 아예 고객의 요구를 들어주기 위해 하루 종일 외근을 나가는 경우도 있으며, 필요할 경우 그 자리에서 손님 옷을 다림질해 주거나, 배송이 조금이라도 늦을 경우 여지없이 사과 편지와 함께 다른 물건을 덤으로 얹어 주기도 함.

그 결과, 이 백화점에선 명절이나 발렌타인데이만 되면 고객들이 마음에 드는 직원들에게 초콜릿 등의 선물을 선물해 주는 진풍경이 펼쳐짐. 이런 노드스트롬의 고객 서비스는 이미 책이나 강연 등을 통해 널리 알려져 있으며, 전 세계 고객 서비스의 우수 사례로 매번 빠짐없이 언급되고 있음.

4. 유한킴벌리

문국현 CEO의 주도로 1984년부터 20년째 '우리강산 푸르게 푸르게' 나무심기 캠페인을 벌이고 있는 친환경 기업. 유한킴벌리는 매년 매출액의 0.5~1% 이상을 투자하며, 현재까지 1천억 원 이상을 나무심기 사업에 쏟아 부음. 이 운동으로 유한킴벌리가 심은 나무는 2천만 그루, 거기에 산림청을 설득해 2천만 평이 훨씬 넘는 국유림을 녹화시킴.

뿐만 아니라 중국의 사막지방에 나무심기 운동까지 벌여 범지구적인 환경 보호 사업을 펼치고 있으며, 나무를 많이 소비하는 제지 기업의 한계에서 벗어나기 위해 제품의 95%를 미국의 폐지 등 재활용 종이를 수입해 만들고, 나머지 5%만 외국 펄프로 제조하고 있음.

8. 대표적인 인물들

1. 한국 경제의 신화, 전설이 된 CEO, 정주영

>>> 요약

1915~2001. 현대그룹 창업주. 대한민국이 낳은 가장 위대한, 가장 존경받는 기업인 중 한 명. 매일 풀 죽으로 끼니를 때우던 가난한 농가에서 태어나, 수많은 역경을 극복하며 맨주먹으로 (한때) 대한민국 최대 기업을 키워낸 장본인. 오늘날 한국이 자랑하는 건설, 자동차, 조선 산업은 모두 정주영 혼자의 힘으로 시작한 것이라 해도 과언이 아닐 정도로 나라의 경제에 지대한 공헌을 한 인물

이기도 함. 직원들과의 화합을 강조, 항상 가족 같은 분위기를 연출하는 데 능했음.

〉〉〉 사실들

강원도 통천, 가난한 농부의 8남매 중 장남으로 출생. 어린 시절 매일 끼니를 걱정해야 할 정도로 지독한 가난에 시달림. 학력은 초등학교 졸업이 전부.

지긋지긋한 가난에서 벗어나고자 가출을 결심, 이후 4번의 가출을 단행함. 마지막으로 가출한 곳은 서울 어느 쌀가게. 이곳에서 배달 점원으로 일하다 성실함을 인정받고 22살의 나이에 쌀가게를 물려받아 운영하기 시작. 그러나 이 첫 사업은 일제의 미곡 통제령에 의해 허망하게 망함.

1941년 쌀가게 단골이었던 오윤근이란 사람에게 3,000원을 빌려 자동차 수리공장을 매입, 자동차 사업을 시작함. 그러나 공장화재로 사업장이 모두 불탐. 하루아침에 알거지가 된 정주영은 절망하지 않고 다시 오윤근을 찾아가 자초지종을 설명, 3,500원을 더 빌림(이 믿기 힘든 일화는 오윤근의 정주영에 대한 깊은 믿음 때문이었다고 함). 정주영은 다시 신설동에 자동차 수리공장을 설립, 3년 만에 빚을 모두 갚고 상당한 재산을 모으게 됨. 그러나 이 공장은 이후 일제에 의해 강제 흡수됨.

해방 후 1946년, 서울 충무로에 '현대 자동차 공업사' 설립. 오늘날 현대의 모태가 됨. 원래는 자동차 수리점이었으나 자동차 개조업으로 확장함.

1947년엔 '현대토건사'를 설립, 건설업에 뛰어듦. 그는 건설업에 대해 아는 것이 전혀 없었으나 단지 건설업자들이 돈을 더 많이 번다는 이유로 시작함. "일단 뛰어들고 밀어붙인다"는 이후 정주영의 트레이드마크와 같은 사업 스타일로 굳어짐.

한국 전쟁 후의 건설 특수를 이용, 압도적으로 많은 건설 수주를 따냄으로써 일약 한국 제일의 건설업체 중 하나로 떠오름.

정주영이 건설업으로 성공한 것은 그의 탁월한 지능과 초인적인 집념 때문이었음. 1952년 미국의 아이젠하워 대통령의 방한을 앞두고, 미군은 정주영에게 양변기와 난방 공사를 맡겼음. 문제는 태어나서 한 번도 본 적이 없는 양변기. 정주영은 용산 일대를 전부 뒤져 양변기를 만들 수 있는 모든 물품과 정보를 찾아왔고, 12일간 밤낮을 샌 끝에 기어코 공사를 끝마쳤음.

1953년엔 이런 일도 있었음. UN 사령부는 사절단 참배에 앞서 부산의 유엔군 묘지에 푸른 잔디를 깔아달라는 요청을 함. 때는 한겨울. 모든 건설업체들은 불가능한 일이라며 거부했으나, 정주영만은 공사비를 3배로 올려 받고 낙동강 근처의 겨울보리를 떠다가 묘지에 심어서 UN군 묘지를 푸른 풀밭으로 바꿔 놓았음. 이 두 가지의 일이 있은 후 미군의 대규모 건설 수주는 모두 정주영에게 떨어짐.

이런 불도저 같은 추진력은 정주영에게 몇 차례의 시련을 안겨 줌. 1954년 고령교 복구공사에서 6,500만 환이 넘는 어마어마한 적자를 본 것. 당시 이 공사는 지독하게 불리한 건설 환경, 열악한 장비, 거기에 인플레까지 겹쳐 정주영에게 사상 최대 규모의 적자를 안겨 줌. 정주영은 이 빚을 갚는 데만 20년의 세월을 보내야 했음. 하지만 정주영은 정부의 신용을 얻어, 1957년 한강 인도교 복구공사를 따내는 등 재기에 성공할 수 있었음.

한강 인도교 공사 이후 승승장구, 1960년 이후 도급순위 1위로 한국 건설업계 평정. 1965년엔 태국 파타니 나라티왓 고속도로 공사를 따내면서 해외진출을 시작. 이후 1966년 전쟁 중의 베트남 복구사업, 메콩 강 준설공사에도 참여. 하지만 열악한 기후와 건설 여건 덕에 현대건설은 엄청난 빚을 지는 등 상당한 희생을 감수해야 했음.

1970년엔 역사적인 경부고속도로를 완공. 총 공사비 429억 원, 공사기간 290일, 공사 중 사망 인원 77명으로 경부고속도로는 세계 고속도로 건설 역사상 가장 많은 희생과 가장 적은 비용, 가장 짧은 시간으로 만들어진 길이 됨.

1967년 현대 자동차 설립(정주영은 20대부터 자동차 서비스업으로 사업을 꾸렸으나, 자동차 생산을 시작한 것은 이때가 처음이었음). 1968년 미국 포드 자동차와 합작으로 현대 자동차의 첫 번째 작품인 '코티나' 시판. 이때까지 현대 자동차는 포드 자동차의 부품 조립 생산기지에 불과했음.

정주영은 100% 국산 자동차를 제작하는 것이 살길이라 판단, 1억 달러를 들여 년간 5만 대의 자동차 생산 공장을 건설함. 이는 정주영 일생일대의 도박이었음. 당시 국내에 연간 판매되는 자동차의 수는 1천 대도 되지 않았으며, 당시 현대가 갖고 있던 자금 규모로 년간 5만 대의 자동차 생산 기지를 만든다는 것은 지극히 무모한 일이었음. 그러나 정주영은 "수출로 돈을 벌면 된다"며 밀어붙임. 자동차 개발 자체가 어려운 상황이었는데, 정주영은 아예 해외시장을 공략해 수익을 얻겠다는 기개를 보여줌.

1976년 대한민국의 첫 번째 독자적 자동차 브랜드인 '포니' 출시. 그해 국내 승용차 시장의 43% 장악, 에콰도르를 시작으로 아프리카, 중동 등지에 수출되기 시작, 첫해에만 1만 대가 판매됐음.

1970년 말부터 년간 5만 대에서 10만 대로 생산을 늘림.

포니의 대대적인 성공에 힘입어 1982년 포니2 출시. 첫해 국내에서 4만 대 판매, 1983년 캐나다 수출, 1986년 한 해에만 8만 대를 판매함. 1985년엔 미국 현지 법인 설립, 한국 기업 최초로 미국 3대 방송국에 "Cars that make sense"라는 슬로건으로 TV 광고를 띄움(당시 한국이 아직 원조물자로 연명하는 줄 알았던 미국 교민들은 감격의 눈물을 흘렸다고 함). 1986년 또 다른 신형차 '엑셀'을 출시해 1987년 미국 시장에서만 26만 대를 판매해 미국 수입 소형차 시장에서 판매 1위를 차지하는 기염을 토함.

1971년 조선소 건립을 추진, 정주영은 조선소 건설을 위해 영국으로부터 8,000만 달러의 외자 유치에 성공함. 당시 내세울 것 하나 없던 현대였지만 정주영은 완벽하게 준비된 사업 계획서, 그리고 5백 원짜리 지폐에 그려진 거북선 이야기로 끝내 돈을 빌리는 데 성공함. 1972년부터 배를 생산하기 시작한 현대 조선은 1973년 세계 조선시장 점유율 2.64%를 차지하며 다시 한 번 세상을 놀라게 함.

1973년 석유 파동으로 조선과 건설업이 심각한 타격을 입자, 정주영은 석유 파동의 근원지인 중동으로 가서 일을 해야 돈을 안정적으로 벌 수 있다는 생각을 함. 그래서 주위의 반대를 무릅쓰고 중동에 진출, 9억 3,000만 달러짜리 주베일 산업항 공사를 따냄. 세계 굴지의 건축 회사들이 모두 입찰했던 이 공사 수주에서 현대가 이긴 것은 가장 저렴한 금액에 공사 기간을 8개월이나 단축시킨다는 약속 때문이었음. 이때 현대가 벌어온 건설 수주액은 한국 역사상 가장 거대한 규모의 외화였음. 이후 현대의 해외 건설 수주액은 눈덩이처럼 불어나 1981년 126억 달러를 기록, 한국의 경제 발전에 지대한 공헌을 함. 현대는 이로써 건설, 자동차, 조선 3개의 주력 사업을 세계 시장에서 성공시킴.

1984년 서산 방조제 공사에서 극심한 조류로 공사에 난항을 겪자, 정주영은 고철로 팔기 위해 가져온 스웨덴의 20만 톤급 유조선을 가라앉혀 파도를 막은 후 그 위를 메우는 기발한 상상력을 발휘함. 정주영의 이런 기지로 공사비 290억 원 절약, 이 일화는 이후 '정주영 공법'이라는 이름으로 유명해짐.

1992년 정계 진출 선언, 대통령 선거에 출마함. 정주영은 평소 정치적 불안을 가장 두려워했음. 아무리 뛰어난 사업가라도 정치적 변동 앞에서는 순식간에 망해버릴 수 있다는 것을 뼈저리게 느껴왔고, 이에 그는 자신이 경제를 지배하는 대통령이 되기로 마음을 먹었다고 함. 그러나 정주영은 대통령 선거에 참패, 마음의 상처를 입은 채 국회의원직까지 버리고 정계에서 영영 은퇴함.

정주영은 "난 성공한 기업가가 아니라 단지 부유한 노동자"라고 입버릇처럼 말할 만큼 사원들과 어울리길 즐겼음. 특히 현대 공채 1기 출신들은 정주영 회장을 "아버님"이라 부를 정도로 굉장한 유대감을 자랑함. 정주영은 사원들과 술자리를 자주할 뿐만 아니라 운동도 노래도 같이 하는 등 사원들과 함께 어울리면서 가족과 같은 분위기를 연출하는 데 능했음.

극도로 검소한 생활을 했음. 한번은 나이트클럽에 갔다가 맥주 다섯 병에 안주 한 접시를 시켰는데 나갈 때 보니 맥주 두 병을 마시지 않은 걸 보고 두 병 값을 깎아 돈을 지불함. 구두를 한번 신으면 뒤축을 갈아가며 10년 이상 신었으며, 언제나 외제차가 아닌 현대 중형차를 타고 다녔음.

2001년 86살의 나이로 별세. 극빈한 농부의 아들로 태어나 83

개가 넘는 사업체를 일으키고, 130조 원이 넘는 매출을 내는 세계적 기업을 세운 정주영이 살았던 청운동 자택에는 낡은 구두, 구멍난 면장갑, 낡은 금성 TV 수상기가 있었다고 함.

2. 한국 경제를 이끈 귀족 CEO, 이병철

>>> 요약

1910~1987. 오늘날 거대 글로벌 기업 삼성을 일으킨 기업인. 정주영과 함께 대한민국 경제 발전에 가장 많은 공헌을 한 기업인 중 한 명. 부유한 집안에서 태어난, 안정적이고 치밀한 성품의 소유자였음. 다소 보수적인 인물이었음에도 뛰어난 상황 파악력에 탁월한 '환경 적응력'을 갖고 있었음. 치밀한 시장 조사와 품질 제일주의라는 두 가지 전략을 고수했으며, 상당수의 사업을 적자로 시작했음에도 결국 업계 1위를 만들고 마는 뛰어난 운영 능력을 보임. "믿지 않으면 쓰지 말고, 일단 쓰면 믿는다"라는 철학을 가진 용인술의 귀재이기도 했음. 그러나 현대 그룹 정주영과는 달리 타인에게 사무적이고 차가운, 개인주의적인 취향이 강한 인물이었음.

>>> 사실들

경남 의령의 유명한 부잣집의 4남매 중 막내로 출생. 일본 와세다 대학 유학 당시 집에서 보내오는 하숙비가 일반 월급쟁이의 5개월 봉급과 맞먹었음.

지병으로 와세다 대학 중퇴. 귀국한 후 26살에 부친으로부터 쌀 300석 분의 토지를 물려받아 사업을 시작. 정미소, 운송사업,

부동산 투기를 통해 승승장구 사업을 넓혀 나감. 그러나 중일 전쟁의 발발로 사업은 순식간에 몰락, 현금 2만 원만 수중에 남음.

이때 이병철은 사업이 단순 투기나 돈벌이가 아닌 국내외 정세와 밀접히 연관된 복잡한 것임을 깨달음. 그리고 사업가의 과욕과 자만은 필연적인 실패를 가져 올 것이란 교훈을 얻음.

1938년, 자본금 3만 원으로 대구에 삼성상회를 설립. 삼성상회의 첫 사업 아이템은 국수와 과일. 이것이 오늘날 삼성그룹의 모태가 됨. 이병철은 이때부터 치밀한 시장 조사와 품질 제일주의로 시장을 공략하기 시작. 양조업과 무역업으로 사업을 확장하기 시작, 몇 년 만에 국내 1위의 무역회사로 발돋움함.

이순근이라는 전문 지배인을 영입해 그에게 사업 관리의 전권을 위임함. 이는 오늘날 삼성 경영의 전통으로 이어짐. 사업은 호황을 거듭했고, 1941년 삼성상회는 주식회사로 등록, 개인 사업이 아닌 기업으로 발돋움함.

1950년 한국전쟁 때 이병철은 "안심하고 피난 가지 말라"는 이승만 정부의 말에 속아 서울에 남았다가 공산당이 점령한 서울에서 모든 재산을 압류 당함. 이때 무일푼으로 전락한 이병철은 대구로 뒤늦게 피난을 갔고, 이곳에서 자신이 시작했던 과일 사업을 운영하던 이창업으로부터 그간의 이익금 3억 환을 받음.

이 돈을 바탕으로 설탕 제조업을 시작, 1953년 부산에서 제일제당을 설립함. 설탕 제조업은 이병철의 운명을 결정지은 일생일대의 '대박 아이템'이었음. 1954년 순이익은 80억 환, 1960년엔 한국 설탕 시장의 70% 가까이 점유하는 독점기업이 됨. 시장을 독점한 뒤에도 이병철은 장기적인 신용을 지킨다는 명목으로 끝까지 설탕 값을 올리지 않았다고 함.

1954년 제일모직 설립, 제일모직 역시 수년 만에 국내 섬유시장의 70%를 점할 정도로 급성장함.

정권이 바뀔 때마다 탈세 혐의로 검찰의 조사를 받았고, 그가 추진하던 사업이 모두 초기화되는 등 어려움을 겪었음. 특히 정권의 이해관계에 의해 10년간 중단과 시작을 반복했던 한국비료 사업은 공장이 가동하자마자 '사카린 밀수' 사건에 휘말려 국영화되고 맘(삼성이 주도했다는 사카린 밀수 사건은 사실 박정희 대통령의 의도로 진행된 것이라는 설이 유력하나 그 내막은 아직 밝혀지지 않았음. 삼성은 1994년 민영화된 한국비료를 기어코 되사 옴).

1964년 동양방송 TBC를 설립, 1965년엔 중앙일보를 설립해 미디어 사업을 시작함. 특히 TBC는 주력 프로그램인 '쇼쇼쇼'를 필두로 기존의 KBS를 제치고 가장 높은 시청률을 자랑하는 방송국이었음. 그러나 TBC는 1980년 전두환의 신군부에 의해 통폐합당하고, 중앙일보는 1999년 삼성으로부터 분사해 독자적 언론기업으로 독립.

1969년 삼성전자 설립, 수원에 대규모 전자단지를 건설함. 초창기 만들어진 삼성의 가전제품은 고장 투성이로 악명 높았으며 약 4년간 적자만 보고 있었음. 그러나 1973년부터 TV와 냉장고, 세탁기, 진공청소기 등을 국내에 시판하면서 흑자로 돌아섬.

1984년엔 삼성 반도체 공장 준공. 이병철은 전자 사업의 핵심이야말로 반도체라는 것을 잘 이해하고 있었고, 이에 반도체 생산에 총력을 기울이기 시작함. 반도체 시장에 먼저 뛰어든 일본은 한국엔 1986년까지도 제대로 된 제품이 나오기 어렵다고 평가했으나, 삼성은 단 6개월 만에 (일본이 20년 걸린) 64KD 램 생산에 성공함. 이후 삼성의 반도체는 IBM PC에 탑재되는 등 세계 시장에서 승승장구, 오늘날 세계 제일의 반도체 생산 기업이 됨.

일본으로부터 아이디어를 얻고 일본 시장을 먼저 참고하는 습관이 있었음. 이병철은 평소 일본과 한국이 생활양식이 비슷하다고 판단, 일본에서 통한 사업은 한국에서도 통할 것이라는 믿음이 있었음. 그래서 이병철이 처음 시작한 사업은 대부분 일본 아이디어를 가져와 일본 기업의 기술을 끌어들인 것들임.

이병철 회장은 유교적 전통의 집안에서 자라 상하 관계 등 예절 관행을 극도로 중시했으며, 남 앞에 나서는 것도 매우 꺼렸음. 극도로 말을 아끼고 칭찬과 비난을 극도로 삼가는 성격에 사원들과 별다른 유대관계를 유지하는 편도 아니어서, 업무 시간 이외엔 거의 만나는 법이 없으며, 회의는 마치 신하와 군주 간의 어전 회의라 할 만큼 근엄한 분위기를 연출함.

미국을 방문했을 때 IBM이나 HP 등 세계적으로 성공한 기업에 노조가 없는 것을 보고, 이런 '무노조 경영'을 자신의 사업 철학으로 삼음.

한국의 전통 문화와 예술에 관심이 깊었음. 국악 등 전통 문화에 대한 조예도 상당했음. 자신의 호를 딴 호암 미술관을 지어 수많은 전통 예술품을 수집함.

1987년 78세의 나이로 사망. 거대 기업 삼성의 CEO로 50년간 재직하면서 그는 37개의 사업체를 설립하거나 인수, 오늘날 그가 만든 삼성은 아들 이건희가 물려받아 166개의 계열사에 103조 9,918억의 매출을 기록한 대한민국 최대 글로벌 기업으로 성장함.

3. 개인 취향으로 창조한 브랜드의 신화, 스티브 잡스

>>> 요약

1955년 생. 애플 컴퓨터의 창업자. 현재 애플 컴퓨터 CEO.

현존하는 미국의 CEO 중 가장 제멋대로인 성격의 인물. 무일 푼에서 시작, 스티브 워즈니악이라는 컴퓨터 천재를 만나 애플 컴퓨터를 창립하고 백만장자가 됨. 신들린 설득력과 타고난 협상력을 갖고 있었음에도, 제품 생산에 개인 취향을 고집하는 등 전횡을 일삼다가 회사에서 쫓겨나고 몇 차례 회사를 말아먹는 등 파란 많은 경력을 쌓음. 그러나 그가 사들인 3D 애니메이션 스튜디오 '픽사'가 대박 행진을 이어가고, 위기의 애플이 그를 다시 CEO로 추대하면서 다시 한 번 인생의 전성기를 맞음. "개성과 스타일 빼면 시체"라고 할 정도로 스타일에 살고 스타일에 죽는 경영을 고집함 (이런 스타일 경영은 어느 정도 놀라운 성공을 거두고 있음).

>>> 사실들

1955년 생. 어린 시절 클라라와 폴 잡스라는 부부에게 입양돼 길러짐. 그다지 풍족하지 않은 환경이었으나 스티브 잡스는 특유의 낙천성과 넉살, 그리고 타고난 설득력으로 '하고 싶은 대로 하며' 살 수 있었음.

여행을 가고 싶을 때 차를 빌려 타거나 심지어 경비행기를 얻어 탄 적도 있었고, 고교 졸업 후 리드 대학에 들어가 돈 한 푼 안 내고 한 학기 동안 기숙사 학생으로 (밥까지 공짜로 얻어 먹어가며) 지낸 적도 있었음. 마치 그는 혀만 놀리면 세상 모든 일을 다

해결할 수 있는 듯한 사람이었음.

학창 시절 그는 대체로 지적이고 무사태평한 성격으로 알려져 있었음. 그러나 그는 사실 무서울 정도로 까다로운 성격에 병적으로 완벽주의를 고집하는 편이었음.

어릴 때부터 장사에 대단한 수완이 있었음. 스테레오 라디오를 사서 헤드폰 잭을 연결해 상당한 마진으로 물건을 되파는 등, 돈 버는 데 탁월한 재능이 있었고 자신도 그것을 즐겼음.

1974년 아타리 사에서 비디오 게임 디자이너로 일하다가 몇 달 만에 그만두고 인도를 여행함. 돌아온 뒤로 "영적인 사람이 되었다"고 자부함. 그의 이 영적 에너지는 평생을 두고 언급됨.

1975년 홈브루 컴퓨터 클럽(Homebrew Computer Club)에 가입. 이곳에서 자신의 운명을 바꿔줄 천재, 스티브 워즈니악 (Stephen Wozniak)을 만남. 이들은 이곳에서 의기투합, 시장에 내다 팔 수 있는 개인용 컴퓨터를 만들기로 함. 스티브 잡스는 자기 부모님의 차고를 빌려 컴퓨터 조립 '공장'을 만들었고, 1976년 애플 I 컴퓨터를 출시함. 100% 스티브 워즈니악의 손으로 만들어진 이 컴퓨터는 666달러에 판매됐음.

1977년 애플 I의 성공에 고무된 스티브 잡스와 워즈니악은 애플 컴퓨터라는 회사를 설립, 대량 생산 시스템을 갖추고 애플 II를 시장에 내놓음. 이후 1980년대 중반, IBM이 PC 시장에 자리를 잡을 때까지 애플 II는 'PC의 대명사'로 불리며 컴퓨터 역사상 가장 성공한 하드웨어 제품 중 하나로 기록됨.

1980년 애플 컴퓨터가 주식을 상장하자 스티브 잡스는 순식간에 백만장자가 됨. 당시 애플의 시장 가치는 12억 달러. 그러나 이후 내놓은 애플 III의 부진, IBM PC의 시장 진출 등으로 애플 컴퓨터의 전성기는 1980년대 중반 이후 막을 내리기 시작함.

워즈니악을 제치고 애플 컴퓨터의 '실세'가 된 스티브 잡스는 이때부터 본인 취향의 제품을 생산토록 독려함. 스티브 잡스의 첫 번째 작품은 1983년 출시된 '리사'. 자신의 첫 번째 딸의 이름을 딴 이 컴퓨터는 최초의 그래픽 사용자 환경을 비롯해, 마우스, 컬러 모니터 등 각종 첨단 기능을 탑재한, 당시로선 가장 진일보한 PC 제품이었음. 리사를 필두로 잡스는 제품의 시장성은 전혀 고려하지 않은, 오직 '미치도록 훌륭한' 가장 완벽한 제품을 만드는 데 총력을 기울임.

1984년 애플의 대표작 '매킨토시' 출시. 리사의 혁신적인 디자인을 답습한 이 제품은 보다 작고 저렴하고 실용적이었음. 그러나 매킨토시는 IBM PC에 비해 제대로 쓸 만한 애플리케이션(프로그램)이 거의 없었음. IBM PC엔 문서 만들기, 장부 작성, 데이터 관리, 게임 등 없는 프로그램이 없었으나, 매킨토시로는 이 모든 작업이 버거웠음. 하드웨어와 운영체계의 완벽성에만 치중한 잡스의 고집 때문이었음.

1985년 자신이 주도한 제품의 연이은 실패를 이유로 애플 컴퓨터에서 퇴출됨. 잡스는 특히 자신이 CEO로 고용했던 존 스컬리(John Sculley)로부터 퇴출된 것에 굉장한 충격을 받음.

퇴직금 1,500만 달러와 상당수의 투자금으로 새로운 컴퓨터 회사 넥스트(NeXT)를 설립. 넥스트는 1989년 최초 (역시 진일보한) 제품을 시장에 내놓았으나 다시 한 번 애플리케이션과 호환성 부재로 참담한 실패를 당함. 이후 넥스트는 엄청난 적자에 시달리다가 결국 1996년 애플에 인수됨(공식적으론 인수였지만, 사실상 시장 퇴출이었음). 1986년 조지 루카스가 운영하던 애니메이션 스튜디오 겸 3D 그래픽 소프트웨어 업체인 픽사(Pixar)를 인수함. 당시 픽사의 가격은 1,000만 달러. 픽사는 1989년 컴퓨터 애니메이션 「틴 토이(Tin Toy)」로 사상 처음 아카데미상을 받음.

픽사는 이후 월트 디즈니와 합작으로 1995년 첫 번째 상업 영화인 「토이 스토리(Toy Story)」를 내놓음. 그때까지 스티브 잡스에게 애물단지에 불과했던 픽사는 이 작품 하나로 일약 헐리웃 최고의 알짜 기업으로 급부상.

약 10년간 계속된 제품 판매 부진과 눈덩이처럼 불어나는 적자, 경영 위기로 난항을 겪던 애플 컴퓨터가 마지막 고육책으로 1996년 스티브 잡스를 '임시' CEO로 고용함. 잡스는 고사 위기에 처한 애플의 국면 전환을 꾀함. 이때부터 애플 컴퓨터는 전국에 애플 컴퓨터 직영 매장을 설립해 직접 마케팅에 나섰고, 파워맥 G3 기종을 출시하면서 회사는 순식간에 흑자로 돌아섬. 그리고 1998년 애플은 일반 고객층을 노린 저가형 매킨토시 모델 아이맥(iMac)을 출시했고, 아이맥은 1년 만에 200만 대라는 기록적인 매출을 올리며 1998년 하반기 미국에서 가장 많이 팔린 컴퓨터 기종이 됨(애플은 이 제품으로 시장 퇴출의 위기에서 벗어났지만 시장 점유율은 윈텔 진영에 계속적으로 밀림).

2001년 디지털 음악 플레이어, 아이포드(iPod) 출시. 이 제품은 출시되자마자 전 세계적인 히트를 기록, 2002년 70만 대, 2003년 140만 대라는 경이적인 판매고를 올림. 아이포드는 MP3 플레이어 시장의 대세가 됐고, '아이포드 산업'이라 할 만큼 관련 제품들까지 날개 돋친 듯 팔려 나감(아이포드는 원래 애플 것이 아니라, 토니 파델이라는 사람의 발명품이었음. 그는 원래 필립스나 다른 기업에 제품을 팔려고 했는데, 애플 컴퓨터의 회사 환경이 마음에 든다는 이유로 애플에 제품을 넘김).

비록 컴퓨터 시장 점유율은 하락했지만, 애플은 아이포드 산업으로 기업의 새로운 활로를 찾음. 아이포드는 하드웨어 판매뿐만 아니라, 이를 이용한 음원 판매로 상당한 수익을 얻고 있음.

스티브 잡스의 스타일에 의한 브랜드 경영은 애플 컴퓨터의 회생에 상당한 도움이 됐다는 평. 비록 시장 적응력은 떨어지지만 독창적인 완벽주의 브랜드를 지속적으로 추구함으로써 사람들의 구매력을 높이는 데 크게 기여했다는 것이 중론.

스티브 잡스는 100% 유아독존형 인간으로 독선적이며 타인에 대한 배려가 제로에 가까움. 다른 사람을 무시하고 짓밟아 버리는 버릇이 있음. 특히 자신의 의견에 반대하는 사람들에게 가혹하리만큼 적대적임. 픽사에서 제작한 「벅스 라이프」를 홍보하기 위해 외주업체가 방문했을 때, 잡스는 자신의 의견에 반대하는 업체 측 신입 여사원에게 "네가 그렇게 말해 봐야 변하는 건 아무것도 없어. 왜 자꾸 입 아프게 떠들어 대냐?"라며 여자가 눈물을 쏟을 때까지 고래고래 소리를 지르며 모욕을 주었다고 함.

이상주의적 인간으로 항상 자신의 이상에 맞는 완벽한 제품을 만드는 데 총력을 다했음. '미치도록 완벽한', '우주의 역사에 남을'이라는 구호를 외치며 매번 제품이 나올 때마다 하드웨어 디자인, 소프트웨어, 레이블 명칭, 심지어 기계 내부의 전선줄 배치까지 일일이 간섭하며 완벽을 추구했음.

매우 독단적인 성격이면서도 의외로 생각이 깊고 산업 본질에 대한 이해가 탁월함. 문학적이고 예술적인 안목도 높아 주변인들로부터 "성질은 더럽지만 꽤 매력적인 인물"로 통함.

⟫⟫⟫ 요약

1955년 생. 세계 최대 기업 마이크로소프트(Microsoft)의 설립자. 현재 마이크로소프트의 회장이자, 최고 개발자. 보유 재산 약 47조 원. 지난 10년간 그리고 지금도 세계 최고의 부자인 사람. 부유한 환경에서 태어나 어릴 때부터 부자가 되기로 결심한 그는 개인적인 명성보다는 철저하게 성공과 부에 모든 것을 희생하는 편이었음. 비록 컴퓨터 실력은 2류였지만, 다니던 명문대를 그만두고 사업을 시작한 과감성, 시장을 개척하기보다는 남이 먼저 개척하는 걸 보고 모방하는 치밀함, 시장이 앞으로 어떻게 움직일지 본질을 파악하는 통찰력을 갖춘 사업가였음. '고객 제일주의'가 아닌 '시장 제일주의'로 무장해 매번 시장에 맞는 제품을 내놓는 타고난 '기회주의자'이기도 함.

⟫⟫⟫ 사실들

매우 부유한 환경에서 태어남. 증조부가 시애틀 은행 창업주였으며, 아버지는 저명한 기업 변호사였음.

어릴 때부터 지적 능력이 매우 뛰어났으며 호기심이 왕성했음. 특히 방구석에서 오랜 시간 혼자 골똘히 생각하는 것을 좋아했음.

사회성이 부족했음. 가끔 상대편이 견디기 힘들 정도로 무례했으며, 반항적이고 신경질적인 기질도 갖고 있었음(잘 씻질 않아 상대편이 견디기 힘들 정도로 냄새를 풍긴 것으로도 유명했음). 모난 성격 덕에 학교에서 왕따를 당했고, 이에 대한 도피처로 컴퓨터에 몰입함.

인간적 정이 많은 편. 친구가 몇 명 없었으나 한번 사귄 친구들과는 지속적인 관계를 유지함(오늘날엔 전 세계 병들고 굶주린 아동들을 위한 구호 활동에 어마어마한 재정 지원을 하고 있음).

돈에 관심이 많았음. 10대 때 이미 자신이 30세 즈음에 백만장자가 될 것으로 예견함. 신기술에도 관심이 많았음. 10대 때 컴퓨터 기술이 전 세계를 장악할 것이라고 예견함.

1975년 '최초의 PC'라고 알려진 앨테이어(Altair) 8800 컴퓨터 키트가 출시됨. 잡지에 등장한 앨테이어 8800를을 본 빌 게이츠는 세상에 변화가 왔음을 직감, 곧바로 다니던 하버드 법대를 그만두고 사업을 시작함. 고등학교 선배인 폴 알렌(Paul Allen)과 함께 앨테이어 8800을 위한 BASIC 컴파일러를 개발함. 그리고 1977년 소프트웨어 개발 회사, 마이크로소프트(Microsoft: 이하 MS)를 설립함.

1980년까지 MS는 각종 PC 버전 프로그래밍 언어를 만들어 판매한 소규모 프로그래밍 제작사에 불과했음. 그러던 중, IBM이 자사의 PC를 위한 OS 공급 업체를 물색한다는 사실을 알게 됐고, 빌 게이츠는 이것이 일생일대의 기회라는 점을 간파함(1970~80년대 전 세계 컴퓨팅 산업은 IBM을 중심으로 돌아가고 있었으며, 당시 컴퓨팅 산업의 중심에 편입되기 위해선 반드시 IBM의 '허락'이 필요한 상황이었음).

당시 MS는 BASIC이나 코볼, 포트란 같은 프로그래밍 소프트웨어 전문 회사로, OS를 만들어 출시한 경험이 없었음. 시간이 촉박했던 MS는 시애틀 컴퓨터 프러덕츠(Seattle Computer Products)라는 회사가 개발한 QDOS(Quick & Dirty Operating

System)의 저작권을 5만 달러에 사들였고, 이 OS를 갖고 IBM과의 계약에 성공함(QDOS는 후에 MS–DOS로 개명됨).

게이츠는 자신들이 매입한 QDOS가 경쟁사인 디지털 리서치의 CP/M 운영체계와 '무척 흡사하다'는 사실도 알고 있었음. 이 QDOS가 CP/M의 코드를 무단으로 도용했다는 주장까지 있었으나 빌 게이츠는 이 사실을 IBM 측에 알리지 않았음. 경우에 따라서는 IBM과의 계약이 CP/M과의 저작권 분쟁으로 비화될 가능성이 있었음에도 빌 게이츠는 개의치 않았음.

이때 맺은 IBM과의 계약은 MS가 오늘날 PC OS 시장을 독점할 수 있게 해준 중요한 계기가 됨. IBM PC가 PC 시장의 표준이 되고, 1983년 컴팩을 비롯한 수많은 IBM PC 호환 기종이 생겨난 뒤로 MS–DOS의 시장 독점력은 더욱 공고해짐. 이런 시장 독점력을 바탕으로 MS는 기술 혁신보다 시장 점유율과 수익 확대에 집중함.

'고객 제일주의'가 아닌, '시장 제일주의'로 무장한 MS는 1980년대 중반부터 OS 체제 전환을 시도함. MS는 1983년부터 윈도 OS 버전 1.0을 개발하기 시작해 1985년 출시. 그러나 윈도 1.0은 MS가 시장의 반응을 알아보기 위해 시험 삼아 내놓은 일종의 '파일럿 제품'으로 수많은 버그에 시달리고 있었음. 이후 1987년 MS는 GUI 옵션과 메모리 관리 기능을 포함한 윈도 2.0을 출시했으나, 이 역시 시장의 반응을 얻는 데 실패함.

두 차례 버그투성이의 미완성 제품을 시장에 출시한 MS는 '드디어 시장의 분위기가 무르익었다'고 판단, 1990년 마침내 '실용 가능한' GUI 기반의 OS, 윈도(Windows) 3.0 버전을 출시.

기술 혁신이 아닌, 철저한 마케팅 전략 하에 출시된 윈도 3.0은

1,000만 카피 이상 팔리며 최초로 상업적 성공을 거두었으며, MS의 OS 시장 독점력을 더욱 공고히 해줌. 이후 MS는 1992년 윈도 3.1을 출시함으로써 윈도 시리즈는 연속적인 시장의 베스트셀러가 됨. 이로써 MS는 IBM의 영향력으로부터 완전히 벗어나 PC OS 시장의 독점 체제를 굳혀감.

윈도 3.0은 1984년 출시된 맥 OS에 비해 기술적으로 우수하거나 독창적인 소프트웨어가 아니었음. 오히려 맥 OS보다 10년 늦게 출시가 됐으면서도 기술적으로 뒤떨어진 운영체제였음. 그러나 윈도 3.0은 기존의 DOS 환경과 완벽한 호환을 이루며 기존의 사용자들을 모두 끌어들였으며, MS 워드(Word)와 엑셀(Excel) 같은 사무 환경에 필수적인 애플리케이션을 함께 발표해 사용자층을 더욱 두텁게 만들었음.

1995년 출시된 윈도 95 역시 출시 6개월 만에 2,000만 카피 판매라는 경이적인 기록을 세우며 MS의 운영체계 시장 독주를 이어 나감.

1993년 출시된 고성능 컴퓨터를 위한 MS의 새로운 운영체계, '윈도 NT(New Technology)' 3.1로 기업 시장을 공략함. 훨씬 우수한 성능과 안정성을 자랑하던 윈도 NT는 이후 기존 윈도 95 계열의 OS와 합쳐져 윈도 XP로 거듭남.

1995년 뒤늦게 인터넷 시장에 뛰어듦. 넷스케이프를 비롯한 여러 기업들이 인터넷에서 대대적인 성공을 거두는 것을 보고 나서야, MS는 인터넷 시장에 상업적인 가능성이 있음을 인식함. 이후 MS는 자사 윈도 시스템의 독점력을 이용, '끼워 팔기'로 시장 점유율 10%에 불과했던 웹 브라우저, 인터넷 익스플로러의 점유율을 90% 이상으로 끌어올림.

MS는 이전까지 주로 PC를 위한 OS와 애플리케이션으로 수익을 올린 기업으로, 인터넷이 발달하면 앞으론 PC가 아닌 무선 기기들이 대세가 될 것이라는 예측을 함. 이에 대한 대응으로 2000년 인터넷을 이용한 상업적 서비스인 닷넷(.NET) 발표. 데스크 탑에서 벗어난 미래의 인터넷 컴퓨팅 환경을 지원하기 위해 만들어진 닷넷은 MS가 제시한 웹 서비스(web service)를 위한 '비전'이었음.

MS를 사상 최대의 소프트웨어 기업으로 만들어 준 것은 MS가 갖고 있는 기술력 때문이 아니었음. 대의명분이나 기술혁신보단 실익을 중시하는 정신, 변화의 흐름을 읽는 안목, 그리고 그 변화에 적응하는 능력이 바로 MS 성공의 원동력이었음.

빌 게이츠는 기술적으로 결코 남보다 앞서 나가지 않았음. 개척자 위치에서 모든 위험 부담을 감수하기보단 다른 개척자들이 만들어 놓은 것을 흡수하고 응용해 후발 주자의 이점을 최대한 살리는 편이었음.

빌 게이츠는 스티브 잡스처럼 결코 기술적인 완벽성에 목을 매지 않았음. MS에게 중요한 것은 시장 점유율이지 기술적인 완벽성은 아니었음. MS는 처음부터 제품이 시장에서 얼마나 더 오래, 더 많은 수익을 거둘 수 있을지에 초점을 맞추고 있었음. MS는 제품 개발에 과도한 돈을 낭비하지도 않았고, 제품이 출시된 뒤에는 개발자들을 위한 기술적인 지원을 통해 그 제품이 시장에서 오래 살아남을 수 있게 했음.

5. 사상 최악의 CEO, 윌리엄 쇼클리

>>> 요약

1910~1989. 트랜지스터의 발명가, 실패한 사업가. 미국 역사상 최악의 CEO로 평가받는 인물로, 직원들에 대한 갖은 횡포와 편집증적인 경영 스타일, 그리고 비상식적인 사업 감각으로 기업을 최악의 상황으로 치닫게 했으며, 우수한 직원들이 자립해 다른 경쟁사를 차리게 만들었음.

그는 사업에 실패한 후 우생학주의자, 인종차별주의자, 정자은행의 설립자로 활동하다가 비참한 말로를 맞게 됨. 쇼클리는 기업을 제대로 운영하기 위해 필요한 것은 IQ가 아니라 현명함이라는 것을 일깨워 주는 상징과 같은 존재로 남음.

>>> 사실들

1910년 영국 런던 출생. 어릴 때부터 뛰어난 과학적 재능을 보여 다른 사람들이 도저히 생각하기 힘든 방식으로 답을 찾아내는, 기존 틀에서 벗어난 '파격적인 사고를 지닌 천재' 였음.

학창 시절부터 자아의식이 강해 스스로를 '세상에서 가장 중요한 사람' 으로 생각, 항상 남들 앞에 나서기를 좋아했고, 언젠가 헐리웃에 진출해 유명 스타가 될 것이라는 꿈을 피력하기도 했음.

몇몇 소수의 엘리트가 사회를 지배하는 소크라테스-플라톤 류의 엘리트주의에 심취하기도 했음. 게다가 지적으로 우수하지 못한 사람들을 경멸하는 버릇이 있어 항상 사람들을 '우수하다', '열등하다' 는 이분법적인 잣대로 평가했음.

MIT에서 물리학 박사 학위를 받은 뒤 1936년 벨 연구소(Bell Labs)에 입사. 이곳에서 1947년 팀 동료인 월터 브래테인(Walter Brattain), 존 바딘(John Bardeen)과 함께 세계 최초의 트랜지스터 개발에 성공. 트랜지스터를 발명한 월터 브래테인, 존 바딘, 윌리엄 쇼클리는 그 공로를 인정받아 1956년 노벨상을 수상함.

쇼클리는 평소 벨 연구소에 대한 불만이 많았음. 그는 연구소가 자신을 제대로 대접해 주지 않는다며 불만을 늘어놓다가 결국 1955년 사직함.

쇼클리는 자신의 천재적인 능력에 합당한 부와 명예를 얻기 위해선 자신이 직접 회사를 차리는 길밖에 없다고 생각함. 1956년 캘리포니아의 팔로 알토(Palo Alto) 지방에 자신의 반도체 회사, 쇼클리 반도체(Shockley Semiconductor Laboratory)를 설립하고 회사에서 일할 유능한 인재들을 구하기 시작함.

쇼클리는 주변에서 그다지 인기 있는 사람은 아니었지만, 인재를 뽑는 데에는 탁월한 재능을 발휘했음. 쇼클리는 평소 자신이 점찍어 둔 인재들을 하나씩 직접 설득해 가며 기어이 모두 자신의 회사로 끌어들였다고 함. 당시 쇼클리가 뽑은 사람들은 대부분 그 분야 최고의 능력을 갖춘 사람들이었음.

그러나 쇼클리는 자신이 직접 선발한 사람들을 좀처럼 신뢰하려 들지 않았음. 처음엔 직원들의 우수성을 높이 사는 듯싶더니 곧 직원들 하나하나의 능력을 의심하기 시작했음. 그는 직원들의 봉급이 적힌 리스트를 사내 벽에 커다랗게 붙여 공개하거나, 사람들이 보는 앞에서 서슴없이 직원을 해고하기도 했음. 게다가 직원을 자신의 사무실로 불러 대화를 나눌 때면 사무실 구석에 자신의 아내를 앉혀놓고, 오고 간 대화를 모두 적게 하는 비상식적인 행동을

278

보이기도 했음. 심지어, 어느 날 회사에 사소한 문제가 발생하자 쇼클리는 범인을 색출한다며 직원 모두에게 거짓말 탐지기 조사를 하려 들기도 했음.

사업가이면서도 제대로 된 비즈니스 감각이 없었음. 쇼클리는 당시 시장에서 전혀 통하지 않을 엉뚱한 프로젝트를 진행시키는데 열을 올렸고, 그 바람에 정작 시장에 내다 팔아야 할 실리콘 제품 생산은 끝없이 지연되곤 했음.

직원들에 대한 갖은 횡포와 편집증적인 경영 스타일, 그리고 비상식적인 사업 감각은 쇼클리 회사에 근무하는 모든 이들을 좌절케 만들었고, 결국 밥 노이스와 고든 무어를 비롯한 8명의 직원은 쇼클리의 회사를 떠나 페어차일드 반도체(Fairchild Semiconductor)라는 회사를 설립함. 쇼클리는 후에 이들을 "8명의 배신자"라며 두고두고 비난함.

8명의 배신자가 떠난 쇼클리 반도체는 완전히 추락하고 맘. 1960년 다른 기업에 매각된 쇼클리 반도체는 결국 1969년 완전히 사업을 접음.

이때부터 쇼클리의 경력은 끝없는 암흑기로 들어섰음. 사업가로서 실패한 쇼클리는 이때부터 인간의 지능과 유전자 문제에 심취하기 시작, 그간 습득한 인간 지능과 생물학 지식을 토대로 노골적인 우생학 전도사로 변신. 그는 국가의 사회 복지 정책이 '열성 인자'들이 자연 도태되지 못하게 막았고, 그 바람에 인간 종족의 전체적인 '질적 저하'를 가져올 수밖에 없었다고 주장.

전 인류의 질적 향상을 위해선 IQ 검사를 통해 지수가 100 이하인 사람들은 모두 불임 수술로 아이를 낳지 못하게 해야 한다는 것이 그의 주장의 핵심이었음. 그는 자신의 신념을 실천하기 위해 거액을 들여 천재들을 위한 정자 은행을 만들어 운영하기도 했음(물론 자신의 정자도 이곳에 보관해 놓았음).

전형적인 인종 차별주의자이기도 했음. 그는 인종별 평균 IQ 평균을 내세워 흑인이 유전자적 열성에 속한다고 주장함. 쇼클리는 각 대학에 초청 강연을 하는 일이 많았는데, 그때마다 대학의 학생들은 그를 조롱하는 배너를 펼쳐 들거나, KKK단의 복장을 하고 강연에 들어오곤 했음.

그는 결국 주변의 모든 지인들로부터 따돌림을 받음. 말년에 그가 전립선암으로 병원에 입원했을 때 그를 찾는 이는 충직한 아내밖에 없었음(그의 자식들마저 그의 임종을 지켜보지 않았음). 트랜지스터의 발명가이자 반도체 사업의 초석을 놓았던 천재 과학자 쇼클리는 세상의 무관심 속에서 1989년 쓸쓸한 죽음을 맞이함.

6. 빌 게이츠에 대항하는 또 다른 IT 신화, 래리 앨리슨

>>> 요약

1944년 생. 오라클의 창업주. 애플 컴퓨터의 스티브 잡스와 함께 IT 업계에서 가장 스타일리쉬한, 가장 개성 넘치는 인물. 주식 가치 세계 2위의 소프트웨어 기업 오라클의 현 CEO.

>>> 사실들

스티브 잡스와 마찬가지로 1살 때 먼 친척에게 입양돼 자람. 항상 '자기 세계에 빠져 있는' 조용한 아이였다고 함.

학창시절 자신이 필요 없다고 생각하는 수업은 아예 듣질 않았음. 하루는 라틴어 교사가 "이번에 또 라틴어 수업에 낙제하면 인생 아주 망칠지도 몰라"라고 으름장을 놓자, 앨리슨은 이렇게 대답했다고 함. "그깟 옛날 글자 때문에 인생을 망쳐요? 아닐 거 같은데요. 차라리 차에 치이면 몰라도. 전 이 다음에 신부가 될 건 아니니까 라틴어는 배울 필요 없어요."

사실을 부풀려 이야기하거나 거짓말을 하는 버릇이 있었음. 시카고 대학에 한 학기만 다니다 말았으나, 친구들에겐 의과 대학에 들어갔다는 거짓말을 함(당시 다른 IT 업계 거부 CEO들은 대부분 대학을 나오지 않았고 그에 대해 별다른 의식을 하지 않았으나 앨리슨은 유독 학위가 없다는 것에 열등감을 느꼈다고 함).

낭비벽이 심했음. 20대에 1천 달러짜리 레이싱 자전거와 3만 달러짜리 보트를 사기도 했음. 그리고 코 수술까지 했는데, 수술을 비버리 힐즈 제일가는 성형 전문의에게 받아야 한다고 고집을 부림(그는 어릴 때 농구를 하다가 코를 얻어맞아 모양이 좀 이상했음).

컴퓨터 프로그래밍에 재능을 보였음. 은행, 보험회사, 중소기업 등을 전전하며 짭짤한 수익을 올렸고, 23살의 나이에 결혼도 함. 업계에선 꽤 인정받는 프로그래머가 된 앨리슨은 코드명 '오라클'이라는 비밀 프로젝트 아래 CIA를 위한 데이터베이스를 만들어 주기도 했음. 오라클이라는 코드명은 이후 그가 설립한 회사의 이름이 됨.

1976년, IBM의 E. F. 코드(Codd)가 발명한 관계형 데이터베이스(relational database)의 개념이 발표됨. 관계형 데이터베이스 아이디어는 IBM에 의해 도입돼 데이터베이스 프로그래밍 언어 SQL의 탄생을 가져옴. SQL은 기업이 어떤 제품이 언제 가장 많이 팔렸는지, 누가 어떤 제품을 언제 가장 많이 팔았는지 등의 많은 정보를 자유롭게 입출력할 수 있게 함으로써 컴퓨터가 세계 산업의 발전에 견인차 역할을 하는 데 기여를 한 가장 결정적인 프로그램이었음.

SQL은 또한 래리 엘리슨라는 사람의 운명을 바꾼 프로그램이기도 했음. 엘리슨은 IBM이 발표한 이 프로그램의 개념을 보자마자 이것이야말로 컴퓨터 산업의 역사와 자신의 운명을 바꿔줄 것이라 생각, 1977년 소프트웨어 회사를 차리고 자신들이 IBM보다 먼저 데이터베이스 프로그램을 만들어 시장에 내놓기로 결심함.

1979년 IBM보다 3년 먼저 최초의 상업화된 SQL 프로그램, 오라클(Oracle)을 출시. 당시 오라클의 사명은 '릴레이셔널 소프트웨어(Relational Software)'였으나, 이후 회사명도 '오라클'로 변경함. 오라클은 최초의 상업용 SQL 소프트웨어로 시장 선점 효과를 톡톡히 보았고, 1980년대 SQL이 데이터베이스 언어의 업계 표준으로 굳어지면서 오늘날 전 세계 1위의 데이터베이스 소프트웨어 생산 기업으로 자리 잡음.

당시 엘리슨은 시장 선점만이 회사가 살아남는 길이라는 점을 간파함. 이때부터 오라클은 전설적으로 무자비한 마케팅·영업 전술을 발휘함. 엘리슨은 영업부에 집중적인 투자를 하고, "일단 밖에 나가면 계약을 따올 때까지 돌아오지 말라"는 식으로 직원들을 몰아붙였음. 그리고 영업 실적이 좋은 사원에겐 나이, 지위, 경력을 막론하고 최고 대우를 해주었음.

당시 오라클은 시장 선점을 위해 고객에게 거짓말도 서슴지 않았음. 일단 계약을 맺기 위해 없는 기능을 덧붙이기도 하고, 성능을 과장하거나, 유지비용을 속이기도 했음. 물론 이 때문에 수많은 기업 고객들로부터 소송이 잇달았으나 오라클은 영업에 투자한 만큼 법적 대응을 위한 준비도 철저히 해 두었음. 결과적으로 오라클의 데이터베이스 소프트웨어는 당시 가장 강력한 경쟁사였던 잉그레스(Ingres)를 제치고 사실상의 업계 표준으로 부상했고, 오라클은 폭발적인 성장을 거듭함.

당시 오라클은 분명 부도덕한 기업이었으나 그 덕분에 시장 경쟁에서 살아남았고, 오늘날 4만 명 이상의 인력을 먹여 살리는 거대 글로벌 기업으로 거듭남. 게다가 이후 세계 최초의 웹 기반 데이터베이스, 세계 최초의 유닉스/리눅스 기반 데이터베이스 프로그램을 개발하며 데이터베이스 기술 발전에 지대한 공헌을 함.

2000년 한때 개인 소유 주식이 800억 달러를 넘어 빌 게이츠를 제치고 세계에서 가장 재산이 많은 인물로 화제가 되기도 했음.

빌 게이츠를 병적으로 싫어하는 '반 마이크로소프트 진영'의 거물로 통하고 있음. 개인적으로도 라이벌 관계이며, 사업적으로도 오라클은 인터넷의 확장에 기반한 사업이기 때문에 데스크탑 PC에 기반한 마이크로소프트와의 기업 이익과는 본질적으로 상충될 수밖에 없음.

엘리슨은 빌 게이츠와 성공 배경이 매우 비슷한 인물이었음. 그 역시 빌 게이츠와 마찬가지로 프로그래머로 사회에 첫발을 내디뎠고, 게이츠와 같은 년도에 회사를 설립함. 그리고 IBM을 발판 삼아 급부상했고, 갖가지 부도덕한 사업 전술로 시장의 독점력을 유지할 수 있었음. 다만 빌 게이츠는 개인 PC 사용자에, 엘리슨은 비즈니스 사용자에 초점을 맞췄다는 점이 달랐음.

7. 괴짜 사업가, 서민적 억만장자, 리처드 브랜슨

>>> 요약

1950년 생. 버진 아틀란틱, 버진 레코드 등 손대는 사업마다 대성공을 거둔 영국 출신의 '괴짜 사업가'.

>>> 사실들

아주 어린 시절부터 부모에게 엄한 자립심 훈련을 받았음. 그의 어머니는 브랜슨이 네 살 때 집에서 수 km 떨어진 곳에 그를 혼자 버려두고 집을 찾아오라고 하기도. 그의 부모는 간섭과 훈계는 금하고 언제나 격려하면서 스스로 깨닫게 했음.

선천적인 난독증이 있어 성적은 늘 바닥이었으며 시험에는 낙제하기 일쑤였음. 대신 운동 신경이 뛰어나 축구, 럭비, 크리켓 등 운동 경기에 주력했음. 어쩌면 운동선수가 될 수도 있었던 브랜슨은 우연히 축구경기 중 다리 부상을 당한 뒤로는 돈 버는 일을 궁리하기 시작함.

16살의 나이에 고등학교 중퇴, 친구인 닉 파웰과 함께 소규모의 사업의 시작했으나 모두 실패로 돌아감. 『스튜던트』라는 학생 잡지 발간. 편집은 다른 사람이 맡고 브랜슨 자신은 잡지의 광고 수주와 판매를 책임짐. 브랜슨은 이 잡지 발행으로 사업가로서의 책임감과 기질을 훈련할 수 있었음. 그러나 수익을 내는 데는 실패함.

1971년, 영국에 할인 판매를 하는 음반 가게가 하나도 없다는 사실을 간파, 음반 산업에 뛰어듦. 그는 음반을 통신으로 판매하는 사업 모델을 창안, 우편으로 음반을 주문받아 배송하기 시작함.

『스튜던트』 잡지에 광고를 싣자 주문이 폭발적으로 들어왔고, 사업은 급성장함. 이때 브랜슨은 자신의 음반 회사 이름을 '버진 레코드(Virgin Records)'로 지음.

그는 음반 판매만으로는 사업 확장에 한계가 있다고 판단, 직접 음반을 제작하는 버진 레코딩 스튜디오를 설립함. 브랜슨은 사실상 음악에 문외한이었음에도 탁월한 아티스트 선별 능력이 있었음. 그는 무명가수 마이크 올드필드를 발탁해 수백만 장의 음반을 판매했으며, 세계 최초의 펑크 록 밴드 (당시엔 양아치 건달 취급 받던) 섹스 피스톨즈와 계약을 맺어 대박 행진을 이어감. 이어 롤링 스톤즈, 필 콜린즈, 자넷 잭슨 등 전 세계적인 메가톤급 아티스트와 계약에 성공하면서 승승장구함.

음반 사업으로 벌어들인 자금을 바탕으로 나이트클럽, 컴퓨터 게임, 항공사, 무역, 호텔, 등으로 사업을 다각화함. 이런 동시다발적인 시도는 버진 그룹을 세계에서 가장 빨리 연간 수익 10억 불을 달성한 기업으로 만들어 주었음.

버진 그룹의 가장 거대한 성공작 중의 하나로 평가받는 버진 애틀랜틱 항공사는 겨우 비행기 한대로 런던-뉴욕 간 노선을 첫 취항한, 마치 취미 활동처럼 시작한 사업이었음. 그는 "사업을 애들 장난으로 아는 것 아니냐"는 조롱에도 불구하고, 항공 좌석의 가격을 기존 항공사의 절반 수준으로 낮춰 고객을 끌어 모았음. 버진 아틀랜틱은 저렴한 요금에도 불구하고 기내에 비디오, 음악, 게임은 물론 목욕, 미용, 무료 안마, 동호회 모임까지 제공했음. 이런 파격적인 서비스에 버진 애틀랜틱은 매년 항공사들에 수여하는 상들을 독식했고, 브리티시 에어라인에 이어 영국 제2의 항공사로 급부상함.

그가 현재 '버진'이라는 브랜드로 운영하고 있는 사업은 앞서 언급한 음반, 항공, 호텔 외에도, 콜라, 피임 기구, 리무진 회사, 와인 사업, 열차, 자전거 대여, 화장품, 헬스클럽, 풍선기구 여행 서비스, 란제리 판매, 결혼 신부 용품 대여 사업 등 총 350개나 됨. 이들이 올리는 총 매출은 년간 80억 달러.

버진의 이런 문어발식 브랜드 확장은 대부분 브랜슨의 직관과 변덕에 의존하고 있음. 그는 항상 적은 자본으로 대기업이 이미 자리 잡고 있는 시장의 틈새를 노려 사업을 확장해 왔음. 이렇게 거대 기업이나 국영 기업을 경쟁 상대로 선택하는 것이 브랜슨의 중요한 사업 철학 중 하나.

실례로 그는 2000년 영국 서해안 횡단 철도에 자신의 버진 고속열차를 투입했는데, 이유인 즉, '불친절하고 느리기로 소문난 영국 철도의 면모를 일신하기 위함'이었다고.

그는 3조 원의 재산을 가진 억만장자에 대표적인 엔터테인먼트 및 휴양 산업의 상징처럼 인식되고 있지만, 한편으로는 그저 재미를 추구하는 지극히 서민적인 사람으로 알려져 있음. 그는 사람들 앞에 나서길 좋아하지만 오만하진 않고 매우 천진난만함. 어린아이처럼 자유분방하고 반항적인 이미지 때문에 사람들은 그를 '히피 자본가'라고 부르기도 함.

그는 재미를 추구하는 타고난 모험가이기도 함. 1986년 버진 아틀란틱 챌린저 2호 보트를 타고 대서양을 최단시간에 횡단. 1991년엔 일본에서 캐나다까지 기구를 타고 이동하다 불시착해 죽을 뻔하기도 했음. 걸프전쟁 발발 직전에는 바그다드로 인질 구조 비행을 감행하기도 했음.

8. 대한민국 역사상 가장 존경받을 기업인, 유일한

1895년 평남 평양에서 9남매 중 장남으로 출생. 부친 유기연은 성공한 상인이자 독실한 기독교 신자. 유기연은 장남인 유일한을 외국에 보내 교육을 시키기로 함.

1904년 9살의 나이에 대한제국 순회공사 박장연을 따라 미국으로 건너감. 그곳에서 신문배달 등 고학을 하며 학업에 열중, 고등학교 때는 재능 있는 미식축구 선수로 장학금까지 받음.

1915년 미시건 대학 입학. 당시 유일한은 부친으로부터 귀국 종용을 받았으나, 학업을 마쳐야 한다는 일념으로 집에 빌린 돈 100달러를 보내고 학업에 매진. 대학 시절에도 역시 학자금 마련을 위해 중국 등에서 만들어진 값싼 제품을 동양인들에게 판매하는 등 장사 수완을 발휘함.

1919년 대학 졸업 후 GE(General Electric Co.)에 동양인 최초로 입사(당시 회계사로 일함). 고국의 3·1운동 소식을 듣고 '필라델피아 독립 선언'에 참여함. 이때부터 그는 민족을 위한 사업가가 되기로 결심(그는 이후 대한민국 독립 전쟁을 위한 맹호군 창설에도 비밀리에 기여함).

GE를 그만두고 숙주나물 사업을 시작. 당시 미국에서는 중국요리에 반드시 첨가해야 하는 숙주나물이 부족했다고 함. 이에 유일한은 숙주나물의 보관과 상품 생산을 위한 공장을 만들어 사업을 키우기 시작. 숙주나물 사업을 키운 그는 1922년 '라. 초이 식품회사' 창립.

숙주나물의 원료인 녹두를 확보하기 위해 1925년 한국에 일시

귀국. 이곳에서 조국의 비참한 현실에 눈뜸. 유일한은 무엇보다 의학 시설과 약품이 없어 끔찍하게 죽어가는 동포들을 보고 제약회사 설립을 결심함.

그는 미국의 식품회사를 동업자에게 넘기고 50만 달러의 자본금으로 영구 귀국, 1926년 제약회사 유한양행을 설립함. 그러나 유일한에겐 한일합방으로 호적도 상실된 상태였고, 약사 자격증도 없어 사업에 막대한 어려움을 겪음(유일한은 미국 시민권자였음). 그러나 당시 경성세관 주임이었던 예동식의 도움으로 호적을 얻고, 약제사를 구하는 등 사업은 점차 제 모습을 띠기 시작했음.

구충제, 피부병 연고제, 결핵 치료제, 아스피린 등 주로 미국에서 수입된 약품을 판매함, 1934년 프론토실(Prontosil)이란 항생제를 독점 제조·판매하기 시작, 일본 기업들을 제치고 막대한 돈을 벌어 들였으며 아시아 일대에 수출까지 하게 됨.

1936년 경성방직에 이어 대한민국의 두 번째 주식회사로 등록. 2만 평 규모의 사옥 토지를 확보, 약품을 직접 생산할 수 있는 공장, 발전실, 사원들을 위한 기숙사, 운동장, 위생시설 등을 건립해 당시 국내 기업 중엔 가장 진일보한 복지 후생을 자랑하는 일제 치하에서 가장 성공한 민족 기업이었음.

주식의 30%는 모두 사원들에게 배분해 주는 등, 유한양행은 종업원 지주제, 전문 경영인 도입 등 당시로서는 획기적인 기업 문화를 만들어 냄. 1938년에는 유한비타민간유회사, 유한 만주제약회사, 유한무역회사, 대련유한양행, 천진유한양행 등의 사업체를 설립, 사업을 동북아 일대에 크게 확장함.

제품 품질 개선을 위해 연구실에 집중적인 투자를 해 국내 최대의 제약 시설과 연구진을 확보했음. 유일한은 조회 때마다 전 사원에게 한민족은 일본보다 못하지 않으며, 유한은 사회를 위해 존재하며, 항상 국민 보건을 위해서 일해야 한다고 강조했음.

1941년 태평양 전쟁이 발발하고 일본이 미국과 전시 체제에 들어가자, 미국 시민권자인 유일한의 사업은 커다란 타격을 입음. 일제는 당시 각종 비열한 세금 공세로 회사를 도산 직전까지 몰고 갔고, 유한양행은 해방 때까지 간신히 명맥만 유지함.

해방 후 회생에 주력하던 유한양행은 한국 전쟁으로 또 다시 시련을 맞이함. 전쟁 와중에 공장이 파괴되고 기업 자산은 잿더미가 돼 버림.

1953년 귀국하여 복구 작업에 앞장섬. 미국의 원조로 최신식 화학실험 연구실을 설립하는 등 치열한 재건 노력 끝에 1950년대 말 다시 한국 최대 제약회사로 거듭남.

학생들에 대한 애정이 강했음. 1954년 자신의 돈을 털어 부천에 기능공 양성 학교인 '고려공과학관'을 설립해 학생 전원의 학비와 숙식비등을 무료로 제공함. 이 학교는 1964년 유한공업 고등학교로 개명됨.

1965년 사비를 털어 '유한교육신탁관리기금'을 설립, 보다 대대적인 장학사업과 사회복지 사업에 집중함. 이는 이후 '유한재단'으로 명칭을 변경함.

1968년 국내 최초의 '동탑 산업훈장'을 받고 1년간 세무 사찰 면제 받음. '한국 유일의 자진 납세 업체', '한국 유일의 장부 공개 업체' 등으로 높은 평가를 받음. 당시 대기업 중 탈세와 정치자금 은닉 등의 혐의를 받지 않은 기업은 유한양행이 유일했음.

1969년 50년간 맡았던 기업 CEO 자리에서 물러남. 그는 동탑 산업훈장을 후임인 조권순 사장에게 물려주며 "정직함을 상징하는 이 메달을 대대로 이어져갈 사장에게 전달하라"는 말을 남김. 당시 자신이 일으킨 사업을 자신과 일체의 혈연관계도 없는 이에게 물려주는 일은 한국에서 처음 있는 일이었음.

1971년 76세의 나이로 타계. 당시 자신이 남긴 모든 재산을 공익 기업에 기부함. 정부로부터 국민훈장 무궁화장을 추서 받음.

슬하엔 1남 1녀가 있었음. 그는 죽어서도 학생들이 뛰노는 소리를 듣고 싶다며 딸 유재라 여사에게 그의 묘소가 있는 5천 평의 대지를 상속, 학생들을 위한 '유한동산'으로 꾸며주도록 부탁함. 그리고 장남에겐 일체 재산을 물려주지 않고 "너는 대학까지 졸업시켰으니 앞으로는 자립해서 살아가라"는 유언만 남김.

그의 사후 유한양행은 오직 제약회사에 집중하면서 오늘날까지 단 한 번도 적자를 내지 않은 우량기업으로, 단 한 번도 노사분규에 시달리지 않은 화목한 기업으로, 국내에서 가장 오래된 기업으로 존경과 사랑을 받고 있음(아직도 유한양행 1천여 명의 직원 중 유일한 회장의 친인척은 단 한 명도 없다고 함).

9. 가장 존경받는 한국의 현직 CEO, 문국현

"제2의 유일한"이라고 불릴 정도로 단단하고 윤리적인 경영으로 사회에 모범이 되고 있는 현직 CEO. 유한양행이 1971년 출자해 설립한 유한킴벌리에서 95년부터 CEO직을 맡고 있음.

대형 운수회사를 운영하는 유복한 가정에서 출생. 한국 외국어대 영어과를 거쳐 서울대 대학원 졸업. 부친이 운영하던 대형 운수회사의 요직으로 취직할 수 있었으나, 삼성그룹 공채에 지원해 합격. 그러나 1974년 유한킴벌리에 입사. 유한킴벌리의 모회사인 유한양행의 숭고한 기업 정신에 감동받은 후 이 회사에 자신의 인생을 걸기로 함.

1984년 미국과 호주에서 본 울창한 숲에 감명 받아 유한킴벌리에 '우리강산 푸르게 푸르게' 나무심기 캠페인을 주도함. 이후 유한킴벌리는 매출액의 0.5~1% 이상을 투자하며, 이후 20년간 나무심기에 1천억 원 이상을 투자함(이 운동은 국내에 환경운동 개념이 없던 시기에 시작한 캠페인이었음).

이 운동으로 유한킴벌리가 심은 나무는 2천만 그루, 산림청을 설득해 2천만 평이 훨씬 넘는 국유림을 녹화시킴. 거기에 중국의 사막지방에 나무심기 운동까지 벌여 범지구적인 환경 보호 사업을 펼치고 있음.

나무를 많이 소비하는 제지 기업의 한계에서 벗어나기 위해 제품의 95%를 미국으로부터 폐지 등 재활용 종이를 수입해 만들고, 나머지 5%만 외국 펄프로 제조함.

95년 대표이사 취임한 뒤, 파격적인 기업 경영 방식을 선보임. IMF 당시 다른 회사들이 감원할 때 오히려 직원들을 더 뽑아 업계 최초로 4조 근무제 도입. 생산라인에 4개 조가 번갈아 근무하는 것으로, 3개 조가 8시간씩 교대로 일해 생산라인을 24시간 가동할 때 나머지 1개 조는 휴식하거나 교육을 시켜 직원들의 인간적 생산성을 극대화함. 이렇게 인력부문의 투자를 극대화하는 대신, 생산 공정 중 불요불급한 과정을 과감히 없앰으로써 기업 효율성을 극대화시킴.

평사원에서 대표이사 사이의 의사소통 과정을 8~9단계에서 2~3단계로 줄였고, 생산 공정을 25% 이상 축소시킴. 이로써 재해

율 0%, 불량률 2%를 달성하며 생산성까지 높임.

현재 유한킴벌리는 위생, 가정, 유아, 여성, 병원 등 8개 사업 분야 모두 시장점유율 1위를 기록하고 있으며, 환경경영 1위, 직장인들이 꼽은 10대 좋은 회사, 기업이미지 파워 10대 기업 등에 매번 선정되고 있음. 2000년 매출액 5,770억 원(순이익 534억원) 기록. 2001년에는 매출액 6,750억 원을 달성. 2002년엔 매출이 7,450억 원으로 순이익률은 11.2%에 이름.

문국현 사장은 현재 환경운동연합, 환경정의시민연대, 아름다운재단 등 무려 시민단체 9곳의 이사를 맡고 있으면서 회사 일보다 대외활동에 더 많은 시간을 쏟음. 그는 평소 조직을 세분화하고 권한을 위임해 자신의 잔무를 털어낼 수 있었음. 일주일에 2~3차례씩 대학, 기업, 관공서에서 환경운동 강연을 하고 있으며, 강연료와 원고료 전액에 자신의 월급 일부를 보태 시민단체에 기부하고 있음.

심리테스트 채점표(1)

1 첫 번째 테스트 : 당신의 창의력은 몇 점?

Part 1	Q1	Q2	Q3	Q4	Q5	Q6	Q7	Q8	Q9	Q10	Q11
답											
Part 2	Q1	Q2	Q3	Q4	Q5	Q6	Q7	Q8	Q9	Q10	Q11
답											

점수 : _____   유형 : _____   종합평가 : _____

2 두 번째 테스트 : 당신이 부자가 될 확률은?

Part 1	Q1	Q2	Q3	Q4	Q5	Q6	Q7	Q8	Q9	Q10	Q11
답											
Part 2	Q1	Q2	Q3	Q4	Q5	Q6	Q7	Q8	Q9	Q10	Q11
답											

점수 : _____   유형 : _____   종합평가 : _____

3 세 번째 테스트 : 당신은 CEO형 인간?

Part 1	Q1	Q2	Q3	Q4	Q5	Q6	Q7	Q8	Q9	Q10	Q11
답											
Part 2	Q1	Q2	Q3	Q4	Q5	Q6	Q7	Q8	Q9	Q10	Q11
답											

점수 : _____   유형 : _____   종합평가 : _____

4 테스트 종합평가 : 당신은 어떤 능력으로 성공할까?

당신의 최종 종합평가 유형 : _____

(※ 필요하실 경우, 이 페이지를 복사해서 사용하셔도 좋습니다.)

당신의 능력을 검증하라

심리테스트 채점표(2)

1 첫 번째 테스트 : 당신의 창의력은 몇 점?

Part 1	Q1	Q2	Q3	Q4	Q5	Q6	Q7	Q8	Q9	Q10	Q11
답											
Part 2	Q1	Q2	Q3	Q4	Q5	Q6	Q7	Q8	Q9	Q10	Q11
답											

점수 : _____ 유형 : _____ 종합평가 : _____

2 두 번째 테스트 : 당신이 부자가 될 확률은?

Part 1	Q1	Q2	Q3	Q4	Q5	Q6	Q7	Q8	Q9	Q10	Q11
답											
Part 2	Q1	Q2	Q3	Q4	Q5	Q6	Q7	Q8	Q9	Q10	Q11
답											

점수 : _____ 유형 : _____ 종합평가 : _____

3 세 번째 테스트 : 당신은 CEO형 인간?

Part 1	Q1	Q2	Q3	Q4	Q5	Q6	Q7	Q8	Q9	Q10	Q11
답											
Part 2	Q1	Q2	Q3	Q4	Q5	Q6	Q7	Q8	Q9	Q10	Q11
답											

점수 : _____ 유형 : _____ 종합평가 : _____

4 테스트 종합평가 : 당신은 어떤 능력으로 성공할까?

당신의 최종 종합평가 유형 : _____

(※ 필요하실 경우, 이 페이지를 복사해서 사용하셔도 좋습니다.)